한국 근·현대 불교소설 연구

고송석(高松錫, Ko, Song-Seuk) 1968년 제주도 제주시 용담동의 용두암 인근에서 나고 자랐다. 고등학교 때, 폐결핵에 걸리면서 독서와 습작을 하던 계기로 문학에 관심을 가지게 되었다. 홍익대학교 국문과에 입학 및 졸업한 후, 2014년에 동 대학원에서 국문과 박사학위를 취득했다. 평소 다양한 글쓰기를 시도해온 끝에 1995년『문학사상』에 시로 데뷔한 것과 함께 1995~1998년 홍대 학예술상 시 1회, 평론 2회 수상했으며, 2013년『동아일보』신춘문예에 중편소설「이교도」로 당선(및 인상문학상 수상)했다. 1999~2001년(2년)에는 본격적으로 소설 창작 수업을 받고자 이문열 소설가의「부악문원」숙생으로 생활했으며, 박사 수료 후 2007~2009년에는 홍익대학교에서 대학국어작문 및 창의적 글쓰기를 가르쳤다. 문학 작품으로는 2011년에 출간한 시집『피카소 거리의 풍경』이 있다. 현재, 2013년 하반기 '예술인창작디딤돌' 지원금을 받은 것을 계기로 기독교 계열의 장편소설을 창작 중이다.

한국 근·현대 불교소설 연구

초판 인쇄 2014년 11월 5일 **초판 발행** 2014년 11월 15일
지은이 고송석 **펴낸이** 박성모 **펴낸곳** 소명출판 **출판등록** 제13-522호
주소 서울시 서초구 서초중앙로6길 15(란빌딩 1층)
전화 02-585-7840 **팩스** 02-585-7848 **전자우편** somyong@korea.com **홈페이지** www.somyong.co.kr

값 17,000원

ISBN 979-11-85877-06-8 93810

이 도서의 국립중앙도서관 출판시도서목록(CIP)은 서지정보유통지원시스템 홈페이지(http://seoji.nl.go.kr)와 국가자료공동목록시스템(http://www.nl.go.kr/kolisnet)에서 이용하실 수 있습니다.(CIP제어번호:CIP2014033218)

한국 근·현대 불교소설 연구

A Study on Korean Buddhist Novels in Modern and Contemporary Era

고송석

소명출판

책머리에

이 책에서는 일제강점기에서 현대에 이르기까지의 중요한 불교소설들에 대해 사적으로 고찰해, 불교소설의 소설사적 위상과 가치를 확인해보았다. 연구 방법론은 대승불교 사상의 보살(菩薩) 사상, 무아(無我) 사상, 선(禪) 사상이다. 이 책은 이러한 대승불교 사상을 바탕으로 해 통시적으로 1910년대의 최초 불교소설에서부터 2000년대까지의 불교소설 가운데 대표적인 작품을 살펴보았다. 연구 대상 작품은 순서대로 양건식의 「석자자상」 외 3편, 한용운의 『박명』, 현진건의 『무영탑』, 이광수의 『원효대사』, 김동리의 「등신불」 외 5편, 조정래의 『내장경』, 김성동의 『만다라』, 고은의 『화엄경』, 한승원의 『초의』이다. 이 책은 일제강점기, 1960~1970년대, 1990~2000년대로 시대를 구분해 불교소설을 분석한다.

일제강점기의 불교소설로는 양건식의 「석사자상」 외 3편, 한용운의 『박명』, 현진건의 『무영탑』, 이광수의 『원효대사』가 있다. 1910년대의 양건식은 「석사자상」, 「한일월」, 「아의 종교」, 「오!」를 발표했다. 「석사자상」의 경우 서구의 사회진화론이 팽배한 시대 상황 속에서 김재창이 걸인에게 베푸는 물질적 베풂, 보시는 우리 인간 곧, 보살(bodhisattva : bodhisatta)이 마땅히 수행해야할 중생구제[下化衆生]의 실천 윤리를 잘 대변하고 있다. 「한일월」, 「아의 종교」, 「오!」는 중국 선종 계보의 선사를 다루고 있다. 앞의 두 소설은 두 선사의 선문답을 통해, 마지막 소설은 선 수행 끝에 도달한 득도(열반)를 통해 본래면목, 나 자신의 속의 불성을 강조하고 있다. 1930년대의 한용운은 자유연애 열풍에 대한 비판으로 『박명』을 발표했다. 순영의 사랑을 통해 보편 불변의 도덕률로서의 보살행의 근본인 육바라밀의 실천을 잘 보여주는 것과 함께, 삼라만상의 연기법과 무아 사상이 잘 형상화했다. 현진건은 1930년대 '역사 소설의 시대'에 『무영탑』을 발표했다. 『무영탑』의 불교 사상적 주제 의식은 현상계의 예술과 사랑, 생명의 초월로서의 육바라밀의 서원이다. 1940년대에 이광수가 발표한 『원효대사』(1942)의 경우, 주인공 원효는 방울 스님에게서 선을 배움으로써 아상, 인상, 중생상, 수자상의 네 가지 상을 지워버릴 수 있었으며, 이를 통해 그 어디에도 머무는 바 없는 보시를 실천했다. 따라서 『원효대사』에서는 '선과 무주상보시의 무애행'의 불교 사상이 잘 구현되었다.

1960~1970년대의 불교소설로는 김동리의 「등신불」 외 5편과 조정래의 『대장경』, 김성동의 『만다라』가 있다. 김동리의 경우, 「등신불」, 「극락조」, 「미륵랑」에서는 사람[俗]과 부처[僧]는 본래 별개가 아닌 것 곧 승속일여의 선사상을, 「눈 오는 오후」, 「저승새」, 「호원사기」에서는 업보로서의 윤회사상을 나타내고 있다. 이를 통해, 선과 윤회의 무아를 잘 형상화했다. 조정래의 경우, 『대장경』에 드러난 수기대사의 지배 정권에 대한 비판은 그의 사회・역사의식에 기반에 창작 정신에 비추어볼 때, 1970년대의 엄혹한 군사 독재 정권에 대한 비판의 암유로 볼 수 있다. 또한, 수기 대사의 호국 정신은 군사 독재를 극복해 민주주의 사회를 건설함으로써 국태민안을 실현하고자하는 강렬한 염

원으로 읽을 수 있다. 결국, 『대장경』의 수기대사를 통해 사회・역사 의식과 상구보리 하화중생을 지향하는 보살 사상의 회통이 잘 드러났음을 확인할 수 있다. 김성동의 경우, 시대상황을 소설에 껴안으면서 그만의 주제의식을 『만다라』에 형상화했다. 『만다라』에는 현실 사회와 제도권 불교계에 대한 날선 비판이 있지만 소설을 관통하는 주제의식은 계율의 분별을 넘어서는 선에 의해 화두 '병 속의 새'를 깨치는 열반이 가능하다는 것이다.

1990～2000년대의 불교소설로는 고은의 『화엄경』(1991), 한승원의 『초의』(2003)가 있다. 고은의 경우, '광장의 시대'인 80년대가 끝나는 것과 함께 1991년에 『화엄경』을 발표했다. 소설에서는 진정한 깨달음은 중생에 대한 무차별적인 존중과 이타 행을 전제할 때 비로소 가능하다는 것을 선재동자의 53명의 선지식과의 만남을 통해 보여주고 있다. 깨달음의 보살도는 '위로는 붓다의 깨달음을 추구하고 아래로는 중생을 교화한다[上求菩提 下化衆生]'라는 보살사상에 의해 가능하다는 것이다. 한승원의 경우, 『초의』를 통해 초의의 일대기를 그리면서 다선일여(茶禪一如) 사상을 잘 드러내었다. 초의는 차의 근원을 집착 없는 바라밀이라고 했는데, 이는 내 속의 불성을 자각해 열반에 도달할 수 있다는 선과 상통한다. 이와 마찬가지로, 『초의』는 삼매 속에서 차(만들기, 마시기, 맛과 향)와 선이 서로 통하기 때문에 차와 선은 하나임을 잘 보여주고 있다.

이상과 같이 살펴본 불교소설의 근・현대 소설사적 의의는 다음과 같다. 첫째, 불교소설은 조선시대에서부터 내려오는 전통을 자랑한다는 점이다. 둘째, 불교소설은 리얼리즘, 모더니즘 소설이 다루지 못하는 종교・영성적인 소재와 주제를 다룰 수 있다는 점이다. 셋째,

불교소설이 기반한 대승불교 사상은 현대적 가치를 가지고 있다는 점이다. 넷째, 불교소설은 탈식민주의적 관점에서 불교 문화권의 '아시아 불교소설 문학'을 정초할 수 있다는 점이다.

오래 다듬고 공들인 박사학위 논문이 마침내 책으로 묶여나오게 되어 기쁘다. 이 책은 내게 하나의 성과물이자 동시에 채찍질이다. 여기서 더 나아간다면, 명상을 공통분모로 한 유교, 불교, 도교 세 동양사상을 방법론으로 하여, 유협의 『문심조룡』, 노드롭 프라이의 『비평의 해부』, 바슐라르의 4원소론에 입각한 여러 저작들에 비견되는 아시아 문예이론을 써보고 싶다.

어려운 결정을 해주신 소명출판 대표님과, 정성껏 편집해 주신 편집부 여러분께 감사의 마음을 전한다.

홍익대 앞, 한 건물 귀퉁이에서

차례

한국 근·현대 불교소설 연구

제1장

불교소설의 새로운 이해

1. 서구 사상에 의한 왜곡과 폄하

불교 사상은 고전문학과 현대문학을 관통하는 한국 전통 문학 사상의 토대이다. 실제로 고대에서 현대에까지 불교 사상을 바탕으로 한 문학작품은 다양하게 창작이 되었다. 이 가운데, 불교소설은 조선시대를 지나 현대에까지 면면히 이어지고 있다.[1] 현대문학에서의 불

1 조선시대는 왕실의 억불숭유 정책과 달리, 한글 창제와 더불어 조선 초 왕실의 친 불교적 성향과 불교계의 포교 활동으로 인해 불교계 국문소설이 등장할 수 있는 토대가 되었다. 이 시기에 나타난 불교계 소설은 '조선 초기 중・단편 불교계 소설', 불경에 근거한 '불전계 소설', 승려 전기물인 '불교 전기계 소설', 작가가 알려진 '창작계 불교소설', '불교 설화계 불교소설'로 분류할 수 있다. 대표적인 불교소설로는 '조선 초기 중・단편 불교계 소설' 「왕랑반혼전」, '불전계 소설' 『안락국전』, '창작계 불교소설'인 『금오신화』(15세기 김시습 작)의 「만복사저포기」와 『구운몽』(17세 김만중 작)이 있고, '불교 설화계 불교소설' 『심청전』(조선 후기 판소리계 소설)이 있다. 이 가운데 『심청전』의 경우, 인권환은 '희생적 참회, 비원에 의한 무상의 구제 즉 절대적 불공으로 현세의 고통을 벗어나 극락왕생하고자 한 점, 심청의 자비와 구제는 관음보살의 현현이자 대승불교의 구세주의 이념을 잘 드러냈다는 점'에서 불교소설로 규정

교소설은 특정 시기에 몇몇 작가에 의해서만 창작되는 것이 아니라 1910년대에서부터 현재에 이르기까지 역량 있는 작가에 의해 끊이지 않고 창작되어 왔다.

물론, 1910년대에 대다수 지식인들이 전통 사상과 종교를 배척하는 것과 함께 서구 사상과 종교를 비주체적으로 추종, 수용함에 따라 불교의 세계관과 사상을 주조로 하는 불교소설은 양건식의 작품을 제외하면 찾아보기 힘들었다.[2] 이와 함께 근대 불교는 일제에 의해

한다(인권환, 『한국불교문학연구』, 고려대 출판부, 1999, 153~190쪽).

본서의 대승불교 사상의 연구방법론에 따라 불교소설을 분석하면 다음과 같다. 「왕랑반혼전」은 송씨(宋氏)의 환생을 통해 '윤회의 무아 사상'이, 『안락국전』은 왕비 원왕 부인의 인욕바라밀을 통해 '보살 사상'이, 「만복사저포기」는 죽은 자(여인)가 다른 나라에 남자로 태어나고, 또 여인이 양생에게 깨끗한 업을 닦아 함께 윤회의 굴레에서 벗어나길 바라는 점에서 '윤회의 무아 사상'이, 『구운몽』은 현실계의 부귀공명이 한낱 꿈[空]에 불과하다는 '연기적 무아 사상'이, 『심청전』은 심청의 인욕바라밀을 통해 '보살 사상'이 드러난 것을 알 수 있다(인권환 외편, 『한국고소설선』, 태학사, 1995; 김기동 외편, 『안락국전 유충렬전 음양삼태성 – 한국고전문학』 6, 서문당, 1994; 김시습, 이지하 역, 『금오신화』, 민음사, 2009; 김만중, 송성욱 역, 『구운몽』, 민음사, 2009; 정하영 역주, 『심청전 – 한국고전문학전집』 13, 고려대 민족문화연구소, 1995; 사재동, 『불교계 국문소설의 연구』, 국학자료원, 1994).

인권환은 "신라시대 이래 과거의 불교 문학은 이른바 개화기 문학을 교량으로 하여 연속적으로 현대 불교 문학에 이어진다"고 하면서 다음과 같이 현대 불교 문학의 예를 보이고 있다. 불교 시로는 최남선의 『백팔번뇌』, 이광수의 『춘원시가집』, 한용운의 『님의 침묵』을, 불교소설로는 한용운의 『박명』, 이광수의 「무명」, 『사랑』, 『원효대사』, 김동리의 「등신불」을 들고 있다(인권환, 같은 책, 38~39쪽).

2 일본의 근대화 역시 주체적이지 못했다. 이에 대해 장사선은 일본의 근대화는 '외발적'이라는 나쓰메 소세키의 말을 논거로 제시하고 있다(장사선, 「한일 문학사 형성과정에서의 오류와 극복」, 『한국현대문학연구』 32호, 한국현대문학회, 2010, 232쪽).

"일본은 30년 전에 깨어났다고 하는데, 그건 비상벨 소리에 놀라 급히 일어난 것이어서 진정으로 깨어난 것이 아니다. 허둥대면서 단지 서양으로부터 흡수하는 데 급급하여 소화할 겨를이 없었다."(미요시 유키오, 정선태 역, 『일본문학의 근대와 반근대』, 소명출판, 2002, 111쪽)

이와 함께 장사선은 불교 사상은 아니지만 전통 사상으로서의 유교적 문화의 재평가와 이의 부활을 주장하고 있다(장사선, 같은 글, 232쪽).

"한국과 일본의 근대문학사는, 동양의 가치체계의 특성이 무엇이고, 서양의 가치체계를 어떻게 받아들일 것인가와 더불어, 서양의 침략으로부터 전통 문화의 특성을 어떻게 보존하고, 나아가 동서양 양자를 어떻게 극복하여 새로운 문화를 창조할 것인가의 문제부터 고민했어야했다. 그러나 주권 국가 체제의 성립도, 시민 혁명에 의한 시민사회의 성립 경험도, 산업혁명에 의한 자본주의의 형성도 없었던, 동아시아 삼국에서는, 수천 년 이어 온 유교 전통문화

한국인을 '순량한 인민'으로 육성하기 위한 목적으로 포섭, 관리되었기 때문에 제대로 된 평가를 받지 못했다.[3] 하지만 1930년대 이후 해방 이전까지 불교소설은 한용운, 현진건, 이광수 같은 역량 있는 작가들에 의해 창작되었고, 이후 이 흐름은 끊이지 않고 이어져 현재에 이렀다. 1960～1970년대의 경우 김동리, 조정래, 김성동에 의해, 그리고 1990～2000년대의 경우 고은, 한승원에 의해 불교소설의 명맥이 이어지고 있다.

이 책은 '불교소설'의 개념을 홍기삼의 견해에 의거하면서 '불교의 세계관과 사상이 전면화한 것'으로 한정해 정의한다. 홍기삼은 불교문학을 ① 불교 경전 문학, ② 붓다의 가르침을 세계관적 토대로 수용한 창작 문학, ③ 경전과 창작의 중간 지대에 걸쳐있는 불교 분학의 자원(선시, 불교 설화, 승전류, 영험록 등)으로 나누고 있다.[4] 본서에서는 ② '붓다의 가르침을 세계관적 토대로 수용한 창작 문학'을 불교 문학으로 보고, 이를 연구 대상인 소설에 한정한다. 이와 함께 불교의 세계관과 사상이 소설에 전면화하는 경우에 한정한다. 불교 사상이 일부 소개되거나, 불교의 단편적인 이미지(승려, 사찰, 불교 상징물, 설화, 경전)가 부분적으로 소재나 배경으로 등장한 소설은 '불교소설'로 분류되지 않는다. 근본적으로 소설 전체의 주제가 일관되게 불교 사상으

를 진지한 논의조차 없이 무시하고 서양의 개인주의만을 대안으로 내세웠다."

3 조선시대에 배불정책에 의해 불입성문(不入城門)의 하대와 멸시를 배척당했던 불교가 1895년(고종 32년)에 해금되는 데 결정적 기여를 한 것은 일본 승려 사노(佐野前勵)였다. 이에 따라 한국 근대불교가 총독부에 의해 관리되는 타율적 출발과 더불어 친일 불교에 대한 한국인의 거부감이 생겨났다. 이와 함께 한용운을 위시로 한 승려들이 친일 불교를 부정하고 불교의 전통성을 회복하는 운동이 전개된다(불교사학회 편, 『근대한국불교사론』, 민족사, 1988, 15～181쪽; 고재석, 「한국 근대문학의 불교지성적 배경연구」, 동국대 박사논문, 1989, 8～17쪽).

4 홍기삼, 『불교문학연구』, 집문당, 1997, 13～23쪽.

로 관통하고 있는 경우만을 '불교소설'로 한정한다.[5] 따라서 이 책에서 말하는 불교소설은 '불교의 세계관과 사상을 주제의식으로 내세운 창작 소설'을 말한다.

이러한 불교소설 개념에 비추어 볼 때, 불교소설에 관한 통시적인 연구를 살펴보면 김령의 박사논문[6]이 유일하다. 그는 현대 장편 소설로 현진건(『무영탑』), 이광수(『원효대사』), 김성동(『만다라』), 조정래(『대장경』), 고은(『화엄경』), 한승원(『초의』)의 작품을 분석하고 있다. 그는 불교소설에 대한 최초의 사적인 연구를 시도했지만, 한용운의 불교 장편소설 『박명』을 논의에서 배제하고 또 심도 있는 불교 사상적 분석을 하지 못한 한계를 보이고 있다.

이 외에 '불교소설'을 다루면서 '불교(사상)적인 소설'을 함께 다룬 통시적인 연구를 살펴보면 다음과 같다. 황양미, 김무숙의 박사논문과 송희복, 고재석, 김진국의 논문, 유임하와 민족작가회의 비평분과 위원회의 연구서와 정호웅의 논문이 있다.

황양미[7]는 한국 현대소설에 수용된 불교 설화의 양상을 통시적으로 탐구했다. 분석 대상으로 이광수(『이차돈의 사』, 『원효대사』, 『꿈』), 김동인

---

5 불교 설화가 모티프로 차용되거나 불교 상징물이 소재, 배경으로 나오는 경우, 또한 불교 사상이 부분적으로 소개되는 경우, 여기에다 작가가 불교와 친연성을 가지고 있는 경우 이는 불교 사상적 해석이 가능한 소설이라 볼 수 있다. 이는 '불교(사상)적인 소설' 혹은 '불교 사상에 비추어볼 수 있는(해석 가능한) 소설'이라 할 수 있을지는 모르지만 엄격한 의미에서의 '불교소설'이라고 하기는 어렵다. 예를 들어, 윤대녕의 「천지간」은 불교적 해석이 가능한 소설이며, 이문구의 『매월당 김시습』는 부분적으로 불교적인 요소가 개입된 불교 사상적인 소설이다. 이런 점에서 종교 문학(종교에 예속된 신앙 문학이 아니라 종교를 소재, 주제로 한 문학)의 하위 개념으로서의 '불교소설'의 개념을 명확히 할 필요가 있다. 그렇다고 해서 '불교소설'이 '물리적으로' 확연하게 규정 분류 되지 않겠지만, 이러한 개념 설정이 기존의 불교소설에 대한 혼란한 연구 풍토를 개선하게 하는 계기가 되리라 본다.

6 김령, 「한국 근・현대소설에 수용된 불교 사상 연구」, 동덕여대 박사논문, 2007.

7 황양미, 「한국 현대소설에 미친 불교설화의 영향」, 서울대 박사논문, 1986.

(「유리의 어머니」, 「호미부」, 「식철수」), 현진건(「선화공주」), 김동리(「수로부인」), 최인훈(「어디서 무엇이 되어 만나랴」, 「가면고(假面考)」)을 삼았다. 황양미의 논문은 사적의 관점에서 불교 관련 현대소설을 연구한 것으로는 최초로 파악된다. 하지만 앞서 언급했듯이 불교 설화를 모티프로 차용했다고 해서 곧 불교소설이 되는 것이 아니기 때문에 황양미의 논문은 엄격히 보면 불교소설에 관한 연구로 볼 수 없다. 황양미의 논문에서는 이광수의 작품만 불교소설로 분류된다. 때문에 그의 연구는 불교소설을 포함한 불교(사상)적인 소설에 대한 사적인 연구로 볼 수 있다.

김무숙[8]은 현대소설에서의 『화엄경』의 화엄 사상 수용 양상을 탐구한 연구이다. 이광수의 『원효 대사』, 『사랑』과 김동리의 「등신불」 그 외 작가(문학사적인 가치가 없는 작가이지만 불교소설을 창작한 작가)의 난편 소설을 분석하면서 화엄 사상으로서의 무애 사상과 대비 사상을 분석하고 있다. 이 논문은 화엄 사상에 한한 연구이기 때문에 다양한 성격의 불교소설에 다루지 못한 한계를 보이고 있다.

송희복[9]은 이광수(『이차돈의 사』, 『원효대사』, 「무명」), 김동리(「등신불」), 김정한(「수라도」) 등을 주로 다루면서 한국 소설의 불교적 친연관계를 개략적으로 분석하고 있다. 하지만 양건식, 한용운이 분석 대상에서 빠진 채 심도 있는 불교 사상적 분석이 이루어지 못했다.

고재석[10]은 박사논문[11]을 통해 선구적으로 불교 시인 한용운과 최초의 불교소설가 양건식을 연구한 바 있다. 그는 「한국 현대문학사

---

8 김무숙, 「한국 현대소설의 '화엄경' 수용 양상 연구」, 동아대 박사논문, 1999.
9 송희복, 「한국불교소설의 전개양상」, 박상률 편, 『불교문학평론선』, 민족사, 1990, 39~58쪽.
10 고재석, 「한국 현대문학사와 불교소설」, 『한국문학연구』 19호, 1997.
11 고재석, 앞의 글, 1989.

와 불교소설」에서 1950~1990년대 기간에 발표된 불교소설과 함께 불교(사상)적인 소설을 통시적 분석 대상으로 삼고 있다. 하지만 이 논문은 정한숙, 조정래, 고은 등의 중요한 불교소설의 작가는 배제된 된 반면에 불교(사상)적 해석이 가능한 소설들을 창작한 작가를 대폭 분석 대상을 삼았다는 한계를 보이고 있다. 불교소설의 작가로 김동리, 김성동, 한승원, 최인호 등을 드는 한편 불교(사상)적 해석이 가능한 소설의 작가로 염상섭(『취우』), 하근찬(「산울림」), 최인훈(『금오신화』), 손창섭(「비오는 날」) 등을 다루고 있다. 이 논문은 전체적으로 다양한 작가의 작품에서 불교(사상)를 끌어내려보니 정작 중요한 불교소설에 대한 분석이 결여된 것으로 보인다. 또한, 양건식의 「석사자상」은 불교소설로 분석되고 있지만 그보다 더 확연하게 불교 사상을 주제의식으로 드러낸 작품인 「오(悟)!」가 배제되었다는 한계도 보이고 있다. 끝으로, 이 논문은 현대문학사에서 불교소설이 소외된 원인을 "불교가 이 시대의 주도적인 시대정신으로 작용하지 못하고 있기 때문"이라고 하는데 이는 주목할 만한 분석으로 보인다.

김진국[12]은 김성동(『만다라』), 한승원(『아제아제 바라아제』), 최인호(『길 없는 길』) 외 한 명(문학사적으로 의미가 없는 작가)을 다루고 있다. 그는 기본적으로 종교 신앙의 관점에서 소설을 분석함으로써 문학 작품으로서의 소설의 가치를 협애화하는 한계를 보이고 있다. 김성동의 『만다라』의 경우, 보리라는 여인과의 사랑을 나누며 시를 읊조리는 것을 가리켜 "그 짓이 주객일여의 실행인 것으로 착각하면서, 수행의

12 김진국, 「한국 현대 불교소설의 성취와 한계」, 『한국언어문학』 36호, 한국언어문학회, 1996, 159~175쪽.

기본 도리인 중도를 가는 길을 버리고 역경계의 늪에서 방황하는 서술자는 불교와 소설의 하나 됨에 기여하는 바가 크다 할 수 없는 것"이라고 지적한다. 한승원의 『아제아제 바라아제』의 경우, "구도의 길을 스스로의 결단에 의하여 떠난 인물을 형상화할 때 그 인물들에 스스로의 운명을 창조할 수 있는 존재의 자율성을 부여하는 것이 보다 바람직하지 않을까"라고 한다. 또한, 최인호의 『길 없는 길』의 경우, "경허선사는 이 소설을 통하여 부활한 것이 아니라 작가의 불교에 관한 해박한 지식의 드러냄을 위한 소도구로 이용되고 있다는 느낌을 지울 수 없다"한다. 이와 달리 나머지 작가에게는 "예술의 완성과 종교적 자아의 완성을 병치하고 있는 이 소설의 구조는 미학적 성취도가 높다"고 평가하고 있다. 이처럼 김진국의 연구는 '문학에서의 불교소설 연구'가 아니라 '불교(종단)에서의 불교소설 연구'라 할 정도로 문학적 분석의 시야가 한정되었다.

유임하[13]는 불교문화(사상)와 관련이 있는 시와 소설 및 동화 한 편을 문학사적으로 분석하고 있다. 소설만을 전문적으로 분석 대상으로 삼지 않았다는 점과 더불어 불교소설에서 빠뜨릴 수 없는 양건식, 한용운, 고은이 다루어지지 않은 대신에 동화 작가(정채봉)와 불교(사상)적인 소설을 창작한 작가가 다수 다루어지고 있는 점이 한계다. 사실, 이 논저는 본격적인 연구서라기보다 시대 순으로 불교문화(사상)와 연관된 시와 소설 및 동화를 평이하게 소개한 해설서로 보인다.

민족작가회의 비평분과위원회의 논저[14]는 기본적으로 불교소설

---

13 유임하, 『한국문학과 불교 문화』, 역락, 2005.
14 민족작가회의 비평분과위원회, 『한국 현대작가와 불교』, 예옥, 2007.

에 한정한 연구서가 아니라 '불교 테마'와 관련된 작가의 작품에 대한 연구서에 가깝다. 때문에 김일엽[15]과 '불교(사상)적인 소설'을 창작한 이문구와 윤대녕 등에 대한 논의가 개입되어 있다. 이를 제외한 이광수, 김동리, 고은 등의 작품이 불교소설에 해당하는데 이에 대한 평론적인 분석이 이루어지고 있다. 소설가를 중심으로 분석한 이 논저는 정작 최초의 불교소설가 양건식을 배제한 채 김일엽을 분석 대상으로 삼았다는 한계를 보이고 있다. 이 논저는 기본적으로 여러 논자에 의해 집필되었기 때문에 불교소설의 명확한 개념과 범주의 확립과 그 통시적인 위상을 종합, 점검하는 작업은 찾아볼 수 없다는 한계를 갖는다.

정호웅의 논문[16]은 방법론 면에서 앞서 언급한 황양미의 것과 유사하지만, 분석 대상이 아주 새로울 뿐만 아니라 그 폭이 넓다. 이 논문은 불교소설로는 현진건의 『무영탑』, 김동리의 『저승새』 등 일부만 거론되고 그 외는 불교 사상적인 소설들이 다수 분석 되고 있다. 이 논문은 앞서의 황양미처럼 '불교 설화'가 등장한 소설을 대상으로 해, 주제별 수용양상 중심으로 분석했기 때문에 본격적인 불교소설에 대한 분석과는 일정한 거리를 두고 있다.

이러한 불교소설에 대한 통시적 연구와 달리 개별 작가의 불교소설에 대한 연구가 많이 축적이 되었다. 한 명만을 다룬 경우를 비롯해 두 명 혹은 그 이상 함께 다룬 경우 그리고 시인과 함께 다룬 경

15 김일엽은 여성해방주의 소설을 발표하다가 나중에 불교에 귀의하는데 이때부터는 소설을 창작하지 않은 대신 불교 세계관을 드러내는 수필을 창작했다(방민호, 「김일엽 문학의 사상적 변모과정과 불교 선택의 의미」, 위의 책, 82~135쪽; 오희정, 「김일엽 소설 속 여성성 연구」, 영남대 석사논문, 2010).

16 정호웅, 「한국 현대소설과 불교 설화」, 『우리말글』 45호, 우리말글학회, 2009, 267~288쪽.

우[17]가 있는데, 연대기적으로 불교소설을 창작한 소설가에 대한 기존의 연구를 살펴본다.

1910년대의 거사(居士)[18] 백화 양건식의 불교소설에 대한 연구는 고재석, 곽근의 논문이 있다. 선구적인 연구를 한 고재석[19]은 앞선 다른 연구자[20]와 달리 거사로서의 양건식에 주목해 그에 대한 논문을 처음 발표한 이후, 불교와 관련해 양건식에 대한 많은 논저를 발표했다.[21] 그는 「석사자상」을 근대인의 허위의식을 완결된 구조로 형상화한 최초의 지식인 소설로 규정[22]한 반면, 불교 사상적 분석은 미흡하다. 이에 비해 곽근[23]은 양건식의 불교소설을 분석해 불교 사상적 의의를 심도 있게 도출해냈다. 그는 양건식이 신소설 작가들이 불교를 배척한 것과 달리 옹호했음을 밝히면서, 「한일월(閑日月)」, 「아의 종교」에 대해 분석한다. 그는 "선승들의 초탈하고 신비로운 기행을 통해 속인과의 차이를 보여"주는 것과 함께, "앞서의 작품에서보다 더욱 심원한 불교문제를 작품화하려 한 인상을 준" 작품이라고 한다. 또한, "이 두 소설은 일종의 선(禪) 소설이라 할 수 있다. 주인공이 승려라서가 아니라

17 고재석은 「한국 근대문학의 불교지성적 배경연구」(앞의 글, 1989)에서 한용운의 시와 양건식의 소설을 분석 대상으로 삼고 있다.

18 불교에서 출가하지 않고 가정에 머물면서 불문에 귀의한 사람을 지칭한다.

19 한용운(1879)이 양건식(1889)보다 먼저 출생했지만 현대 불교소설 창작 면에서는 양건식이 앞선다. 따라서 양건식을 먼저 소개한다.

20 고재석의 연구 이전에는 번역가로서의 양건식에 대한 연구가 이루어졌다.

21 고재석, 「1910년대의 불교근대화운동과 그 문학사적 의의」, 『한국문학연구』 10호, 한국문학연구학회, 1987; 고재석, 앞의 글, 1989; 고재석, 『한국 근대문학지성사』, 깊은샘, 1991; 고재석 외, 「양건식 문학연구」, 『민족문화연구』 24호, 고려대 민족문화연구원, 1991; 고재석, 「신국문학 사상의 대립과 교체－이광수와 양건식의 소설론 비교를 중심으로」, 『한국문학연구』, 한국문학연구학회, 1993; 고재석, 『숨어있는 황금의 꽃』, 동국대 출판부, 2000.

22 고재석, 앞의 글, 1989, 67~71쪽.

23 곽근, 「백화 양건식 소설 연구」, 『논문집』 8호, 동국대학교, 1989, 10쪽.

그들의 언행이 선적이기 때문이다"라고 긍정적인 평가를 내린다. 하지만 양건식의 불교소설 전체를 망라한 분석이 아니기 때문에 일면적인 분석이라는 한계를 피하기 어렵다.

한용운의 불교소설은 『박명』 한 편 뿐인데,[24] 그의 다른 소설 전체를 다루면서 『박명』을 분석한 논저가 많다.[25] 본서의 논지와 같은 연구로 인권환, 구인환, 권보드래, 한명환, 남정희의 논문이 있다. 인권환[26]은 기존의 한용운 소설에 대한 부정적인 평가를 정리하면서, 한용운 소설에 대한 재점검 및 새로운 조명을 역설하고 있다. 또한, 『박명』에 대해 "한국 불교 문학 사상 보살의 자비 행을 훌륭히 작품화한 종교문학의 명작"으로 평가를 내리고 있다. 구인환[27]은 소설사에서 제대로 주목하지 않고 방치했던 『박명』을 긍정적으로 분석한다. 그

---

24 한용운은 두 편의 장편 소설 『흑풍』, 『박명』과 한편의 중편소설 「죽음」 그리고 「후회」, 「철혈미인」의 미완의 장편 소설을 발표했다. 본서는 『박명』만을 불교소설로 한정한다. 한용운의 『님의 침묵』은 '불교 시집'으로 분류되지만, 시집 속에는 '불교 시'로 분류되는 것과 그렇지 않는 것(불교(사상)적 해석이 가능한 시)이 혼재되어 있다. 소설의 경우에도 『박명』만이 내용상, 주제 상 불교소설의 요건에 부합한다. 그 외의 소설들은 불교적 이미지가 부분적으로 개입되어 있어서 승려인 그의 불교 사상의 맥락에서 불교(사상)적 해석이 가능하다.

25 기존 한용운 소설에 대한 연구는 대체로 한용운 소설을 '실패'로 규정하고 있다. 대표적인 것을 살펴보면 다음과 같다. 백철, 「시인 한용운의 소설」, 『한용운 전집』 5, 신구문화사, 1973, 6~16쪽(이 글에서 백철이 『박명』의 경우 불교의 인연설과 인과응보설을 훌륭히 창작 방법으로 사용했다는 평가는 주목을 요한다); 김우창, 「한용운의 소설」, 『문학과 지성』 17호, 문학과지성사, 1974, 638~658쪽(이 논문은 『궁핍한 시대의 시인』(민음사, 1977)에 재수록되었다); 이명재, 「만해 소설고」, 『국어국문학』 70호, 국어국문학회, 1976, 127~149쪽; 김재홍, 『한용운 문학 연구』, 일지사, 1982; 권영민, 「한용운 소설과 도덕적 상상력」, 『문학사와 문학비평』, 문학동네, 2009, 132~151쪽.
석사 학위의 논문으로 대표적인 것 두 편은 김동길의 「만해 소설 연구」(한양대, 1984)와 오성칠의 「한용운 소설 문학 연구」(중앙대, 1999)이다. 전자는 인물, 플롯, 주제, 문체의 네 가지 면에서 작품을 분석하고 있고, 후자는 민족 사상 중심으로 그의 작품을 분석하면서 독립 사상 고취와 국민 계몽의 효과를 거두었다고 밝히고 있다.

26 인권환, 「한용운 소설의 연구사와 문제점」, 『한국불교문학연구』, 고려대 출판부, 1991, 411~431쪽.

27 구인환, 『한국 근대문학의 비평적 탐구』, 삼지사, 1997.

는 『박명』을 한용운 소설의 대표작으로 보면서 미적 구조의 분석에 의해 인식구조의 의미를 살피고 있는데, 순수한 응보와 이웃을 사랑하는 헌신적인 삶의 의미와 불교에 의한 자기 구제와 낙원추구의식이 형상화 되어 있다고 평가한다. 권보드래[28]는 『박명』이 자칫 인습에 얽매인 것처럼 보이는 헌신일지라도 최신 유행의 자유연애론에 대한 날카로운 비판으로 보고 또 불교라는 배경이 중요한 결론으로 부각되었다고 파악한다. 한명환[29]은 『흑풍』과 『박명』을 탈식민주의적 관점에서 여성, 민족, 중생 구제에 대해 논의하고 있다. 그는 『박명』을 식민지의 하위 주체인 여성의 고난과 시련을 '보살행'으로 보여주고 있다고 분석하면서, 1970년대 말 「아제아제바라아제」(원제 : 비구니), 『우담바라』 계통의 '보살행' 불교 대중 소설의 계보를 잇는 최초의 소설로 평가한다. 남정희[30]는 한용운의 논설, 만필과 시집과 함께 『흑풍』, 『박명』을 분석하면서 『박명』에 불교의 인과율(인연과 인과응보)이 일관되게 관통하고 있다는 점을 밝히고 있다.

현진건의 불교소설 『무영탑』에 대한 불교 사상적 연구는 김령의 논문밖에 찾아볼 수 없다. 김령[31]은 『무영탑』을 관음신앙, 미륵신앙, 인욕바라밀, 불탑신앙으로 분석하고 있다. 그의 불교 사상적 분석은 지나치게 평면적이며 도식적인 한계를 보임에 따라 작품 속의 중요한 장치인 탑돌이 의식이 '육바라밀'을 상징한다는 점을 놓쳤다.

---

28 권보드래, 「연애열의 시대와 한용운의 '님'」, 『만해학보』 4호, 만해학회, 2002, 106~131쪽.

29 한명환, 「시승의 소설 쓰기에 나타난 탈식민주의적 의미」, 『만해학보』 10호, 만해학회, 2010, 101~123쪽.

30 남정희, 「불교의 인과율로 본 한용운 문학의 존재 양상」, 『우리문학연구』 31집, 우리어문학회, 2010, 307~337쪽.

31 김령, 앞의 글.

이광수는 여러 편의 불교 장편 소설과 중단편 소설을 남겼는데, 본서에서 다루는 『원효대사』에 대한 연구를 살펴본다.[32] 학위논문의 경우 최정석, 김무숙, 남인현, 김령에 의해 연구가 이루어졌다. 최정석[33]은 춘원 문학의 불교 사상에 초점을 맞춰 불교소설(『사랑』, 『원효대사』, 『이차돈의 사』)과 불교 시를 논의하고 있다. 여기에서 『사랑』을 자비 사상으로, 『이차돈의 사』를 서원 사상으로 분석하면서 『원효대사』의 경우는 화엄 사상을 그 주제의식으로 분석하고 있다. 김무숙[34]은 『원효대사』에서 화엄 사상으로서의 '무애(無碍) 사상'과 '자비 사상'을 분석하고 있으며, 남인현[35]은 『원효대사』의 8장 구성이 팔정도(八正道)와 유사하다는 점에 착안해 팔정도에 입각해 작품을 도식적으로 분석했다. 김령[36]은 다양한 불교 시각에서 분석하는 가운데 특히 불

32 이광수의 불교소설은 다음과 같다. 장편의 경우 『이차돈의 사』(1935), 『사랑』(1938), 『세조대왕』(1940), 『원효대사』(1942)가 있으며, 중·단편의 경우 「무명(無明)」(1939), 「꿈」(1939), 「육장기(鬻庄記)」(1939), 「남제오(亂啼烏)」(1940)가 있다. 참고로, 그는 불교 사상을 나타내는 시집 『사랑』(1955)과 시조집 『춘원시가집』(1940)을 남겼다.
이광수의 불교소설 대다수에 대한 연구는 이화형, 김봉근과 필자에 의해 이루어졌다. 이화형의 「춘원 소설에 나타난 불교 사상」(『어문논집』 제1집, 안암어문학회, 1967)의 경우 『사랑』, 「육장기」, 「무명」, 『세조대왕』, 『원효대사』만을 다루고 그 외는 빠졌고, 김봉근의 「춘원문학에 나타난 종교의식」(『논문집』 1집, 성심여대, 1978)의 경우, 불교소설 「난제오(亂啼烏)」(1940)가 빠졌고 불교적 해석이 가능한 「늙은 절도범」(1939년 : 미완성 작품)이 포함되었다. 필자의 「이광수 소설의 대승불교 사상 연구」(『문학과 종교』 제17권 2호, 한국문학과 종교학회, 2012, 1~23쪽)는 앞선 연구의 한계를 극복해 심층적인 불교 사상을 방법론으로 내세워 불교소설 전편을 분석하고 있다.
이광수의 불교소설에 대해 부분적으로 논의한 대표적인 연구는 다음과 같다. 이행선, 「1930년대 김동리와 이광수 문학에 나타난 '구원'과 불교의 문제」, 성균관대 석사논문, 2011; 정진원, 「춘원 이광수 소설 '사랑'의 불교적 상호텍스트성」, 『텍스트언어학』 20호, 한국텍스트언어학회, 2006; 동국대 부설 한국문학연구소, 『이광수 연구』, 태학사, 1980; 구인환, 『이광수소설연구』, 삼영사, 1987; 박상률 편, 『불교평론선』, 민족사, 1990; 김윤식, 『이광수와 그의 시대』, 솔, 1999.

33 최정석, 「춘원의 대승불교 사상연구」, 동국대 박사논문, 1974. 이 논문은 단행본 『춘원의 대승불교 사상연구』(학문사, 1978)로 발간되었다.

34 김무숙, 앞의 글.

35 남인현, 「원효대사 연구」, 동국대 석사논문, 2003.

교 사상인 '무애 사상'에 비추어 작품을 독해했다. 학술 논문의 경우 이화형, 한승옥, 황종연, 장영우, 방민호, 필자의 연구가 있다. 이화형[37]은 춘원 소설을 여러 경전으로 분석하고 있는데, 대표적으로 『사랑』과 「육장기」, 「무명」에는 법화경 사상이, 『세조대왕』에는 능엄경 사상이, 『원효대사』에는 화엄경 사상이 지배적인 영향을 미쳤다고 밝히고 있다. 한승옥[38]은 『원효대사』를 대승기신론(大乘起信論)과 진속일여(眞俗一如)의 사상이 녹아든 작품으로 보았고, 황종연[39]은 『원효대사』를 "그의 원효 이야기는 그처럼 내선일체를 조선인을 위한 거룩한 복음으로 받아들인 그의 제국주의적 사고와 불가분의 관계에 있다"고 분석한다. 장영우[40]는 이광수의 『원효대사』가 『삼국유사』의 설화를 바탕으로 하지만 원효의 자비 행으로 재 서사화 되었다고 분석하고 있으며, 방민호[41]는 『원효대사』를 "강제에 의한 전향의 한계를 드러낸" 작품으로 보고 "『원효대사』는 변명의 텍스트나, 자발성을 내포한다는 의미에서 '완전한' '친일' 텍스트가 될 수 없다"고 분석한다. 필자[42]는 『원효대사』를 『이차돈의 사』, 『사랑』과 함께 '보살행의 근본, 육바라밀'을 잘 구현한 작품으로 분석했다.

---

36 김령, 앞의 글.

37 이화형, 앞의 글, 71~87쪽. 이 글은 『이광수 연구』(동국대 부설 한국문학연구소, 앞의 책)에 재수록됨.

38 한승옥, 「춘원 이광수의 원효대사 연구」, 『한중인문학연구』 9호, 한중인문학회, 2002, 55~77쪽. 이 글은 『이광수 장편소설연구』(박문사, 2009)에 재수록됨.

39 황종연, 「한국 근대소설에 나타난 신라 — 현진건의 『무영탑』과 이광수의 『원효대사』를 중심으로」, 『동방학지』 137호, 연세대 국학연구원, 2007, 337~375쪽.

40 장영우, 「현대소설에 나타난 승려상」, 『불교문예』 50호, 불교문예출판사, 2010, 192~211쪽.

41 방민호, 「이광수 장편 소설 『원효대사』를 어떻게 읽을 것인가」, 『불교문예』 52호, 불교문예출판사, 2011, 77~116쪽.

42 고송석, 「이광수 소설의 대승불교 사상 연구」, 『문학과종교』 17권 2호, 한국문학과 종교학회, 2012, 1~23쪽.

김동리는 주목할 만한 불교소설을 많이 창작했는데, 본서에서는 1960~1970년대의 작품으로 한정한다. 「등신불」(1961), 「극락조」(1968), 「눈 오는 오후」(1969), 「저승새」(1977), 「미륵랑」, 「호원사기」가 해당 작품으로[43]이에 대한 연구는 다음과 같다. 학위논문의 경우 대표적으로 이영희, 김무숙, 설란희, 이행선이 있다. 이영희[44]는 불교소설 「등신불」, 「저승새」, 「눈 오는 오후」와 불교 사상적 해석이 가능한 「까치소리」에서 오뇌와 비원이 서린 인간적인 불상 및 윤회 사상 같은 불교 사상을 분석하고 있다. 김무숙[45]은 「등신불」의 만적의 소신공양을 『화엄경』의 무애 사상에 영향을 받아 생과 사의 무애를 이루었다고 보았으며, 설란희[46]는 「등신불」, 「저승새」와 불교 사상적 소설 「까치소리」를 분석하면서 중생의 깨달음과 인간 구원의 추구의 대승적 불타관고가 연기설을 바탕으로 한 전생윤회설 및 화엄의 세계관을 도출해내고 있다. 이행선[47]은 「솔거」 3부작(「솔거」, 「잉여설」, 「완미설」)에서 불교적 구원 불가능성을 분석해낸다. 학술 논문 및 연구서의 경우 대표적으로 이동하, 송희복, 조남현, 장영우, 임영봉, 허련화, 방민화가 있다. 이동하[48]는 불교적인 세계를 끌어들인 대표적 사례로 「등신불」과 「저승새」와 함께 「극락조」를 언급하면서, 「극락조」는 불교의 엄숙주의, 계율지상주의, 현세초월주의에는 비판적 의식이 깃들고 있

43 「미륵랑」, 「호원사기」는 '김동리 소설 연보'에 따르면 발표일을 알 수 없고, 1977년 『김동리 역사소설』에 수록되어있다(김동리, 『김동리 전집』 4(저승새 · 만자동경), 민음사, 1995).
44 이영희, 「김동리 소설의 사상적 배경 연구」, 성신여대 박사논문, 1998.
45 김무숙, 앞의 글.
46 설란희, 「김동리 소설에 나타난 불교적 세계관」, 성균관대 석사논문, 2004.
47 이행선, 앞의 글.
48 이동하, 「김동리의 극락조에 대하여」, 『전농어문연구』 1, 서울시립대, 1988, 43~56쪽. 이 글은 『현대소설의 정신사적 연구』(일지사, 1989)에 재수록됨.

다고 분석하고 있다. 송희복[49]은 「등신불」의 주인공의 소승적 자기애는 등신불의 박애주의와 조우한다고 밝히고, 조남현[50]은 「저승새」에서 보살행화(菩薩行化) 사상을 도출해내고 있다. 장영우[51]는 「등신불」, 「저승새」, 「솔거」 3부작이 불교의 본질적인 사상과 정신을 제대로 구현하지 못한 작품으로 규정하고 있다. 임영봉[52]은 「솔거」 3부작에서 불교적 주제의식과 작가의 자전적 이야기를, 창작집 『까치소리』에서 불교의 십이 연기설을 분석한다. 특히, 십이 연기설의 인연설과 윤회설은 후기 김동리의 정신적 근거가 되었다고 밝히고 있다. 허련화[53]는 첫 번째 김동리의 불교 관련 소설을 소재 차원에서 불교 현상과 사상을 형상화한 소설, 두 번째 문헌 불교 설화를 번안한 불교소설, 세 번째 불교적 내용이 주제와 관련 없이 주변적 소재로 존재하는 불교소설로 분류하고 있다. 이 가운데 첫 번째 언급한 소설이 본서에서 논의하는 불교소설과 부합하는데 이에 대한 심도 있는 불교 사상적 분석이 이루어지지 못했다. 방민화[54]는 김동리의 여러 작품을 통해 불교, 유교, 기독교 사상을 분석하는데 이중 불교의 경우 원효의 정토사상, 불교의 수행법, 동체대비심을 도출하고 있다. 이 논문은 연구대상으로 불교소설 「눈 오는 오후」, 「극락조」가 빠졌고, 불교소설과 불교 사상적 해석이 가능한 소설들이 혼재되어 있다.

---

49 송희복, 앞의 글, 37쪽.

50 조남현, 「저승새와 보살행화 설화」, 박상률 편, 앞의 책, 299~317쪽.

51 장영우, 「김동리 소설과 불교」, 『불교어문논집』 6호, 한국불교어문학회, 2001, 43~61쪽.

52 임영봉, 「김동리 소설의 구도적 성격」, 『우리어문연구』 24호, 우리어문학회, 2008, 341~371쪽; 임영봉, 「김동리 소설과 불교」, 『불교어문논집』 12호, 한국불교어문학회, 2008, 91~115쪽.

53 허련화, 「김동리 불교소설 연구」, 『한국현대문학연구』 25호, 한국현대문학회, 2008, 427~455쪽.

54 방민화, 『현대소설과 종교적 상상력』, 학고방, 2011.

조정래의 불교소설 『대장경』에 대한 연구로는 학위논문의 경우 김령에 의해 이루어졌고, 연구서의 경우 이동하, 정호웅에 의해 이루어졌다. 김령[55]은 불탑 사상, 자비 사상, 인연 사상, 유심 사상을 도출해 내고 있고, 이동하[56]는 불교 사상적 분석은 하지 않은 대신에 소설의 내적 결함과 함께 수기 대사의 민족주의와 민중 사상의 부자연스러움을 지적하고 있으며, 정호웅[57] 역시 불교 사상적 해석은 배제한 채 작품을 분석한다. 그는 소설의 근저에 놓인 핵심 정서를 슬픔과 설움으로 보고, 비판적 지식인 수기대사를 통해 작가의 민중의 힘에 대한 믿음을 확인하고 있다.

김성동의 불교소설 『만다라(曼陀羅)』에 대한 연구는 학위논문의 경우 김형순, 김령에 의해 이루어졌고, 연구서와 학술 논문의 경우 전기철에 의해 이루어졌다. 김형순[58]은 연기(緣起) 사상에 비추어 주인공의 방황과 인물간의 인과성을 분석하고 있고, 김령[59]은 연기 사상, 인연 사상, 보살행의 길과 보시로 작품에 나타난 불교 사상을 도출하고 있다. 전기철[60]은 저자의 체험이 배경으로 물러났다고 진단하면서 소설에서 '허무주의자의 방황'을 읽어내고 있다.

고은의 불교소설 『화엄경』에 대한 연구로는 학위논문의 경우 김무숙, 김령에 의해 이루어졌고, 연구서의 경우 이동하, 조정환에 의해

---

55 김령, 앞의 글.

56 이동하, 「조정래의 『대장경에 대하여」, 『한국 현대소설과 종교의 관련 양상』, 푸른사상, 2005, 233~246쪽.

57 정호웅, 「조정래 문학의 원점」, 『한국의 역사 소설』, 역락, 2006, 225~235쪽.

58 김형순, 「김성동 소설 '만다라'에 나타난 갈등의 인과성」, 충북대 석사논문, 2007.

59 김령, 앞의 글.

60 전기철, 「허무주의자의 방황하는 혼」, 박상률 편, 앞의 책, 381~394쪽.

이루어졌다. 김무숙[61]은 소설 『화엄경』에 인도 형 인물과 상승적 구성 측면에서 수용된 경전 『화엄경』의 양상을 분석하고 있고, 김령[62]은 보살 사상, 업보와 윤회 사상, 자비 사상, 무애 사상을 도출해내고 있다. 이동하[63]는 소설 『화엄경』이 경전 『화엄경』에서 환골탈태하게 된 이유를 선불교의 도입으로 분석하고 있다. 조정환[64]은 소설 『화엄경』을 공의 존재론에 입각해 사사무애, 이사무애의 연기법계를 드러내면서 문수보살[智]과 보현보살[行]의 일치를 드러낸다고 본다. 또한, 이를 통해 '어린이-되기'로써의 탈 권력, 무소유, 공통의 화엄 정치학을 구현하고 있다고 본다.

한승원의 불교소설 『초의』에 대한 논의할 만한 연구로는 김령의 논문과 이태동의 서평이 있다. 김령[65]은 『초의』에서 다선일치(茶禪一致), 선 사상, 평등사상, 인연 사상을 도출하고 있으며, 이태동[66]은 이 작품의 성공 요인을 "장면과 장면으로 이어져 나타나고 있는 불심과 관련한 명상 및 그것과 관련이 있는 상징적 언어"로 파악하고 이 소설을 "종교적인 현실로의 접근을 가능하게 하는 하나의 산문시"로 분석하고 있다.

이상의 논의를 살펴보면, 서구 사상에 기반한 소설 — 대표적인 양대 산맥으로 모더니즘 계열의 소설, 리얼리즘 계열의 소설 — 의 연구에 비해 상대적으로 전통 사상으로서의 불교 사상을 바탕으로 한

61 김무숙, 앞의 글.
62 김령, 앞의 글.
63 이동하, 「선재동자의 새로운 구도여행」, 앞의 책, 2005, 219~232쪽.
64 조정환, 「화엄 존재론을 통해 다시 생각하는 리얼리즘」, 민족작가회의 비평분과위원회, 앞의 책, 13~48쪽.
65 김령, 앞의 글.
66 이태동, 「선과 실시구시의 만남」, 『서평문화』 51집, 한국간행물윤리위원회, 2003, 13~19쪽.

불교소설의 연구 성과가 적음을 알 수 있다. 개화기의 타율적 근대화 및 이후 압축적 근대화·산업화로 인한 국문학계의 거의 맹목적이다시피 한 서구 사상에 대한 추종이 그 원인으로 볼 수 있다. 이로 인해 불교 사상은 시대에 뒤처진 것으로 보고 불교소설은 현대 서구 문학 사상 계열의 소설에 비해 열등한 것으로 치부한 것이다.[67] 따라서, 기존 연구사는 네 가지의 문제점을 가지고 있다.

첫째, 불교소설의 개념에 대한 보편적이며 명확한 기준 설정이 되지 않았고, 이를 전제로 한 연구가 희박하다. 특히, '불교소설'의 개념 설정에 대한 연구는 불교와 친연성이 깊은 특정 대학(동국대) 연구자나 불교 사상에 관심을 갖고 있는 몇몇 연구자에 집중되었다. 때문에 '불교소설'이 무엇이냐는 문제에 대한 국문학계의 보편적인 기준이 마련되지 못했고, 이로 인해 '불교소설'과 '불교(사상)적인 소설'에 대

67 이러한 점에서 선결되어야 할 것은 동양문화(사상)에 대한 편견을 불식시키는 작업이다. 서구의 근대성은 전 지구적인 보편성을 가지고 있는 데 반해 동양의 문화와 사상은 극복되어야 할 특수성을 띠고 있는 것으로 보는 것은 식민주의 잔재에 다름 아니다. 이에 대해 위잉스는 다음과 같이 지적한다(위잉스, 김병환 역, 『동양적 가치의 재발견』, 동아시아, 2007, 26~27쪽). 참고로 '우리 세대의 가장 위대한 중국 지성'으로 불리는 위잉스는 프린스턴 명예 교수로 클러지(Kluge)상을 받았다. 이 상은 인문학의 노벨상으로 불리는데 2004년에 폴 리쾨르가 수상했다.
"동양문화와 현대생활은 결코 서로 상관없는 두 가지의 독립된 실체가 아니며, 서로 배척하고" 대립하는 것은 더더욱 아니다. '현대생활'이라는 것은 동양문화가 현 단계에서 자신을 드러내는 구체적 변화이다. 동양문화의 현대적 전환은 이미 자연스럽게 과거의 궤도를 벗어났으며, 서양문화로부터 큰 영향을 받았다는 것을 부인할 수 없다. 서구화는 이 전환 중 하나의 중요한 일환으로 이를 꺼릴 것은 없다. 그러나 현대화는 결코 서구화와 같지 않으며, 서구화 역시 분야에 따라 다른 층차를 가지고 있다. 과학기술, 심지어 제도 측면에서의 서구화는 결코 다른 문화적 가치체계의 핵심부분을 건드리는 것은 아니다.
현재 일반적으로 서양학자의 책이나 논문으로부터 깊은 영향을 받은 지식인들은 종종 서양인들의 편견 — 즉, 현대 서양의 가치가 보편적(universalistic)이며 중국의 전통적 가치는 특수성(particularistic)을 띤다는 편견 — 을 받아들인다. 이것은 근본적으로 성립될 수 없는 관점이다. 사실 각각의 문화체계가 가진 가치는 모두 보편과 특수 이 두 부류로 나뉠 수 있다. 서구화와 근대화가 이름만 다르고 실질적으로 같다고 여기는 것은 이런 편견의 산물이다.

한 명확한 구별이 이루어지지 못한 것이 '불교소설'에 대한 연구에 커다란 장애로 작용하고 있다.

둘째, 불교소설에 대한 통시론적인 연구가 거의 이루어지지 않았다. 순수한 '불교소설'에 대한 연구 대신에 '불교소설'이 포함된 '불교(사상)적인 소설'에 대한 연구가 많이 양산된 것이 현실이다. 불교소설에 대한 연구로는 김령의 논문이 유일하지만 이 논문은 앞서 밝힌 대로 많은 문제점을 내포하고 있다. 무엇보다 문학사적으로 중요한 장편 불교소설인 한용운의 『박명』이 배제된 것은 한계점으로 남았다.

셋째, 개별 작가의 불교소설에 대한 연구가 많이 축적되어 있지만 몇몇 작가에 집중되었다. 이로 인해 근대의 최초 불교소설 작가인 양건식은 그 문학사적 비중이 큰 것에 비해 연구는 많이 이루어지지 못했다. 또한, 불교소설사에서 그 양적・질적인 면에서 거목으로 자리매김할 수 있는 이광수의 전 작품에 대한 심층적이며 종합적인 연구는 필자의 「이광수 소설의 대승불교 사상연구」가 유일하다.

넷째, 연구 방법론으로서의 불교 사상에 대한 깊이 있는 천착이 결여되었다. 대부분 널리 알려진 불교소설 여러 편을 특정 기준으로 묶어내 나열한 후 피상적으로 분석하는 수준에 머물렀다. 이화형, 최정석, 임금복, 최면정, 김령의 연구가 불교 사상에 대한 방법론적 천착을 보여주고 있지만, 상식적이고 교양적인 수준에 머문 한계를 노정하고 있다. 대표적으로 작품 분석이 반복적이고 도식적인 문제점을 내포하거나, 각 작품을 불교 경전의 사상으로 꿰맞추는 식의 분석을 하는 한계점을 보였다.

본서는 앞서 명확한 불교소설의 개념을 설정했으며, 이에 근거해 총 9명의 불교소설을 통시적으로 살필 것이다. 따라서 기존 연구사의 첫째, 둘째, 셋째의 문제점이 해결될 것이다. 또한, 대승불교 사상의 대표적이고 보편적인 보살 사상, 무아 사상, 선 사상에 대한 심층적인 방법론에 입각해 해당 작가의 불교소설을 분석함으로써, 기존 연구사의 넷째 문제점을 극복할 것이다. 이를 통해 불교소설이 근・현대소설사에서 차지하는 위상과 그 가치를 확인할 것이다.

2. 대승불교 사상과 불교소설의 현대적 가치

불교 사상은 한국의 전통 문학 사상으로 고대에서 현대에까지 면면히 이어지고 있다. 전통 문학 사상의 한 축인 유교 사상이 현대문학에서 그 존립 근거를 찾아보기 힘든 것과 달리 불교 사상은 매 시기 여러 작가에 의해 다양한 소설로 창작되었다. 수 천 년의 생명력을 유지해온 불교 사상은 한국인의 삶과 사고에서 떼려야 뗄 수 없는 '정신적 거처'로 자리 잡았다. 때문에 일제강점기에서부터 현대에 이르기까지 불교 사상은 소설의 주제의식으로 취택되어 왔다.

이처럼 우리 소설사에서 전통문학 사상으로서의 불교 사상을 전면화한 소설이 차지하는 비중이 결코 작지 않음에도 불구하고 크게 폄하되어 왔다. 지식인(소설가 포함)들의 서구 사상에 대한 거의 맹신적인 추종은 비단 개화기에 머물지 않고 일제강점기와 해방 후에서 현재에 이르고 있는 양상이다. 물론, 세계화 흐름에 맞추어 인문학의 한 축으로서 서구의 문학 사상을 호혜적으로 수용하는 데는 반대할 이유가 없다. 하지만, 대다수의 소설가와 평론가, 연구자들 사이에 불교 사상을 시효가 만료된 봉건 시대의 유물로 치부하고 오로지 서구의 문학 사상만을 절대시하는 풍토가 생겨났다.[68] 이로 인해, 한 작가와 평론가, 연구가의 약력은 서구 사상 수용의 스펙트럼을 방불케 하는 일이 벌어졌다. 또한, 10년도 안 되는 기간에 서양의 무슨 무슨 주의가 마치 패션처럼 수도 없이 유행하다가 소멸해 갔다.[69]

물론, 불교 사상의 몇몇 기본 교리와 논리는 현대문학 사상으로 수용하기에 한계점을 내포한 점도 있다. 하지만 한국 불교의 대승불교 사상은 현대 인문학과 문학 이론으로 새롭게 조명할 수 있을 정도로

68 1900~1945년대의 한국 리얼리즘의 경우, 일본 판 마르크스레닌주의를 '번안(飜案)'하는 수준을 크게 넘어서지 못했다. 이에 대한 장사선은 다음과 같은 평가를 내린다(장사선, 『한국 리얼리즘 문학론』, 새문사, 1988, 199쪽).

"한국 리얼리즘은, 로맨티시즘이라는 문예사조적 흐름도, 자본주의라는 경제체제도, 실증주의라는 철학적 체계도 — 물론 實學을 연상할 수 있으나 그 맥이 현대문학에 연계되지는 못했다고 본다 — 서구에서 꽃핀 과학의 발달도, 체계적으로 거치지 않고 형성되었다는 특성을 지닌다. 따라서 자연 발생적으로 형성된 것이 아니라 구호를 내걸고 슬로건 위주로 전개되었다는 점, 주로 프로문학과 깊은 연관을 지니며 정치적 흐름에 따라 진행되었다는 점, 리얼리즘의 발생국이라 할 프랑스나 독일・러시아 등과의 직접적 접맥 없이 일본의 절대적 영향 속에서 형성되었다는 점 등의 특성을 아울러 지닌다."

69 이러한 시대 흐름과 달리, 주체적인 사상 탐구를 이어가는 서양 철학자 두 명과 국문학계의 문예이론가 한 명이 주목을 요한다. 먼저, 『데리다의 해체철학』(민음사, 1993)을 내놓은 바 있는 서양 철학자 김형효는 동・서를 아우르는 사상적 탐색을 시도하고 있다. 대표적으로 『데리다와 노장의 독법』(한국정신문화연구원, 1994), 『하이데거와 화엄의 사유』(청계, 2002)를 들 수 있다. 그는 여기서 더 나아가 불교, 유교 철학에 대한 본격적인 연구서를 내놓고 있다. 다음, 헤겔・마르크스 권위자 황태연은 『실증 주역』(청계, 2008), 『공자와 세계(전5권)』(청계, 2011)를 통해 동북아시아 사상의 현대적 가치를 재조명하고 있다. 마지막으로 시인 이승훈은 『포스트모더니즘 시론』(세계사, 1991), 『모더니즘 시론』(문예출판사, 1995), 『정신분석 시론』(문예출판사, 2007) 등에서 누구보다 발 빠르게 서구 문예이론을 소개, 구축해왔으나 최근 들어 『아방가르드는 없다―아방가르드 예술의 선불교적 읽기』(태학사, 2009), 『선과 하이데거』(황금알, 2011)를 통해 선불교를 토대로 한 시론을 모색하고 있다. 최근, 그는 「금강경과 만나다」(『영도의 시쓰기』, 푸른 사상, 2012)로 2013년 18회 현대불교문학상(평론 부문)에서 수상했다.

효용가치가 높은 면이 있는 것이 사실이다. '연기(緣起)'는 일정 부분 데리다의 차연(差延)과 유사성을 가지고 있으며, 유식(唯識)의 제8식인 아뢰야식(阿賴耶識)은 2,000년 전에 프로이트의 '무의식'을 설정했다. 또한, 대승불교 사상의 '위로는 붓다의 깨달음을 추구하고 아래로는 중생을 교화한다[上求菩提 下化衆生]'라는 보살 사상을 강조하고 있는데, 이는 오늘날 지식인의 사회적 책임과 실천의 당위성을 부여하는 논리가 될 수 있다. 더욱이 선 사상은 본래 내면에 갖추어진 본성으로서의 불성(佛性)을 자각함으로써 열반에 이를 수 있다는 견성성불(見性成佛)을 설파하고 있다는 점에서, 인간 존엄성을 강조하는 동양의 휴머니즘 사상으로서의 가치를 가지고 있다.

본서는 이러한 대승불교 사상에 근거해, 사적으로 근・현대 불교소설을 분석할 것이다. 그간 리얼리즘과 모더니즘의 소설에 비해 크게 도외시되었을 뿐만 아니라, 한국 종교 소설 면에서도 서구 종교인 기독교의 소설에 비해 소외되었던 것이 불교소설이다. 본서는 1910년대 최초의 근대 불교소설에서부터 2000년대의 불교소설까지 모두 망라해, 문학사적으로 중요한 불교소설들을 모두 살펴본다. 이로써 유구한 역사를 자랑하는 한국 전통의 대승불교 사상을 사상적 기저로 하는 불교소설의 다양한 주제 의식을 살펴볼 것이다. 또한, 이를 통해 불교소설사의 일관된 맥을 확인하는 것과 함께 불교소설이 근・현대소설사에서 차지하는 위상과 그 가치를 확인할 것이다.

본서는 문학사적으로 주목할 만한 불교소설을 조사해 다음과 같이 도표화할 수 있었다. 참고로, 본서는 불교계에서 인정하는 '불교 신앙 소설'과 평단에서 인정하지 않는 불교 대중 소설을 배제했다.

시기	작가	작품
일제강점기	양건식	「석사자상(石獅子像)」(『불교진흥회월보』 1호, 1915.3), 「한일월(閑日月)」(『조선불교계』 1호, 1916.4), 「아의 종교」(『조선불교계』 3호, 1916.6), 「오!」(『유심』 1・2호, 1918.9~10)
	김동리	「솔거」(『조광』, 1937.8), 「잉여설」(『조선일보』, 1938.12.8~24), 「완미설」(『문장』, 1940.2) * 위의 「솔거」 3부작은 「극락조」(1968)로 개작됨
	한용운	『박명』(『조선일보』, 1938.5.18~1939.3.12)
	현진건	『무영탑』(『동아일보』, 1938.7.20~1939.2.7)
	이광수	『이차돈의 사』(1935), 『사랑』(1938), 『세조대왕』(1940), 『원효대사』(1942), 「무명」(1939), 「꿈」(1939), 「육장기」(1939), 「난제오」(1940)
해방 후~1960년	정한숙	「금당벽화」(1955)
1960~1970년대	김동리	「등신불」(1961), 「극락조」(1968), 「눈 오는 오후」(1969), 「저승새」(1977), 「미륵랑」, 「호원사기」 * 「미륵랑」, 「호원사기」는 발표시기가 불명확한데, 『김동리 역사소설』(1977)에 수록됨
	조정래	『대장경』(1976)
	김성동	『만다라』(1979), 『길』(1994), 『꿈』(2001), 중・단편집 『피안의 새』(1981)
1980년대	한승원	『아제아제바라아제』(1985)
	한승원 외	불교 테마 소설집 『극락산』(1989)
1990~2000년대	고은	『화엄경』(1991), 『선(禪)』 1・2(1995)
	한승원	『초의』(2003), 『소설 원효』(2006)

본서는 이 가운데에서 한 작가 당 한 편의 장편 소설을 중심적인 연구 대상으로 삼으면서도 불교소설사에서 큰 비중을 차지하는 소설가가 남긴 다수의 중・단편 소설들을 연구 대상에 포함시켰다. 본서에 추가된 불교 중・단편 작가는 양건식과 김동리다. 양건식은 최초의 근・현대 단편 불교소설가이므로 그를 제외한 근・현대 불교소설의 사적 연구는 성립되지 않는다. 김동리는 다수의 중・단편 불교소설을 창작했으며 그 작품이 불교소설사에서 결코 배제할 수 없는 위치를 점하고 있다. 따라서 본서의 연구 대상 작품은 시기순대로 양건식의 「석자자상」 외 3편, 한용운의 『박명』, 현진건의 『무영탑』, 이광수의 『원효대사』, 김동리의 「등신불」 외 5편, 조정래의 『대장경』, 김성동의 『만다라』, 고은의 『화엄경』, 한승원의 『초의』이다.[70]

이 책의 논의는 다음과 같은 순서로 이어진다. 2장에서 연구 방법론으로 대승불교 사상 가운데 가장 핵심적이며 보편적인 것으로 보살(菩薩) 사상, 무아(無我) 사상, 선(禪) 사상을 살펴보겠다. 3장에서는 일제강점기의 불교소설을 살펴보는데, 해당 작품은 양건식의 「석사자상(石獅子像)」, 「한일월」, 「아의 종교」, 「오!」와 한용운의 『박명』, 현진건의 『무영탑』, 이광수의 『원효대사』이다. 4장에서는 1960~1970년대의 불교소설을 살펴보는데, 해당 작품은 김동리의 「등신불」, 「극락조」, 「미륵랑」, 「눈 오는 오후」, 「저승새」, 「호원사기」와 조정래의 『대장경』, 김성동의 『만다라』이다. 5장에서는 1990~2000년대의 불교소설을 분석하는데, 해당 작품은 고은의 『화엄경』, 한승원의 『초의』이다. 6장에서는 앞서의 작품 분석을 바탕으로 전체 불교소설의 불교 사상적 특징을 정리하는 것과 함께 불교소설의 근·현대 소설사적 의의를 살펴보겠다. 7장은 결론으로 대승불교 사상의 연구 방법론과 불교소설 분석, 불교소설의 근·현대 소설사적 의의를 요약하는 것과 향후 과제를 확인할 것이다.

---

70 참고로, 최인호의 『길 없는 길』(전4권)(샘터, 1993)과 박상륭의 『죽음의 한 연구』(문학과지성사, 1986)는 다음과 같은 이유에서 배제되었다. 전자는 현저히 문학성과 서사성이 미달되었기 때문이다. 이동하는 『길 없는 길』에 대해 소설의 줄거리는 한·중 두 나라 선불교의 전통을 소개하기 위해 만든 지극히 "허술한 장치"라고 하면서, "이 작품의 장르적 성격은 서사보다는 차라리 교술(敎述)에 가깝다"고 평한다(이동하, 「20세기의 한국소설과 불교」, 앞의책, 2005, 27~36쪽). 후자는 선불교, 기독교, 연금술, 주역, 신비주의가 동일한 차원과 비중으로 통합된 '통 종교 소설'로서 주제의식이 대승불교 사상으로 통합, 수렴되지 않기 때문이다. 김현은 이러한 통 종교성에서 "특히나 완전한 성교야말로 완전한 해탈이라는 작가의 신념이 연유하는 것"이라고 분석한다(김현, 「인신의 고뇌와 방황(해설)」, 『죽음의 한 연구』, 문학과지성사, 1986, 478쪽). 김윤식과 최동호 또한 김현과 같은 견해를 보이는데, 이들은 "박상륭의 『죽음의 한 연구』, 『칠조어론』은 유교, 불교, 도교, 밀교가 혼합된 형태의 추상적 관념소설"이고 한다(김윤식, 최동호 편, 『한국 현대소설 소설어 사전』, 고려대 출판부, 1998, 1593쪽).

제2장

대승불교 사상의 세 가지 기둥

이 글에서는 불교소설을 분석하는 연구방법론으로 대승불교 사상을 취택했다. 주지하듯이 대승불교 사상은 고대에서 현대로 이어지는 한국 불교의 사상적 기둥인데, 그 사상의 폭은 넓디넓다. 거시적으로 보면 인도 대승불교 교학의 양대 산맥인 공 사상과 유식 사상, 그리고 중국불교의 대표종파 사상인 천태 사상, 화엄 사상, 정토 사상, 선 사상을 들 수 있다. 여기에다 부처가 발견한 연기법과 근본 교리인 사성제, 오온과 무아, 삼법인, 일체법, 윤회와 업 또한 각기 하나의 사상으로 보기에 손색이 없다. 이와 더불어 승려 개인이 내세운 사상으로 대표적인 경우인 원효의 일심(一心)·화쟁(和諍)·무애(無碍) 사상이 빠질 수 없다. 이 수많은 개별적인 대승불교 사상들이 우리 불교소설에 직·간접적으로 영향으로 주었음에 틀림없지만 일일이 모두 거론하는 것은 불필요하고 소모적인 일이다.

때문에, 다양한 대승불교 사상 가운데 한국 불교 사상의 핵심에 해당하면서도 보편적인 것으로 보살 사상, 무아 사상, 선 사상을 선택했다. 그 이유는 다음과 같다. 첫 번째 보살 사상은 대승불교 사상의 기본 개념에 해당하는 것으로 이를 전제하지 않는 대승불교 사상 논의가 무의미하기 때문이다. 두 번째 무아 사상은 '주체'의 관점에서 공 사상으로서의 연기법과 내세 사상인 윤회와 업을 하나의 사상으로 묶어서 설명한 것인데, 이러한 무아 사상이 불교소설에 다양하게 형상화되었기 때문이다. 세 번째 선 사상은 한국 불교 최대의 종단 조계종의 사상인데, 이는 실제로 불교소설가의 종교 활동 및 소설 창작에 폭넓게 반영되었기 때문이다.

1. 보살(菩薩) 사상

한국 불교의 성격을 특징짓는 대승(大乘)불교는 성문승(聲聞僧)의 소승(小乘)불교와 달리 보살(菩薩) 사상을 펼치고 있다.[1] 대승불교에서 중시하는 '보살'은 산스크리트어 보디사트바(bodhisattva)를 음사한 한자 '보리살타(菩提薩陀)'의 줄임말이다. 이 뜻은 '보(bodhi, 붓다의 깨달음)'와 '살(sattva, 중생)'로 나누어 '깨달음을 추구하는 중생'과 함께 '위로는 붓다의

1 대승(大乘 : 큰 수레)불교는 깨달음을 이루는 준비단계로 보살이라는 용어를 내놓았는데 이는 곧 후보불(候補佛)이다. 보살은 4대 보살인 관세음보살, 문수보살, 보현보살, 지장보살을 비롯해 보리심을 일으켜 보살도를 실천하는 평범한 재가자를 포함한다(방립천, 『불교철학개론』, 민족사, 1989, 41쪽).

깨달음을 추구하고 아래로는 중생을 교화한다[上求菩提 下化衆生]'로 해석한다. 특히, 상구보리하화중생(上求菩提下化衆生)의 보살 사상은 출가자 개인의 해탈만을 고집하는 소승불교와 다른 대승불교의 고유성이라 할 수 있다.[2]

보살 사상에서 위로 추구하는 깨달음(열반)은 곧 궁극의 깨달음인 아뇩다라삼먁삼보리(阿耨多羅三藐三菩提)[3]를 말한다. '아뇩다라'는 '무상(無上)', '삼먁'은 정등(正等), '삼보리'[4]는 '정각(正覺)'으로 '무상정등정각(無上正等正覺)'[5]이라 한다. 이는 말 그대로 더 이상 위가 없으며, 바르고 평등하며 완벽한 깨달음을 뜻하는 것으로 붓다의 깨달음을 말한다.[6] 『대지도론(大智度論)』에서는 붓다의 깨달음(菩提)을 단계별로 발심보리(發心菩提), 복심보리(伏心菩提), 명심보리(明心菩提), 출도보리(出到菩

2 안성두 편, 『대승불교의 보살』, 씨·아이·알, 2008, 59쪽; 동국대 불교문화대학 불교교재편찬위원회, 『불교사상의 이해』, 불교시대사, 2011, 138쪽; 운허 용하, 『불교사전』, 동국역경원, 1998, 298쪽. '깨달음과 실천적 휴머니즘(上求菩提 下化衆生)'을 추구하는 보살 사상은 우리나라 불교계의 각종 의식과 법회의 마지막에 외우는 사홍서원(四弘誓願)에 집약적으로 강조되고 있다. 사홍서원(四弘誓願)은 다음과 같은데, 대승불교는 출가자는 물론 재가자 역시 보살이 될 수 있다(안성두 편, 위의 책, 140쪽).

"중생을 다 건지오리다[衆生無邊誓願度] / 번뇌를 다 끊으오리다[煩惱無盡誓願斷] / 법문을 다 배우오리다[法門無量誓願學] / 불도를 다 이루오리다[佛道無上誓願成]"

3 해탈(解脫), 열반(涅槃)이다.

4 '삼보리(三菩提)'는 만유제법의 실상인 이체(理體)를 뜻하는 진성보리(眞性菩提), 진실한 지혜를 도라 하는 실지보리(實智菩提), 교묘하게 수단 방법을 써서 중생을 교화 이롭게 하는 방편보리(方便菩提)를 말한다(운허 용하, 앞의 책, 403쪽).

5 무상정등보리(無上正等菩提)라고도 한다. 기독교 사상과 불교 사상은 전혀 이질적으로 여겨지지만 초기 기독교는 불교와 상통한다. 오강남에 따르면, 초기 기독교의 정신을 엿볼 수 있는 『도마복음』에서는 회개'의 의미가 지금의 'repentance(뉘우침)'가 아니라 'conversion(전환, 개조)'로, '의식의 변혁'이라고 한다. 무엇보다 초기 기독교에서는 '믿음(pistis)' 대신에 '깨달음(gnosis)'을 강조했다고 하는데, 이는 다음 글에서 확인할 수 있다(오강남, 『또 다른 예수-비교종교학자 오강남 교수의 『도마복음』 풀이』, 예담, 2009, 140쪽).

"제자들이 예수께 말했습니다. "당신이 계신 곳을 저희에게 보여주십시오. 저희가 찾아야 하기 때문입니다." 그가 말씀하셨습니다. "두 귀 있는 이는 들으십시오. 깨달은 사람 속에는 빛이 있어 그 빛이 온 세상을 비춥니다. 그 빛이 비추지 않기에 어둠이 깃드는 것입니다.""

6 운허 용하, 앞의 책, 222쪽.

提), 무상보리(無上菩提)로 나눈다.

① 발심보리 : 10신위 보살이 무량한 생사 중에서 위없는 보리를 위해 큰마음을 발함.

② 복심보리 : 10주, 10행, 10회향 위(位)의 보살이 모든 번뇌를 항복하고, 이타 교화의 수행을 함.

③ 명심보리 : 초지 이상의 보살이 3세 제법의 본말, 총상, 별상 등을 과하여 일체 제법의 실상을 아는 것.

④ 출도보리 : 제8, 9, 10지의 보살이 지혜를 연마함에 온갖 수단을 강구해 무성의 이치를 증득하고, 3세를 여의어 일체지(一切智)에 이르는 것.

⑤ 무상보리 : 보살이 등각, 묘각의 지위에 이르러 도장에 앉아 일체의 번뇌를 멸하고 무상보리를 얻는 것.[7]

이와 함께 보살 사상에서 중생 구제(교화)의 지향은 곧 실천적 휴머니즘의 추구로 볼 수 있다. 이처럼 보살이 당위적으로 수행해야 할 이타적 실천은 '6바라밀(波羅蜜)'로 요약된다. '바라밀(波羅蜜多의 준말)'은 '산스크리트어 '파라미타(pāramitā)'를 음사한 것으로 흔히 도피안(到彼岸 : 깨달음에 도달하다)으로 풀이한다. 6바라밀은 무차별, 공에 입각해 깨달음에 도달하기 위해 닦아야할 6가지 실천율이다.[8] 이러한 6바라밀의 중요성은 다음의 글에서 확인할 수 있다.

---

7 이 다섯 가지 보리는 '오종보리(五種菩提)'라 통칭한다(위의 책, 620쪽).

8 위의 책, 144쪽.

모든 보살 마하살이 궁극의 깨달음을 얻고자 한다면 마땅히 6바라밀을 닦아야 한다. 왜냐하면 아난다여, 6바라밀은 보살 마하살의 어머니로서 모든 보살을 낳기 때문이다. 아난다여, 만약 보살 마하살이 6바라밀을 닦는다면 모두 궁극의 깨달음을 얻으리라. 이런 까닭에 나는 6바라밀을 거듭 그대에게 부촉하는 것이다. 아난다여, 6바라밀을 모든 부처님의 진리가 담겨 있는 이루 다함이 없는 법의 곳간(法藏)이니, 시방의 모든 부처님이 현재 설법하는 것은 모두 6바라밀의 법의 곳간으로부터 나온 것이며, 과거의 모든 부처님 역시 6바라밀을 닦음으로써 궁극의 깨달음을 얻었으며, 미래의 모든 부처님 또한 6바라밀을 닦음으로써 궁극의 깨달음을 얻게 되리라. 또한 과거, 현재, 미래의 모든 불제자들 역시 6바라밀을 통해 열반을 얻을 것이다.

—『대품반야경』「누교품(累教品)」[9]

이처럼, 깨달음을 위해 필수불가결한 요소가 6바라밀이다.[10] 6바라밀은 보시(布施)바라밀, 지계(持戒)바라밀, 인욕(忍辱)바라밀, 정진(精進)바라밀, 선정(禪定) 바라밀, 반야(般若) 바라밀을 말한다. 여섯 가지 바라밀의 상호관계에 따라 세 가지로 분류할 수 있다. 첫 번째는 반야 바라밀이 다른 바라밀의 바탕이 되어 역동적으로 작용하는 경우, 두 번째는 각각의 바라밀이 자신의 위치에 머물면서 동시에 나머지 바라밀을 성취하는 경우, 세 번째는 복덕문(보시, 지계, 인욕)과 지혜문(정진, 선정, 반야)으로 6바라밀을 나누는 경우이다.[11]

---

9 위의 책, 143~144쪽 재인용.

10 『화엄경』에서는 방편(方便), 원(願) 역(力) 지(智)의 4바라밀을 더해 10바라밀을 설하고, 『법화경』에서는 방편(方便)을 추가해 6바라밀을 설하고 있다(평천장, 『대승불교 개설』, 김영사, 2001, 188쪽).

11 원과, 「6바라밀의 실천」, 안성두 편, 앞의 책, 133~235쪽.

2. 무아(無我) 사상

대승불교는 기본적으로 인간 주체의 실체를 부정하는 세계관을 가지고 있다. 이러한 세계관은 영원불멸한 주체의 근원으로서의 '아트만(Atman, 個我)'을 주장하는 바라문(婆羅門)교에 대립해 샤카무니 붓다(Buddha, 본명 고타마 싯다르타)[12]가 새롭게 내놓은 것이다. 당시, 바라문교는 우주가 절대적 통일성의 원리로 구성된다고 보는 것과 함께 인간 존재의 동일성을 긍정하는 지배 이데올로기를 내세웠다. 대표적으로 『우파니샤드』는 우주의 근원이자 보편적 원리로서의 '브라흐만(Brahman, 梵神)'과 인간 내면의 핵심인 '아트만(Atman, 個我)'은 동일한 존재라는 '범아일여(梵我一如)' 사상을 주장했다. 주체의 본질인 아트만은 만물에 내재하여 우주의 모든 존재를 지탱하기 때문에 우주 그 자체였다. 즉, 개체적 자아로서의 주체와 보편적 자아로서의 우주 만물은 하나로서 동일하다는 것이 그 요지다. 이에 대해 붓다는 아트만

12 샤카무니(Sakyamuni, 釋迦牟尼)의 뜻은 '샤카족 출신의 성자(聖者, muni)'이다. 또한, 붓다(Buddha)는 불타(佛陀), 부처님이라 달리 칭하는데 그 뜻은 '진리를 깨달은 자' 곧 각자(覺者)이다. 이는 미망을 여의고 스스로 모든 법의 진리를 깨닫고, 또 다른 중생을 교도하여 깨닫게 하는 자각(自覺), 각타(覺他)의 2행을 원만히 성취한 이이며, 보리수 아래에서 성도한 석존에 대한 칭호이다(운허 용하, 앞의 책, 338쪽).
칼 구스타프 융은 부처를 이성적 통찰로써, 세상을 극복한 '자기' 구현자로 본다. 만다라를 심리 치료에 이용하기도 했던 그는 부처에 대해 이렇게 말했다(칼 구스타프 융, 조성기 역, 『카를 융 기억 꿈 사상』, 김영사, 2007, 495~496쪽).
"나는 부처의 삶을 개인의 인생 전체를 통해 스스로를 주장한 '자기'의 실현으로 이해했다. 부처에게 '자기'는 모든 신을 넘어서, 특히 인간실존과 세계 정수(精髓)를 나타내고 있다. 그것은 하나의 세계로서 존재 자체의 측면뿐 아니라 세계에 의미를 부여하는 그의 인식도 함께 포괄하고 있다. 부처는 인간 의식의 우주진화론적인 위엄을 파악하고 이해했음에 틀림없다. 그러므로 그는 만약 누군가가 의식의 빛을 꺼버린다며 세계는 '무(無)'로 빠져들고 말 것이라는 사실을 분명히 알고 있었다."

은 실체가 없다는 무아 사상을 펼쳤다.[13]

이러한 무아 사상의 대전제는 붓다가 보리수 밑에서 발견한 진리인 법(法, Dharma) 곧 연기법(緣起法)이다.[14] 연기법은 모든 존재가 시간적 선후관계의 인과관계가 아니라 동시적으로 서로 의지하고 관계를 맺는 상의성(相依性)에 의해 생성, 소멸한다는 것으로 요약된다. 『잡아함경』은 연기법에 대해 이렇게 말한다.

此有故彼有,	이것이 있으므로 저것이 있게 되고,
此起故彼起.	이것이 일어나므로 저것이 일어난다.
此無故彼無,	이것이 없으므로 저것이 없게 되고,
此滅故彼滅.	이것이 소멸하므로 저것이 소멸한다.[15]

이와 같이 이것과 저것은 상호의존하면서 생길 뿐, 시간적인 선후관계(인과관계)에서 생기는 게 아니기 때문에 이것과 저것은 상호 인과관계에서 생기는 '패턴'이다.[16] 이것과 저것은 서로 원인이 되기도

13 동국대 불교문화대학 불교교재편찬위원회, 앞의 책, 37~50쪽. 바라문교의 세계관에 대항한 불교의 세계관은 현대 사상사에서 후기구조주의를 떠올리게 한다. 무의미와 주체의 죽음을 주창한 후기구조주의는 무아론을 내세우는 붓다가 발견한 법(法, Dharma)인 연기법과 상통한다. 일례로, 해체주의자 데리다가 '텍스트'들이 나타나는 모습을 차연(差延)이라고 한 것은 상호 의존하여 존재하는 법 곧 연기법(緣起法)과 유사하다(김영효, 『데리다의 해체철학』, 민음사, 1993, 23쪽; 이중표, 『현대와 불교사상』, 전남대 출판부, 2010, 31~53쪽).

14 붓다의 구도와 득도(해탈)는 출가를 전제로 하는데 출가 이유에 대해 알아본다. 일반적으로 붓다의 출가 이유를 사문유관(四門遊觀)을 통해 생로병사의 고통에서 벗어나고자 한 것에서 찾는다. 이와 달리, 정치적 관점에서 출가 이유를 찾기도 한다. 붓다는 자신의 국가 샤카와 상대 국가 콜리야의 전쟁을 반대하기 위해 출가했다는 것(B.R. 암베카르, 박희준 역, 『붓다와 그 가르침』, 민족사, 1991)과 사문유관에서 노예 계급의 비참한 현실을 깨닫고 중생이 겪는 고통의 근본 원인을 찾고자 출가했다는 것(법륜, 『인간 붓다 그 위대한 삶과 사상』, 정토출판, 2010)이 있다.

15 성열 편역, 『부처님 말씀』, 현암사, 1995, 161쪽.

하고 조건이 되기도 하면서 함께 존재하는 한편, 존재를 성립시키는 원인이나 조건이 변하거나 없어지면 존재 또한 소멸한다.[17] 이처럼 연기법은 상호 인과율에 의거해 생각하고 행동하는 주체적 자아의 실체가 없는 것[無自性]으로 본다.[18] 이와 함께 자연, 사회와 역사 그리고 우주 역시 비실체로 간주한다.

이러한 연기법을 바탕으로 해서 만들어진 연기의 형식이 바로 '십이연기(十二緣起)'이다.[19] 달리 표현해 십이인연(十二因緣)이라고 칭한다. 십이연기(十二緣起)는 무명(無明), 행(行), 식(識), 명색(名色), 육처(六處), 촉(觸), 수(受), 애(愛), 취(取), 유(有), 생(生), 노사(老死)를 말한다. 십이연기는 윤회하는 업보(業報)로서의 인간 주체[假我]를 설정한다. 십이연기는 인간 존재란 비실체적이기 때문에 윤회하는 인간 주체를 인정할 수 없다. 때문에 한 존재가 다른 존재로 윤회할 때 업(業, karma)에 의해 완전히 다른 존재로 나타날 뿐, 고정된 실체(영혼, 자아)가 지속적으로 유지되지 않는다.[20] 이에 대해 붓다는 "업(業)과 보(報)는 있지

16 이중표, 앞의 책, 72쪽.

17 동국대 불교문화대학 불교교재편찬위원회, 앞의 책, 77쪽.

18 위의 책, 73~88쪽.

19 십이연기는 율장『대품』에 다음과 같이 소개되고 있다(마스타니 후미오, 이원섭 역,『불교개론』, 현암사, 2001, 80쪽 재인용).
"세존께서는 그날 초저녁에 이르러 연기를 순역으로 생각하시었다. 무명으로 말미암아 행, 행으로 말미암아 식, 식으로 말미암아 명색, 명색으로 말미암아 육처, 육처로 말미암아 촉, 촉으로 말미암아 수, 수로 말미암아 애, 애를 말미암아 취, 취로 말미암아 유, 유로 말미암아 생, 생으로 말미암아 노, 사, 수, 비, 고, 우, 뇌가 생긴다. 이리하여 이 모든 고온이 생긴다고."

20 동국대 불교문화대학 불교교재편찬위원회, 앞의 책, 111~123쪽. 무아 사상과 업 사상이 모순되지 않나 하는 의문은 유럽의 여러 학자들에 의해 줄곧 제기되어왔다. 이에 대해 불교는 비유를 들어 그 정합성을 주장하는데, 등불의 비유를 살펴본다(사사끼 겐쥰 · 마스타니 후미오, 이태영 · 정양숙 역,『업 사상』, 대원사, 1990, 54쪽).
"어떤 사람이 등불을 켜고서 밤새도록 밝히고자 한다. "그 불빛은 초저녁과 한밤중과 새벽에 다를 것인가?" 하고 왕에게 물었다. 물론 다른 불빛은 없다. 동일한 불빛이다. 만약 맨 처음 켰던 불빛이 실질적인 존재라면 새벽의 불빛은 다른 실질적인 존재로 되고, 이 둘의 불빛은

만 업을 짓는 작자는 없다(『잡아함경』)"고 했다.[21]

사실, 과학의 관점에서 보면 업은 우주의 힘이다. 인간은 우주 곧 매크로코스모스[大宇宙]의 축소판인 마이크로코스모스[小宇宙]인데, 바로 이 소우주에 작용하는 힘이 업이다. 우주의 힘은 자연계에서는 천체 운행으로 나타나지만, 소우주인 인간의 경우 '의지'로 나타난다. 인간의 모든 의지적 활동은 우주적인 힘에 부속한다고 할 수 있다.[22]

결국, 인간 주체[五蘊]가 죽으면 업력이 아뢰야식(阿賴耶識)에 남아 있게 되고, 이 아뢰야식에 의해 다음 생의 인간 주체가 형성된다. 이 오온의 인간 주체는 또다시 업을 짓고 죽지만, 그 업력은 또다시 다음의 인간 주체를 형성하게 된다. 이렇게 업력으로 인한 인간 주체의 윤회는 무한 반복된다.[23] 이를 십이연기(十二緣起)로 정리하면 다음과 같다.[24]

〈십이연기〉

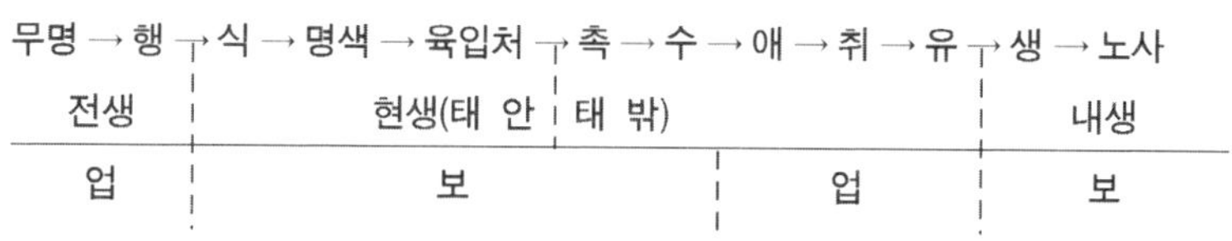

서로 다른 존재로 될 것이다. 그런데도 동일한 등불이 다만 계속해서 있을 뿐이다."

21 한자경, 『불교의 무아론』, 이화여대 출판부, 2006, 56쪽 재인용.

22 사사끼 겐쥰 · 마스타니 후미오, 앞의 책, 23~24쪽.

23 한자경, 앞의 책, 231~239쪽.

24 위의 책, 239쪽.

3. 선(禪) 사상[25]

선(禪)이라는 말은 요가(yoga)에서 나온 말로, 붓다의 깊은 사유와 정각을 통해 불교의 실천 수행인 선정(禪定)으로 체계화한 말이다. 본래, 선이라는 말은 요가의 선나(禪那, dhyāna[드야나]) 혹은 빨리어 즈하나(jhāna)를 중국의 한자로 음사한 것이다.[26] 중국에 전래된 불교가 조사(祖師)[27]들에 의해 새롭게 조사선(祖師禪)이 완성됨으로써 선 수행과 사상이 탄생했다.[28] 조사선은 달리 말하면 선불교다.

선불교의 사상적 배경이 되는 주요 경전은 『금강경』, 『반야경』,

---

25 불교 사상 이외에 또 다른 선불교의 정신이나 사상이 있는 것이 아니다. 선불교 사상은 중국 당나라 시대의 선승들이 대승불교 정신을 선의 수행과 실천적 입장에서 새롭게 정리하고 또 이를 현실생활의 종교로 만들어 전개한 것이다(동국대 불교문화대학 불교교재편찬위원회, 앞의 책, 279쪽).

26 위의 책, 274쪽.

27 인도의 28대 조사이자 중국선의 초조인 달마 선사로부터 2조 혜가(慧可), 3조 승찬(僧璨), 4조 도신(道信), 5조 홍인(弘忍), 6조 혜능(慧能)까지 선이 면면히 이어지는데, 인도 마하가섭으로부터 중국의 혜능까지 모두 33분이 이기에 33조사, 혹은 '삽삼조사'라고 한다(김방룡, 『불교수행법』, 민족사, 2009, 19~20쪽).

28 "선불교는 불교가 중국으로 전해되면서 중국 고유의 정신인 유교의 현실 절대 긍정 사상과 노·장자의 언어와 사상의 만남을 통해 중국인들의 사고와 풍토에 적합한 시대적인 생활의 종교로 새롭게 발전된 것이라고 할 수 있다."(정성본, 『간화선의 이론과 실제』, 동국대 출판부, 2005, 21쪽) 중국선종은 선수행과 깨달음, 즉 수증관(修證觀)의 사상적인 변천과정에 따라 살펴보면, 당대(唐代)의 조사선(祖師禪), 송대(宋代)의 묵조선(默照禪), 간화선(看話禪)이 있다. 이를 순서대로 그 특징을 살펴보면 다음과 같다(이시이 슈도, 『宋代禪宗史の硏究』, 東京, 大東出版社, 1987, 382쪽 : 위의 책, 158쪽 재인용).
① 조사선(祖師禪) : 인간의 본래 성품(佛性)은 본래 깨달음 부처이기에 우리들의 일상생활에서 전개되는 일체의 모든 행(行)·주(住)·좌(坐)·와(臥)의 행위는 모두 깨달음의 전개이다.
② 묵조선(默照禪) : 인간의 본래 성품은 본래 부처이기 때문에 더더욱 좌선의 수행이 필요한 것이다. 좌선 수행을 하고 있을 때에 비로소 깨달음(本覺)이 전개되는 것이다.
③ 간화선(看話禪) : 이치상으로는 인간의 불성은 청정하여 본래 부처인 것은 사실이지만 현실적으로는 미(迷)한 중생으로 살고 있다. 따라서 참선 수행을 철저히 하여 본래 부처인 그 사실을 깨닫고 직접 체험으로 확인하지 않으면 안 된다.

『열반경』, 『유마경』, 『대승기신론』 등이다.[29] 선불교의 근본 목적은 견성성불(見性成佛)로서, 모든 인간이 본래 내면에 갖추어진 본성[本來面目] 곧, 불성(佛性)을 선 수행을 통해 자각하여 깨달음(열반)에 이르는 것이다. 선불교의 특징은 4대 종지(宗旨)인 교외별전(敎外別傳 : 말이나 문자가 아닌 마음에서 마음으로 전한다),[30] 불립문자(不立文字 : 문자로써 교(敎)를 세우지 않는다),[31] 직지인심(直指人心 : 사람의 마음을 곧바로 가리킨다),[32] 견성성불(見性成佛 : 본성을 봄으로써 열반을 얻는다)[33]에 잘 나타나 있다. 그 정신은 다음과 같다.

> 선불교는 지난날 붓다나 조사들의 수행과 깨달음인 '정각(正覺)'을 모범으로 하여 우리들 각자가 성스러운 인격의 주체인 본래심[佛性]을 자각하는 것이다. 그리고 자각된 자기가 붓다와 더불어 여러 조사들과 똑같이 진실을 바로 볼수 있는 정법(正法)의 안목(眼目)을 구족하며, 붓다와 조사들과 똑같이 진리의 세계에 손잡고 우리들 각자의 일상생활 속에서 중생구제의

---

29 동국대 불교문화대학 불교교재편찬위원회, 앞의 책, 280쪽.

30 세계적인 선 학자 스즈끼 다이세쓰(鈴木大拙)는 이 점을 들어 선을 설명한다(스즈끼 다이세쓰, 신현숙 역, 『선이란 무엇인가』, 을유문화사, 1984, 118~119쪽).
"선이란 곧 신비적 경험이라고 할 수 있습니다. 신비적 경험이란 어떤 것이냐 하면, 사람의 마음의 작용에는 어떤 이유로써 설명할 수 없는 하나의 경험이 있다는 것입니다. (…중략…) 그 경험에만 힘을 집중시키려고 하는 것이 선입니다. 선종은 경에 의지하지 않습니다. 교외별전이기 때문에 선종은 경전을 무시합니다. 『능가경』을 읽어보면 그렇게 쓰여있습니다. 선을 의지하는 바 경전이 없습니다."

31 프리초프 카프라는 동양의 신비 사상(불교)이 대면한 언어의 문제가 현대 물리학이 당면한 문제와 같다고 본다. 그는 스즈키 다이세쓰와 하이젠베르크의 언어관을 비교하면서 이렇게 말한다(프리초프 카프라, 김용정 · 이성범 역, 『현대물리학과 동양사상』, 범양사, 2006, 70~71쪽).
"물리학자나 신비가 양쪽 다 그들의 지식을 전달하려고 하고 있지만, 말을 가지고 그렇게 하는 경우 그들의 진술은 역설적이고 논리적 모순에 가득 차 있다."

32 사유와 분석을 그치고 있는 그대로의 마음을 바로 잡으라는 뜻이다.

33 단박에 깨치고 점차로 닦는 돈오점수(頓悟漸修)와 단박에 깨치고 단박에 닦는 돈오돈수(頓悟頓修) 두 가지가 있다.

보살도를 전개하는 유희삼매(遊戲三昧)의 생활종교라 할 수 있다.

즉, 선의 수행과 실천생활로 근원적인 각자의 본래심을 자각하여 붓다와 여러 조사들과 똑같이 반야의 지혜로 각자의 인생관과 종교관을 확립하여 일체의 망념과 근심 걱정, 초조 등의 불안에서 벗어나 편안하고 여유있게 각자의 인생과 삶을 유희적인 일상생활로 살아가는 것이라고 하겠다.[34]

현재, 중국과 한국, 일본 등에서 선불교가 퍼져있는데, 그 수행법[35]으로 실천하고 있는 것이 바로 간화선(看話禪) 혹은 공안선(公案禪)이다. '공안'이란 조사들의 선문답을 말하는데, 흔히 화두(話頭)라고 말한다. 중국에서는 수많은 조사들이 선문답을 통해 제자들을 분별의 세계를 떠나 선의 세계로 인도했다. 공안이란 원래 '관공의 문서[公府案牘]'라는 뜻에서 유래했다.[36] 공안은 보통 『전등록』에 기록된 부처와 조사들의 이름 1,701명의 숫자에 따라서 보통 천 7백 공안이라고 하는데, 간화선에서 가장 유명한 공안은 대혜종고(大慧宗杲)의 간화선

34 동국대 불교문화대학 불교교재편찬위원회, 앞의 책, 284쪽.

35 현재, 우리나라에 일반화된 대승불교의 수행법은 다음과 같다(김방룡, 앞의 책). 간화선(看話禪), 지관(止觀) 수행, 간경(看經)수행, 계율과 참회 수행, 염불 수행, 염불 화두선, 절 수행, 주력(呪力) 수행, 사경(寫經) 수행, 사불(寫佛) 수행.

36 이러한 공안의 뜻은 『선림보훈음의(禪林寶訓音義)』에 나온 것으로, 한 마디로 '법칙의 조문(條文)'을 말한다. 사적인 감정이 개입될 수 없으며, 반드시 준수해야할 절대성을 지닌다는 의미이다. 중봉명본(中峰明本)의 『산방야화(山房夜話)』은 공안에 대해 이렇게 기록하고 있다(정성본, 『선의 역사와 사상』, 불교시대사, 2000, 465~466쪽).
"공(公)이란 성현들이 깨달은 그 길을 하나로 하여 천하의 모든 사람들이 그길로 함께 갈수 있도록 하는 지극한 가르침이며, 안(案)이란 성현들께서 그 깨달은 이치인 도에 나아가는 올바른 방법을 기록한 것이다. (…중략…) 불조의 기록을 공안이라고 부르는 이유도 이와 마찬가지이다. 따라서 이것을 한 사람의 억견이 아니라 신령스러운 (불법의) 근원에 합당하고, 묘지(妙旨)에 계합하여 생사의 굴레를 타파하여, 정량(情量 : 언어나 문자, 지혜로 따짐)을 초월한 것이다. 삼세시방의 수많은 불보살과 함께 똑같이 불법의 지극한 이치를 품승(稟承)하는 것이다."

에서 불심을 체득하는 방편으로 제시하고 있는 조주(趙州)의 무자공안(無子公案)이다.[37]

간화선은 이러한 조사들의 선문답인 '공안'을 살펴서 본래 심[佛性]을 깨닫게 하는 수행법이다. 공안의 의의는 선림고경총서 제28권 『고애만록(枯崖漫錄)』에서 '국가에서 부득이하여 무기를 사용하는 경우라 할 수 있다'는 말로 설명된다. 사실, 깨달음의 경지인 선은 언어나 문자로 설명할 수 없는 것[不立文字]이지만, 초심자들의 근기에 비추어 선수행의 지침으로 언어나 문자를 사용한다는 것이다.[38] 결국, 간화선은 공안에 대한 '의심'을 통해 알음알이[知解], 분별심 곧 『금강경』에서 말한 아상, 인상, 중생상, 수자상 네 가지의 상(相)을 떨쳐내어 본래 마음을 자각할 수 있다.[39]

---

37 정성본, 앞의 책, 2005, 216쪽.

38 위의 책, 216~218쪽.

39 김방룡, 앞의 책, 29~33쪽. 서양철학은 원리를 만들고 또 그것으로 무를 틀어막는 삶의 둑을 구축해 왔다면, 선은 아무런 원리도 필요하지 않으며 오히려 모든 한계 설정들과 제한 설정들을 부수려고 한다(한스 페터 헴펠, 이기상 외역, 『하이데거와 선』, 민음사, 1995, 260~261쪽).

제3장

일제강점기의 불교소설

이 장에서 다루는 불교소설이 발표된 1910년대에서 1940년대는 일제강점기이다. 1910년 8월 한국사회는 강제 병합에 의해 일본의 식민지로 전락하게 됨으로써, 대한민국이라는 국호를 박탈당하면서 경제적 수탈, 민족적 차별을 받게 된다. 이에 대한 민족적 반발로 1919년에 3·1독립운동이 일어났다. 이에 대해 일제는 1920년대의 문화 통치로 민족 분열을 획책하였으며, 더 나아가 1930년대 이후에는 민족 문화를 말살하는 것과 함께 인적 물적 자원을 약탈해갔다. 1940년대 일제 말기에는 태평양 전쟁(1941)을 계기로 한국사회를 일제의 병참 기지화로 전락시키는 것과 동시에 내선 일체, 황민화 정책에 의해 한글 사용을 금지하고 『동아일보』, 『조선일보』 등 민족 언론지를 폐간한다.[1]

1 권영민, 『한국 현대문학사』 1, 민음사, 1993, 185～190·443～444쪽; 신동욱 편, 『한국 현대문학사』, 집문당, 2004, 331～408쪽.

이 시기에 일제는 한국 사회의 정신적 문화적·문화적 침략을 위해 계획적으로 불교를 이용했다. 조선 총독부는 불교계를 통제하고자 1911년 6월 3일의 제령 제7호 「사찰령」을 반포했는데 이는 일제 말까지 존속했다. 이에 대항하여 불교계는 3·1운동에 참여하는 것과 함께 1919년 11월 대한승려연합회가 일제와의 혈전을 선언하는 「대학승려연합회선언서」를 발표했다. 1920년대에는 친일 성격의 조선불교 중앙교무원에 맞서 전통을 계승한 선학원이 설립되는 것과 함께 불교청년회, 불교유신회의 불교 개혁 운동이 생겨났다. 하지만 1930~1940년대에는 불교의 지도부가 조선 총독부의 하수인으로 전락하는 폐해를 피할 수 없었다.[2]

이 시기의 불교소설로는 양건식, 한용운, 현진건, 이광수, 김동리의 작품이 있다. 이 가운데에서 김동리는 「솔거」(『조광』, 1937.8), 「잉여설」(『조선일보』, 1938.12.8~24), 「완미설」(『문장』, 1940.2)의 「솔거」 3부작을 발표했는데, 이는 1960년대 「극락조」로 개작된다.[3] 때문에 이 세 작품을 이 장에서 다루지 않고, 대신 김동리가 다수의 불교소설을 창작한 1960~1970년대에서 분석한다. 따라서 이 장에서는 양건식, 한용운, 현진건, 이광수의 불교소설을 시기적 순서에 따라 분석한다.

양건식은 거사(居士) 불교 운동을 벌이면서 1910년대에 불교소설 네 편을 창작했다. 「석사자상(石獅子像)」(『불교진흥회 월보』 1호, 1915.3), 「한일월(閑日月)」(『조선불교계』 1호, 1916.4), 「아의 종교」(『조선불교계』 3호, 1916.6), 「오(悟)!」(『유심』 1·2호, 1918.9~10)를 발표했다. 이와 함께 왕성하게 번역

2 김순석, 『일제시대 조선총독부의 불교정책과 불교계의 대응』, 경인문화사, 2003, 1~227쪽.
3 허련화, 「김동리 불교소설 연구」, 『한국현대문학연구』 25호, 한국현대문학회, 2008, 429쪽.

가 활동을 했던 그는 외국의 불교소설 「실달타」(『불교』 22~29호, 1926.4.1~4.11)를 번역, 발표했다. 이 번역 소설은 헤르만 헤세의 원작 『싯다르타』(1922)를 국내에 최초로 일부 번역, 소개한 것으로 보인다. 이 장에서는 「석사자상」 외 3편의 불교소설 을 다룬다.

한용운은 1930년대 중반에 다수의 소설을 발표한다. 장편 소설 『흑풍(黑風)』, 『박명(薄命)』, 중편소설 「죽음」(창작연대 미상) 그리고 「후회」, 『철혈미인』의 미완의 장편 소설을 발표했다. 이 가운데 『흑풍』은 불교 사상적 소설이며, 『박명』(『조선일보』, 1938.5.18~1939.3.12)은 주제의식이 불교 사상으로 관통하는 불교소설이다. 이 장에서는 『박명』을 다룬다.

현진건은 1930~1940년대에 민족혼을 담은 역사소설을 창작하던 시기에 불교소설 『무영탑』(『동아일보』, 1938.7.20~1939.2.7)을 발표했다. 이 장에서는 현진건의 불교소설로 『무영탑』을 다룬다.

이광수는 다수의 불교소설을 발표했다. 장편 『이차돈의 사』(1935), 『사랑』(1938), 『세조대왕』(1940), 『원효대사』(1942)와 중·단편 「무명(無明)」(1939),[4] 「꿈」(1939), 「육장기(鬻庄記)」(1939), 「난제오(亂啼烏)」(1940)가 있다. 여기에다 그는 불교 사상적인 시조와 시를 수록한 『춘원시가집』(1940)을 남겼다. 춘원의 불교소설은 다음 네 가지의 주제의식으로 분류할 수 있다. ①'보살행의 근본, 육바라밀'에 해당하는 작품은 『이차돈의

4 이광수 스스로 "나로서는 오늘까지 쓴 작품 중에서 가장 자신 있는 작품이오"라고 자부했을 만큼 자신의 체험을 바탕으로 창작한 이 소설의 수준은 그의 작품 가운데 최고봉에 위치한다(박계주·곽학송, 『춘원 이광수』, 삼중당, 1964, 447쪽). 이 소설은 병감 속에서 일어나는 죄수들의 이야기가 살아 꿈틀거리는 듯이 생동적으로 형상화되었다. 소설의 주제의식은 작중화자 '나'가 근처 절에서 들려오는 목탁 소리를 듣고, 죄수들이 사로잡힌 고통의 원인을 연기법의 무명이라고 보는 불교적 자각에서 찾아 볼 수 있다. 이 소설은 근·현대소설을 통틀어 그 어느 작품에 비해 결코 뒤지지 않는데, 문학사에서 배제된 것은 아이러니하지 않을 수 없다.

사』, 『사랑』, 『원효대사』이며, ② '존재의 상의성의 법칙, 연기법'에 해당하는 작품은 「무명」, 「꿈」이며, ③ '차별과 분별지를 넘어서는 수행 : 간경과 간화선'에 해당하는 작품은 「육장기」, 「난제오」이며, ④ '업보를 밝히는 길로서의 참회'에 해당하는 작품은 『세조대왕』이다.[5] 이 장에서는 앞서의 다른 작가들의 불교소설과 시기적으로 중복되는 것을 피하는 것과 함께, 다른 작품에 비해 불교 사상이 완성도 높게 형상화된 『원효대사』를 다룬다.

1. 보시 바라밀의 실천과 조사선(祖師禪)의 지향

—양건식의 「석사자상」 외 3편

1) 1910년대 거사(居士) 불교 운동과 불교 수용

양건식[6]은 1910년대의 대다수 지식인이 서구 문물과 합리적 이성을 추종한 것과 달리 불교를 옹호했다. 그가 참여한 불교계 인사들의 '거사(居士) 불교 운동'은 '출가하지 않고 가정을 가지면서 불문에 귀의

5 고송석, 「이광수 소설의 대승불교 사상 연구」, 『문학과 종교』 제17권 2호, 한국문학과 종교학회, 2012, 1~23쪽.

6 1920년대에 이르러 양건식(梁白華)은 「호적씨를 중심으로 한 중국의 문학혁명」(『개벽』, 1920. 11~1921. 2)을 시작으로 중국 근대 리얼리즘에 대해 소개함으로써 우리나라의 '자연주의적 리얼리즘'의 기초를 세운 바 있다(장사선, 『한국 리얼리즘 문학론』, 새문사, 1988, 33~44쪽).

한 남녀(居士)'의 불교[7] 운동을 말한다. 이 운동은 1914년 12월 21일 각황사에서 발기 총회가 이루어진 불교진흥회를 중심으로 펼쳐지는데, 여기에는 이회광, 이능화, 장지연, 양건식, 신우균, 윤직구, 이명칠, 송헌석 등이 가입했다. 양건식은 1915년 3월 13일 불교 진흥회 간사회에서 전임 서기로 임명되었으며, 그의 처녀작은 불교진흥회에서 발간한 『조선불교진흥월보』(1915.3.15~12.15. 총 9호)에서 발표된다.[8]

이 당시, 불교계는 일제의 친일화 정책에 따라 그 존립 근거를 상실해가고 있었다. 조선 총독부는 1895년 일본 승려 사노(佐野前勵)가 고종에게 한국 승려의 도성 출입을 해제하도록 건의한 것을 시작으로 불교계를 장악해 나갔다. 1911년 6월 3일에는 7개조의 사찰령(寺刹令)[9]을 반포했으며, 그 해 7월 8일에는 8개조로 된 사찰령 시행 규칙을 발표했다. 이로써 조선 총독부가 삼십본산(三十本山 : 30개의 사찰)을 허가하고 그 주지를 임명함에 따라 한국 불교는 본격적으로 일본 제국주의에 의해 관리 통제가 된다. 그 결과 이회광이 친일 불교 원종(圓宗)과 박한영, 한용운 등의 전통 불교 임제종(臨濟宗)은 와해되면서, 급격하게 한국 불교에 병폐가 생겨났다. 사찰의 공의제도(公議制度)가

7 본서에서 논의되는 '불교'는 곧 대승불교를 말한다. 대승불교의 특징은 다섯 가지로 요약할 수 있다(평천장 외, 정승석 역, 『대승불교개설』, 김영사, 2001, 14~22쪽). 첫째, 소승(부파불교)이 자신의 구제에만 전념하는 것과 달리 자리이타(自利利他)의 교리를 가지고 있고 둘째, 재가자를 배제하지 않고 재가(在家)와 출가(出家)를 모두 포용하고 있고, 셋째 현명한 사람이나 어리석은 사람, 또 선한 사람이나 악한 사람 모두를 구제하려는 폭넓은 입장(난행도(難行道)와 이행도(易行道))을 가지고 있고, 넷째 구제자로서의 불타에 대한 이론적 근거인 불신론(佛身論)이 있으며, 다섯째 모든 사람이 보살(菩薩)이 될 수 있다는 입장을 가지고 한다.

8 고재석, 『숨어있는 황금의 꽃』, 동국대 출판부, 2000, 170~188쪽.

9 7개조로 되어있는데, 각본사(各本寺)의 사법(寺法)의 제정과 시행, 사찰의 폐합, 일체의 재산의 처분에 이르기까지 총독부의 허가를 받도록 한 것이다(불교사학회 편, 『근대한국불교사론』, 민족사, 1988, 69~140쪽 참고).

없어지고 지주의 전횡시대가 되면서 지주와 일반 승려 사이가 멀어졌는데 지주의 안중에는 오로지 임면권자인 총독부만 있었다. 또한, 사찰 재산의 처리에도 공정을 잃어버리고 지주의 수당과 여비를 늘려 잡아 사찰 수입의 대부분을 탕진하는 경우도 있었다. 이와 함께 친일 승려들의 속화와 타락이 가속화되어 갔다.[10]

사실, 불교 진흥회는 조선 총독부와 유착한 단체라는 한계를 가지고 있지만, 이를 통해 전개된 '거사 불교 운동'은 다섯 가지의 긍정적인 측면에서 요약된다. 첫째, 거사는 대부분 한학적인 교양과 관습을 갖춘 전통적 지식인이지만 한학적인 전통과 관습을 내재적으로 극복하고 자기 개조와 국가 혁신의 길을 선택한 애국계몽주의자인 점. 둘째, 중생구제의 측면에서 불교가 근대정신과 부합될 수 있었다는 점. 셋째, 거사불교운동은 동양의 지적 전통인 점. 넷째, 거사불교 운동은 광문회 중심으로 전개되던 고문헌보호 운동과 상보적 성격을 갖는다는 점. 다섯째, 거사는 불교계가 필요로 하는 근대적 학습능력을 가졌다는 점. 결론적으로 거사 불교 운동은 문화계몽에 의한 민족적 자주의식의 계발과 '내수외학(內修外學)'에 의한 민족의 실력양성을 일차적 과제로 삼았던 애국계몽운동을 계승한 불교 계몽운동으로 볼 수 있다.[11]

양건식의 불교 사상적 귀의 과정은 그의 「인류를 구제하는 종교」(『불교』 50·51합호, 1928.9)에 잘 나타나 있다. 관립한성외국어학교 출신으로 중국어에 능통한 그는 중국의 소설을 탐독하다가 불교 사상 무상관[12]에 대한 관심을 갖는 계기로 서월화 스님에게 능엄경 강의를

10 위의 책, 15~181쪽.

11 고재석, 「한국 근대문학의 불교지성적 배경연구」, 동국대 박사논문, 1989, 18~24쪽.

12 무상관은 두 가지로 볼 수 있다. 첫 번째는 모든 것이 덧없고 항상 변한다는 무상관(無常觀)

듣는데 이때까지는 불교를 한 미술로 간주했었다. 하지만 이후 『유마경』를 보고나서 비로소 종교로서 불교를 자신의 사상적 거처로 받아들인다.[13] 이에 대해서는 다음의 글을 보자.

그 후 유마경을 봄에 미쳐 그 결구의 웅대함과 사상의 심원함과 그 희곡적 표현의 교묘함에 경탄하여 불교란 이 우주 간에 한 지고지대한 문학이로구나 하였다. 그래서 더욱 불교와 인연이 깊게 되며 또 몇 해 동안 여러 스님과 여러 선생에게 강설 혹 교회(敎晦)를 받으며 들으며 또는 내가 내전의 문자를 약간 해득하여 선, 교에 관한 서적을 스스로 읽음에 미쳐 이때껏 불교를 교로 안보고 다른 것으로 본 것을 한 무지한 범부의 망상으로 알았다. 이에 나는 깊이 참회하고 부처님께 귀의하여 불제자가 되었다. 불교는 인류를 구제하는 종교다. 어찌 조그만 미술로 볼 것이냐.[14]

그는 이러한 불교 사상에 의거해 불교소설 네 편을 발표한다. 「석사자상(石獅子像)」(『불교진흥회 월보』 1호, 1915.3)을 시작으로 「한일월」(『조선불교계』 1호, 1916.4), 「아의 종교」(『조선불교계』 3호, 1916.6), 「오!」(『유심』 1·2호, 1918.9~10)를 차례대로 발표한다.

이고, 두 번째는 모든 상을 깨뜨리는 것으로서의 무상관(無相觀)이다. 원효는 '무상(無相)'에 대해 이렇게 말한다. "무상이라고 하는 것은 무상관으로 모든 상을 깨뜨림을 의미하는 까닭이다."(이기영 역, 「금강삼매경론」, 『한국의 불교사상』, 1981, 178쪽) 기본적으로 일체의 상이 공함을 깨닫기 위해서는 무상법을 관찰해야한다. 『금강경』은 "만약 모든 상이 상 아님을 보면 곧 여래를 볼 것이다[若見諸相非相, 卽見如來]"라고 말한다(김용옥, 『금강경 강해』, 통나무, 1999, 205쪽).

13 양건식의 초기 생애에 대해서는 잘 알려져 있지 않다. 다만, 1889년 5월 경성 탑동 출생하고 한성 관립학교를 나온 뒤 각지로 유학 관리 생활을 했다는 단편적인 이력이 남아 있다. 고재석은 한성관립학교를 관립한성외국어학교로 본다(고재석, 앞의 책, 2000, 165~178쪽).

14 위의 책, 179쪽 재인용.

2) 불성 발현으로서의 보시 바라밀 실천

「석사자상(石獅子像)」은 주인공 김재창이 부인과 함께 광화문 밤길을 걷다가 우연히 걸인을 만나면서 내면에 감추어진 불성(佛性)[15]을 자각하고 보시를 행한다는 이야기를 다루고 있다. 고아 출신 김재창은 학문과 수행, 입신을 하는데 오로지 자신의 힘에 의지해왔던 사람으로 자신의 독백에서처럼 "독립독행(獨立獨行)"하는 사람이다. 그는 성공을 자부하면서, "그런데 없다고 하는 것은 제 재물 제가 못 찾아 쓰는 한 변변치 못한 약자라. 약자라는 것은 생존상에 적당치 못한 물건이니 자연 멸명(滅命)하는 수밖에 무슨 다른 도리 없는 것이오"라고 적자생존론을 피력한다. 이러한 논리에 입각한 그에게서는 인간애(휴머니즘)가 설 자리를 잃는다.[16]

> 그러기에 나는 자선도 아니하고 보시(布施)도 아니하며 남을 위하는 일은 무슨 일이든지 결단코 아니할 결심이오. 받지 않는 동시에 또 주지도 아니

---

15 불성의 사전적 개념은 "부처를 이룰 근본 성품. 미(迷)・오(悟)에 의하여 변하는 일이 없이, 본래 중생에게 갖추어진 부처될 성품"이다(운허 용하, 『불교사전』, 동국역경원, 1998, 333쪽).

16 적자생존, 우승열패, 약육강식은 당시 서구에서 유입되던 사회진화론을 대변한다. 1882년 유길준의 『경쟁론』으로부터 도입되기 시작한 사회진화론의 대표 이론가는 허버트 스펜서, 찰스 다윈, 벤자민 키드이다. 서구 제국주의 논리인 사회진화론을 수용한 신채호, 박은식 등의 지식인들은 국권 회복의 민족주의 논리에 접목했다. 이 과정에서 개인의 차원에서 사회진화론은 개인의 자유 권리의 승인과 신장을 주장하게 되었기 때문에 공동체적 윤리와 약자에 대한 배려(베풂)와 같은 기존의 가치관은 배격되어 설 땅을 잃어버렸다(신용하, 「구한 말 한국민족주의와 사회진화론」, 『인문과학연구』 제1호, 동덕여대, 1995). 우리나라의 경우 서구 근대 사상의 수용은 곧 전통 종교 가치관의 파괴를 의미했음에 반해, 서양의 경우 근대 개인주의 사상과 더불어 근대 기독교는 양립했음은 주지하는 바다. 구한 말 우리나라는 서구 근대 사상과 근대 기독교라는 양날의 칼로 철저히 '전통'이 도려내진 것과 같다(위잉스, 김병환 역, 『동양적 가치의 재발견』, 동아시아, 2007, 52~58쪽).

하는 것이, 이것이 내 주의(主義)라. 아무리 보시를 하나 적선을 하나 약자는 자연 멸망하는 것이니까. 말하자면 자선이나 보시가 모두 무효한 일이야…….[17]

특히, 김재창은 불교 사상이 가지고 있는 인간애(자비)의 실천행인 보시(布施)를 부정한다. 이는 개화기 이후 대다수 지식인들이 서구 근대 사상을 수용하는 대신 불교(유교 포함)를 부정하고 배척하는 태도를 반영하고 있다. 이는 신소설을 통해 확인할 수 있다.[18] 이해조는 「화세

---

17 박재연, 김영복 편, 『양백화문집』 1, 지양사, 1988, 137쪽.

18 신소설에 앞서 발표된 『제국신문』의 단형서사(서사적 논설)를 통해서도 확인할 수 있는데, 「동방에 ᄒᆞᆫ 오괴ᄒᆞᆫ 선 비가」(1898 12 16)를 살펴보자(김영민 외, 『근대계몽기 단형서사문학 자료전집』 상, 소명출판, 2003, 283~286쪽).
"동방에 ᄒᆞᆫ 오괴ᄒᆞᆫ 선비가 잇시니 셩품이 이상ᄒᆞ야 무슴 물건을 보게드면 그 물건의 리치를 궁구ᄒᆞᆯ식 밤이 깁도록 잠ᄌᆞ기를 니즈며 (…중략…) 나의 병근은 다름이 아니라 텬디와 만물이 당초에 엇지ᄒᆞ야 이러케 ᄉᆡᆼ긴 거슬 궁구ᄒᆞ다가 ᄌᆞ연이 병이 된지라 (…중략…) 의원이 ᄀᆞᆯᄋᆞᄃᆡ 대학에 말ᄉᆞᆷᄒᆞ기를 물건을 격치ᄒᆞᆫ 후에 안다 ᄒᆞ엿스니 그ᄃᆡᄂᆞᆫ 엇지ᄒᆞ야 셩현의 말ᄉᆞᆷ과 도학의 셔칙을 렬람치 아니ᄒᆞ고 ᄉᆡᆼ각만 깁히 ᄒᆞ야 평ᄉᆡᆼ에 곳칠 수 업ᄂᆞᆫ 병을 일우엇ᄂᆞ뇨 ᄉᆡᆼ이 그 의원의 말을 듯고 그ᄯᅢ붓터 셩현의 리치학을 공부ᄒᆞᆯ식 로ᄌᆞ의 도덕경을 본즉 말ᄉᆞᆷᄒᆞ기를 쳐음에 도가 ᄒᆞ나를 ᄉᆡᆼᄒᆞ고 ᄒᆞ나이 둘을 ᄉᆡᆼᄒᆞ며 둘이 셋슬 ᄉᆡᆼᄒᆞ고 셋시 만물을 ᄉᆡᆼᄒᆞ다 ᄒᆞ엿스되 (…중략…) 긔운이 사ᄅᆞᆷ을 ᄉᆡᆼᄒᆞᆫ다 ᄒᆞ엿시나 그 긔운은 어ᄃᆡ로 좃차 낫다 ᄒᆞᆷ이 업스니 사ᄅᆞᆷ을 ᄉᆡᆼᄒᆞᆫ다 ᄒᆞ엿시나 그 긔운은 어ᄃᆡ로 좃차 낫다 ᄒᆞᆷ이 업스니 알 수 업ᄂᆞᆫ지라 쥬역을 공부ᄒᆞᆯ식 ᄀᆞᆯᄋᆞᄃᆡ 하ᄂᆞᆯ 도ᄂᆞᆫ 순ᄋᆞ히를 일위ᄆᆡ 만물이 비롯ᄒᆞ고 ᄯᅡ의 도ᄂᆞᆫ 계집을 일위ᄆᆡ 만물이 ᄉᆡᆼᄒᆞ다 ᄒᆞ며 하ᄂᆞᆯ이 ᄌᆞ시에 열니고 ᄯᅡ히 츅시에 열니며 사ᄅᆞᆷ이 인시에 ᄉᆡᆼᄒᆞ야 삼ᄌᆡ와 오ᄒᆡᆼ의 긔운으로 만물이 ᄉᆡᆼ긴다 ᄒᆞ엿시나 텬디와 음양의 긔운은 뉘가 닉엿스며 어ᄃᆡ로 왓ᄂᆞᆫ 지 알 수 업거ᄂᆞᆯ (…중략…) 쥬회암긔 격치셔를 본즉 말ᄉᆞᆷᄒᆞᄃᆡ 태극의 리치가 조화에 지도리가 되여 남녀와 만물을 ᄉᆡᆼᄒᆞᄂᆞᆫ 근본이 되ᄂᆞ니 나의 몸음 곳 텬디의 긔운이오 나의 셩품은 곳 텬디의 리치라 ᄒᆞ고 리치ᄂᆞᆫ 곳 하ᄂᆞᆯ이라 ᄒᆞ며 태극이 만물을 ᄉᆡᆼᄒᆞᄂᆞᆫ 근본이로ᄃᆡ 형상도 업고 지각고 업고 종과의도 업고 계교ᄒᆞᆷ도 업고 혜알임도 업다 ᄒᆞᆫ지라 생이 ᄯᅩ 생각ᄒᆞ되 태극 리치로 만물이 생긴 거슨 알거니와 태극은 당초에 무엇신고 히득ᄒᆞᆯ 수 업거ᄂᆞᆯ 그 후에 불씨의 니젼을 ᄯᅩ 공부ᄒᆞ니 ᄀᆞᆯᄋᆞᄃᆡ 이 셰상을 ᄉᆞ대쥬에 분ᄒᆞ야 북구로쥬와 동승신쥬와 셔우하쥬와 남셤부쥬라 ᄒᆞ고 당초에 흙과 물과 바람과 불이 셰상을 되게 ᄒᆞ다 ᄒᆞ엿스며 (…중략…) 엇더ᄒᆞᆫ 사ᄅᆞᆷ이 손에 ᄎᆡᆨ을 들고 뭇 사ᄅᆞᆷ을 ᄃᆡᄒᆞ야 토론ᄒᆞ되 태초에 상데ᄭᅴ셔 텬디와 만물을 창조ᄒᆞ셧다 ᄒᆞ거ᄂᆞᆯ 셔ᄉᆡᆼ이 그 말을 듯고 황연히 ᄭᆡ다라 그 젼도ᄒᆞᄂᆞᆫ 사ᄅᆞᆷ을 ᄯᆞ라가 만물이 엇더케 ᄉᆡᆼ긴 리치를 무르니 젼도인이 ᄎᆡᆨ ᄒᆞᆫ 권을 주ᄂᆞᆫᄃᆡ 그 ᄎᆡᆨ일홈은 창셰긔라 셔ᄉᆡᆼ이 그 ᄎᆡᆨ을 공부ᄒᆞᆫ 후에 비로소 만물의 근본을 알 ᄲᅮᆫ아니라 오륜삼강의 참 리치와 ᄀᆡ화문명의 진보ᄒᆞᆷ이 텬명을 슌죵ᄒᆞ고 사욕을 졔어ᄒᆞ며 독립ᄌᆞ쥬의 권리와 슈제치평의 도가 신의 두 글ᄌᆞ에 잇ᄂᆞᆫ 줄 알고

계(花世界)」에서 "내가 삼십에 승이 되어 지금 칠십지년이 되었다마는

견일에 병이 쾌복ᄒᆞ엿다더라."
이글은 동방의 한 선비를 등장시켜 그의 전통적 세계관이 시대에 뒤떨어진 것임을 비판하고 있다. 선비는 대학의 격물치지에 따라 도덕경, 주역, 불전을 차례대로 공부하면서 사물과 우주의 이치를 궁구하지만 아무런 해답을 얻지 못한다. 그런 그에게 삼라만상의 이치를 온전히 설명할 수 있는 방안으로 다가오는 것이 바로 기독교이다. 하지만 엄밀한 의미에서 왜 기존의 동양적인 세계관보다 기독교의 세계관이 더 사물과 우주의 이치를 잘 설명하는 것인지가 밝혀지고 있지 않다. 다만 아무런 논증의 과정이 없이 기독교(창세기)가 삼라만상의 이치에 부합한다고 볼뿐만 아니라, 개화문명과 진보, 독립자주와 상통한다고 인식하고 있다. 이처럼 당시의 계몽, 개화 이념이 치밀한 검증의 과정을 거치지 않은 채 '무비판적'으로 이루어졌음을 추론할 수 있다.
이러한 개화의 맹목과 조급함은 이인직의 『혈의 누』에도 개입이 되어 서사의 자연스러움을 파괴하고 있다(이인직, 『신소설』, 동아출판사, 1995, 17~19쪽).
"① 처량하다. 이 밤이여. 평양 백성은 어디 가서 사생중에 들었으며, 아귀 같은 염라대왕은 어느 구석에 박혔으며, 우리 처지는 어떻게 되었는고, 우리 내외 금실이 유명히 좋던 사람이요, 옥련이를 남다르게 귀애하던 가정이라. ② 그러하나 세상에 뜻이 있는 남자 되어 처자만 구구히 생각하면 나라의 큰일을 못 하는지라. 나는 이 길로 천하 각국을 다니면서 남의 나라 구경도 하고 내 공부 잘한 후에 내 나라 사업을 하리라 하고 밝기를 기다려서 평양을 떠나가니, 그 발길 가는 데는 만리 타국이라."
윗글의 ①에서 ②로의 인물의 내적 변모 과정과 그 필연성을 형상화해놓아야 하는 것이 바로 소설 본연의 임무인데, 이인직은 「혈의 누」에서 그 중간 과정을 생략하고 말았다. 바로 이 지점에 놓인 것이 고전소설과 근대소설 사이에 놓인 신소설이다. 신소설은 단형 서사와 달리 '소설' 수준을 유지하면서도 미처 단형 서사의 근대 계몽과 개화의 설익은 관념을 완전히 육화하지 못한 것으로 보인다.
참고로 신소설과 단형서사(서사적 논설)에 대한 필자의 견해를 밝힌다. 신소설은 주제의식 면에서 단형서사에서 개화와 계몽의지를 이어받는 것으로 제한되고 소설 양식적 측면에서는 고전소설의 서사성을 이어받았다고 본다. 고전소설은 조선시대에 장편소설로 자족적인 서사성을 구축한 바 있으며, 이는 개화기에 수많은 방각본, 활자본 소설로 유통되었다. 특히, 개화기의 이종린의 『만강홍』(1914)과 같은 다수의 한문소설(및 국한문혼용소설)이 창작된 것을 보면 이 시기에 서사력을 구축할 수 있는 장인(전문가)으로서의 소설가가 존재했다고 볼 수 있다. 그러나 개화와 계몽만을 유의미하게 보는 근대주의적 시각에 의해, 개화기의 온전한 서사성을 갖춘 한문소설의 존재와 그 의미는 문학사(소설사)에서 배제되었다. 때문에, 개화와 계몽을 전면에 내세울 뿐 서사성의 자격요건을 갖추지 못한 단형서사는 고대와 근·현대를 망라하는 '우리 민족 소설사'의 맥락에서 볼 때, 소설의 자리에 끼어들 수 없다. 따라서 서사적 논설(단형서사)을 고전소설과 신소설 사이를 잇는 '징검다리'로 보는 조남현의 견해(조남현, 『한국현대소설사』 1, 문학과지성사, 2012, 43~75쪽)는 근대주의적인 관점의 소산으로 일면적인 한계를 보인다(강영심 외, 『일제시기 근대적 일상과 식민지 문화』, 이화여대 출판부, 2008; 권순긍, 『활자본 고전소설의 편폭과 지향』, 보고사, 2000; 김봉희, 『한국 개화기 서적문화연구』, 이화여대 출판부, 1999; 엄태웅, 「회동서관의 활자본 고전소설 간행 양상」, 『고소설연구』 29집, 한국고소설학회, 2010, 475~509쪽; 이민희, 『조선의 베스트셀러 - 조선 후기 세책업의 발달과 소설의 유행』, 프로네시스, 2007; 조용호, 「개화기 한문소설의 주제의식」, 『한국문학이론과 비평』 17집, 한국문학이론과 비평학회, 2002, 215~245쪽).

사세부득의 일이지, 그 쓸쓸하고 외로운 중의 살림이 좋아서 그리했겠느냐?" 했다. 또한, 그는 「자유종」에서 여성들의 제반 악징 중 하나로 '절에 가서 불공하기'로 보고, 이것을 '무당 불러 굿하기'와 같다고 보았다. 최찬식은 「금강문」에서 "여자의 몸으로 이 적적멸멸한 중 노릇을 하고 싶어 하는 것이 아니라 팔자가 기박하여 이 모양이라오" 했다. 이인직은 「귀의 성」에서 불공은 극락세계로 사람의 넋을 인도하기 위해 드리는 것이며 절은 조용히 쉬는 휴게소로 바라보고 있다.[19]

그런데 그의 사고에 변화를 몰고 오는 계기가 찾아온다. 그가 부인과 함께 돌난간을 다 지나 석사자상 앞에 이르렀을 때 6~7명의 걸인이 나타난 것이다. 이 처참한 모습에 부인 영자는 동정심이 일어 눈을 글썽이지만 그의 심적 상황은 그려지지 않는다. 다만 그는 부인이 돈주머니를 자신에게 건네자, '무의식으로' 50원짜리 은전을 꺼내 적선한다.

여기서 주목해야 할 것이 바로, 소설의 제목으로 제시된 석사자상이다. 김재창이 부정하는 불성(佛性)이 발현되는 곳 그러니까, 보살의 실천행으로서의 보시가 무의식적으로 행해지는 곳이 석사자상 앞이기 때문이다. 김재창으로 하여금 인간애, 보시를 시험하는 걸인은 다른 곳이 아닌 바로 석사자상 앞에 있었다. 때문에 그가 보시를 무의식적으로 할 수밖에 없는 근본 계기는 석사자상에 있다고 볼 수 있다.[20] 사실, 석사자상은 불교에서 중요한 상징물인데 그 의미는 다음과 같다.

---

19 곽근, 「백화 양건식 소설 연구」, 『논문집』 8호, 동국대학교, 1989, 9~10쪽.

20 고재석은 작중화자가 (서십자각에서) 석사자상까지 걸어온 거리가 왜곡된 가치관의 심리적 공간이라면, 이후 석사자상에서 (통신관리국까지) 걸어가는 거리를 회의의 심리적 공간이며, 또한 작중화자가 걸어가다가 (통신관리국에서) 석사자상을 돌아보는 거리를 자기반성의 심리적 공간으로 파악한다(고재석, 앞의 글, 1989, 71쪽).

불교에서 사자는 흔히 두려움이 없고 모든 동물을 능히 조복시키는 '백수(百獸)의 왕'으로 신격화되거나 제왕으로 상징된다. 또한 그 용맹함 때문에 불법을 지키고 보호하는 수호신의 역할을 한다는 점은 잘 알려진 사실이다. 이러한 이유로 고대 인도에서는 사자를 제왕과 성인(聖人)의 위력에 비유하였고, 불교 경전에서는 석가를 '인중사자(人中獅子)'라 칭하였으며, 그 설법 또한 모든 희론(戱論 : 쓸모없는 이론)을 멸한다고 해서 '사자후(獅子吼)'라 하였다. 더욱이 『고승법현전(高僧法顯傳)』에서는 사자가 크게 울면 모든 마귀가 두려워하여 따른다는 기록이 있으며, 『화엄경』이나 『법화경』에는 '사자분신(獅子奮迅)'이라고 하여 부처가 대비(大悲)를 일으키는 것을 사자가 맹렬하게 활동하고 있는 모양에 비유하여 설명하기도 한다.

또한 『대지도론(大智度論)』 권4에는 불상의 32길상 중에 '상신여사자상(上身如獅子相 : 상체의 위용과 단정함이 사자와 같다)이라든가 '사자협상(獅子頰相 : 두 볼의 통통함이 사자와 같다)'등 사자를 부처의 상징적인 존재로서 비유했다. 그런가 하면, 사자상은 석가불, 비로자나불, 문수보살 등의 대좌에 등장하기도 하였다.[21]

이러한 글을 통해서 볼 때, 소설의 석사자상은 곧 부처님으로 환치할 수 있다. 따라서 김재창은 부처님의 현현을 통해 인간 본연의 인간애로서의 보시를 무의식적으로 자각하고 이를 행하게 된 것이다. 이처럼 소설에서 주제의식으로 제시된 보시는 보살이 궁극의 깨달음을 얻기 위한 실천행인 육바라밀[22] 가운데 하나인 보시(布施)바라밀이다. 보

---

21 문화재청 편, 『옛사람들의 삶과 꿈』, 눌와, 2010, 71~72쪽.

22 6바라밀에 대해 구체적으로 살펴보면 다음과 같다(동국대 불교문화대학 불교교재편찬위원회, 『불교사상의 이해』, 불교시대사, 2011, 143~148쪽; 법상, 『반야심경과 마음공부』, 무한,

시는 문자 그대로 베풀어준다는 뜻으로 베푸는 자의 청정한 마음가짐의 '믿음', 보시할 대상의 '복전', 보시에 쓰이는 재물, 법 등의 '물건'이라는 세 가지가 결합해 발생한다. 또한, 보시에는 물질적 베풂의 재시, 진리의 말씀을 전하는 법시, 두려움과 근심을 함께하고 도와주는 무외시의 세 가지가 있다. 이에 따르면 「석사자상」의 보시는 김재창의 아무

2010, 97쪽; 안성두, 「6바라밀의 실천」, 『대승불교의 보살』, 씨・아이・알, 2008, 133~235쪽).
① 보시(布施)바라밀 : 보시는 문자 그대로 베풀어준다는 뜻이다. 보시는 베푸는 자의 청정한 마음가짐의 '믿음', 보시할 대상의 '복전', 보시에 쓰이는 재물, 법 등의 '물건'이라는 세 가지가 결합해 발생한다. 보시에는 물질적 베풂의 재시, 진리의 말씀을 전하는 법시, 두려움과 근심을 함께하고 도와주는 무외시의 세 가지가 있다. 진정한 보시인 '무주상보시'는 '베푸는 나', '베푸는 물건', '베풂을 받는 사람' 세 가지에 어떤 차별도 없는 것(三輪淸淨)을 말한다.
② 지계(持戒) 바라밀 : 지계는 '계(戒)'를 지킨다는 뜻이다. 계에는 재가신자들이 지켜야할 5계(산목숨을 죽이지 마라, 남의 물건을 훔치지 마라, 사음하지 마라, 거짓말하지 마라, 술 마시지 마라)와 출가 비구와 비구니가 갖추어야할 250계와 350계가 있다. 대승 보살계는 10가지 대계(大戒)가 있는데 다음과 같다. 산목숨을 죽이지 마라[不殺生], 남의 것을 훔치지 마라[不偸盜], 사음하지 마라[不邪淫], 거짓말을 하지 마라[不妄語], 이간질 하지 마라[不兩舌], 욕하지 마라[不惡口], 꾸며내어 말하지 마라[不綺語], 탐욕하지 마라[不貪慾], 미워하지 마라[不瞋恚], 어리석지 마라[不邪見]. 이와 함께 48가지 가벼운 계[輕戒]가 있다.
③ 인욕(忍辱)바라밀 : 참고 용서하는 것을 말한다. 욕된 일을 당하고 참지 못하는 것은 '나'가 있다고 하는 망상해서 비롯한 것이다. 본래, 일체가 공하고 나가 없다. 인욕에 대해 『잡아함경』은 이렇게 말한다(성열 편역, 『부처님 말씀』, 현암사, 1995, 485쪽).
"성냄을 죽이면 편안히 잠을 잘 수 있고, 성냄을 죽이면 마음에 근심 걱정이 없노라. 성냄은 깨달음의 씨앗을 죽이는 독이라 세상의 모든 성현은 성냄을 죽이는 사람을 칭찬하노라."
④ 정진(精進)바라밀 : 나약함이 없는 부동심의 실천이며 불퇴전이 노력이다. 정진은 마음의 정진과 더불어 몸의 정진이 있다. 몸의 정진은 대표적으로 중생을 위해 하루 동안 천 번 죽고 살면서도 보시, 지계, 인욕, 선정, 반야바라밀을 행하는 것을 들 수 있다.
⑤ 선정(禪定) 바라밀 : 선정(dhyāna)의 정은 삼매(三昧, samādhi)란 뜻으로 '산란한 마음을 가라앉히고 고요한 상태에 이르는 것(靜慮)을 말한다. 『대도지론』에서는 다섯 가지 사태를 물리치고 다섯 가지 덮개를 제어하고 다섯 가지 행을 실천해야 성취된다고 한다. 다섯 가지 사태는 형상, 소리, 향기, 맛, 촉감이며, 다섯 가지 덮개는 탐욕, 진에(瞋恚), 수면, 들뜸과 후회, 의심이며, 다섯 가지 행은 욕(欲), 정진(精進), 념(念), 혜(慧), 심일경성(心一境性)이다. 선(禪)은 초선(初禪), 이선(二禪) 삼선(三禪) 사선(四禪)으로 구분한다.
⑥ 반야(般若) 바라밀 : '반야'의 뜻은 '지혜'로 사유분별의 망상을 떠나 일체법이 고(苦)이며 공(空)임을 아는 것과 함께, 본래 나는 없음(무아)임을 아는 지혜를 말한다. 『불승도리천위모설법경』은 반야바라밀의 중요성을 이렇게 말한다(법상, 앞의 책, 126쪽 재인용).
"여래는 지혜로써 무지한 중생을 제도한다. 만일 사람을 관찰하여 그 본말을 추구할 진대. 과거, 當來, 현재의 제불이 누구를 어머니로 삼았기 때문인가? 마땅히 알라. 반야로써 무변한 중생을 제도하는 것이니, 지혜가 곧 어머니이다."

대가없이 베푸는 대비심, 보리심의 '믿음'과 적선을 받는 걸인의 '복전', 50원짜리 은전의 '물건'으로 이루어진 것이다. 또한, 이를 통해 물질적 베풂의 재시가 잘 형상화되었다. 결국, 김재창을 통해 구현된 물질적 베풂으로서의 보시는 우리 인간 곧, 보살(bodhisattva : bodhisatta)이 마땅히 수행해야할 중생구제[下化衆生]의 실천 윤리를 잘 대변하고 있다. 붓다의 깨달음을 추구하는 보살은 위로는 깨달음을 추구하고 아래로는 중생을 교화[上求菩提 下化衆生]해야 하기 때문이다.

3) 본래면목을 지향하는 조사선(祖師禪)

「한일월」, 「아의 종교」, 「오!」는 중국 선종 계보의 선사를 다루고 있다. 앞의 두 소설은 두 선사의 선문답을 통해, 마지막 소설은 선 수행 끝에 도달한 득도(열반)를 통해 주제의식을 제시하고 있다. 곽근은 「오!」는 언급하지 않고 앞의 두 소설을 선(禪) 소설로 규정하고 있다. 선승들이 초탈하고 신비로운 기행을 통해 속인과의 차이를 보여줄 뿐만 아니라 심원한 불교 사상적 문제를 형상화했기 때문이다.[23] 이러한 그의 견해에 선승의 깨달음을 다룬 「오!」 역시 빠질 수 없다. 따라서 세 소설은 공히 선 소설이라고 볼 수 있다.

「한일월」에 등장하는 인물은 당나라의 위산 영우(潙山 靈祐, 771~854)와 유철마(劉鐵磨) 비구니이다. 영우는 선종 5가 가운데 최초로 형성된 위앙종의 초조로서 그의 제자는 앙산, 향엄, 영운이 있다.[24] 소설의 중

---

23 곽근, 앞의 글, 10쪽.

심을 차지하는 것이 영우와 유철마의 선문답인데, 이 선문답은 『벽암록』에 전해지고 있는 것이다. 유철마가 수많은 제자들이 따르고 있는 영우를 찾아와 그와 선문답을 벌인다는 내용이다. 사실, 이들의 선문답은 서로의 깨달음의 깊이를 겨룸에 다름 아니다. 유철마를 보는 순간 한눈에 그의 선수행의 깊이를 알아본 영우는 "어― 로즈우(老牸牛)「늙은 암소」가 오시ᄂᆞ 그런ᄃᆡ 日氣 둇치" 하며 먼저 운을 뗀다. 이에, 유철마는 다음과 같이 답한다.

> 네 일기 참 둇습니다. 쏘 이 로즈우가 獘[25]깃치라 왓습니다. 그런데 스님 오날은 五臺山에 大會齊가 잇다는데 스님은 무엇을 어름~ ᄒᆞ고게심닛가 스님은 지금 빨니 가보시지 안슴닛가.[26]

이 선문답에 영우는 그 자리에 소처럼 드러눕는 것으로 대응하자, 유철마는 돌아간다. 이렇게 해서 이 둘의 선문답이 완성되는데 그 의미는 이렇다. 본래, 자신을 물소라 칭했던 위산영우가 유철마를 "늙은 암소"라 부른 것은 상당한 선적 수행에 도달한 그를 인정함을 뜻한다. 그런데, 이에 아랑곳하지 않고 유철마는 아주 먼 거리에 있는 오대산을 손바닥 보듯이 말하면서 천리안을 과시하며 함께 그곳으로 가자고 청한다. 이에 위산 영우는 더 이상 군더더기 같은 말이 필요치 않기에 다만 소처럼 눕는다. 이는 이미 모든 인간이 본래 내면에 불성을 갖추어져 있으며, 또한 이 삼라만상은 본래 '여여(如如)'[27]하

24 정성본, 『선의 역사와 사상』, 불교시대사, 2000, 395~399쪽.

25 폐(弊)의 오기로 보임.

26 양건식, 「한일월」, 『조선불교계』 1호, 1916.4, 69쪽.

기 때문에 더 이상 할 일(作爲 : 분별망상에서 생기는 인간의 수고로운 활동)이 필요 없다는 것을 말한다. 위산 영우는 이를 '이심전심'으로 알려준다. 이처럼 소설은 선문답의 일화를 통해 본래면목(本來面目), 불성이 모든 인간에게 내재하고 있음을 그리고 있다.

「아의 종교」는 양나라의 선승 포대화상(布袋和尙)이 기이한 행적 끝에 선지식 보복(保福)을 만나 선문답을 나누는 이야기를 다루고 있다. 그는 늘 지팡이에 포대를 둘레매고 다니는데, 눈 속에서 잠을 자고 날 생선을 먹을 뿐만 아니라 심지어 천리안과 미래에 예지 능력을 보인다. 이처럼 기이한 삶을 영위하는 그는 다음의 독백에서 자신의 수행의 깊이를 엿보인다.

> 名譽의 生活鬪爭의 生活富ᄅᆞᆯ 求ᄒᆞᄂᆞᆫ 生活ㅡᄉᆞᄅᆞᆷ들은 모다 그러ᄒᆞᆫ 生活에 自身의 貴ᄒᆞᆫ 生命을 虐待ᄒᆞᄂᆞᆫ구ᄂᆞ 天下ᄅᆞᆯ 取ᄒᆞᄂᆞᆫ 것은 그 무엇이며 快樂의 追求ᄂᆞᆫ 그 무엇이야[28]

이를 통해서 볼 때, 그는 진리인 법(法, Dharma)인 연기법(緣起法)을 잘 자각하고 있음을 알 수 있다. 삼라만상은 상의성(相依性)에 의해 생성, 소멸하기에 곧 생각하고 행동하는 주체적 자아의 실체가 없는 것[無自性]으로 보는데 결국 이 세상은 마음, 식(識)을 통해 만들어진 '거품'임을 깨친 것이다. 따라서 그에게는 명예, 투쟁, 부를 추구하는 삶은 아무런 의미가 없는 것이다.

---

27 차별을 떠나 있는 그대로의 모습.

28 양건식, 「아의 종교」, 『조선불교계』 3호, 1916.6, 74쪽.

이런 그가 선지식 보복을 만나자 보복이 그의 선적 수양을 시험하고자 "무엇이 불법대의인가?[如何是佛法大意]" 하고 묻는다. 이에 그가 포대를 내려놓는 것으로 응답하자 보복은 그의 선적 수양이 깊음을 인정한다. 그런데 보복은 이에 그치지 않고 한 번 더 그에게 포대를 내려놓는 행동의 의미를 묻는다. 그러자 포대화상은 그에게 실망한 나머지 그대로 가버린다. 그는 속으로 이렇게 자신의 행동의 의미를 밝힌다.

> 大體 늬 生活은 向上向下에 어듸던지 잡히고 잇는 것이 안이니 布臺[29]을 나려놈도 手段이 오布臺을 질머짐도 手段이니라.[30]

본래 연기법으로 이루어진 세상은 차별 분별을 떠나 공으로 요약된다. 때문에 포대화상이 포대를 들고 있는 것이나 내려놓는 것이나 분별되는 것이 아니다. 따라서 보복이 분별심으로 포대를 내려놓는 행위만을 떼어놓고 그 의미에 대해 던진 질문은 선 사상에 논리에 배치되는 것이다. 선은 기본적으로 언어와 문자로 분별하는 것을 뛰어넘는 것처럼 또한 포대를 들고, 내려놓는 행동의 차이를 뛰어 넘는다. 결국 소설은 세상을 분별하는 언어, 문자, 행위는 '수단'일 뿐이며 본래 이 세상은 분별되지 않음을 잘 보여주고 있다.

「오!」는 위산영우의 제자인 항엄 지한(香嚴 智閒) 선사의 '향엄격죽(香嚴擊竹)'을 모티프로 한 소설이다. 항엄은 대중과 떨어져서 도에 전념하고 있지만 아직 열반에 이르지 못한 채 번민한다. 그런 어느 날

---

29 포대(布袋)의 오기로 보임.
30 양건식, 앞의 글, 1916.6, 74쪽.

그는 학문으로 일체 것을 알려고 한 것이 실패였음을 토로하면서 경전을 불살라버린다. 선에서 말하는 '불립문자'처럼, 그에게 경은 오히려 방해가 되었던 것이다. 그런 그는 더욱 분발해 위산 스님이 건네준 '부모미생이전(父母未生以前)'[31]의 화두를 참구해나간다. 소설에서 이렇게 중요하게 다루어진 참선에 대해 서술자 양건식은 다음처럼 빼어난 논평을 한다.

> 참선은 진실로 불조의 혜명(慧命)이다. 만일 참선이 없게 되면 그만큼 우주 생명의 지속이 휴지될 것이다. 우리는 어디까지든지 참선을 부정해서는 안 된다. 참선이란 우리의 생명인 동시에 또 불조의 호흡이다. 따라서 참선을 불조의 호흡인 동시에 전 우주 그것의 체현이다. 고로 참선을 제쳐놓고 어디 전 우주가 존재하며 참선을 무시하고 어디 불법이 유통하랴. 참선은 진실로 불조의 생명이다.
>
> 그러나 참선을 우리 생활에서 갈라놓고 거기 무슨 의의가 남으랴. 그에는 공한 형식의 사해(死骸)가 누었을 뿐이요 그밖에 아주 생명이 뛰지를 아니한다. 그러므로 충실한 생활은 모든 정신생활의 기초가 되는 첫 출발점이라 말할 수가 있다.
>
> (…중략…)
>
> 오(悟)!
>
> 그래 참선과 생활이 일치할 때에 거기 대우주의 활동이 일어나고 자기의 본래 면목이 약여(躍如)하여 현전하는 것이다.[32]

---

31 부모미생전본래면목(父母未生前本來面目)을 말하는 것으로, '부모가 있기 전의 본래 나'를 의미한다.

32 박재연, 김영복 편, 앞의 책, 159쪽.

참선으로 인해 우주 생명이 지속되고, 또 참선이 우리의 생명이자 불조의 호흡이고 우주의 체현으로 본 견해는 탁견이다. 이는 참선에 의거하지 않은 인간 주체[假我]의 이성과 감각과 행동은 무의미하다는 것이다. 인간 주체는 참선을 통해 비로소 가아(假我)의 껍질을 벗게 됨으로써 나와 우주의 본래면목을 만나게 된다는 것이다. 이와 함께 참선이 생활과 분리되지 말아야한다는 것은 본래 분별(참선과 비참선)을 타파하는 선의 정신과 부합한다.

향엄은 참선의 중요성을 알고 실천하지만 생활과 일치하지 못하는 폐단을 저지른다. 그는 참선 수행만 중시한 채 일상생활은 지나치게 경시함으로써, 참선으로 몸을 고통스럽게 할 뿐 현실속의 삶과 현재의 나를 소외시키고 만 것이다. 이런 그가 우연히 암자에 무성하게 돋은 풀을 뽑는 '생활'을 하는 도중에 열반에 이른다. 그가 비질을 한 돌멩이가 굴러가서 댓조각에 부딪혀 쨍하는 소리에 비로소 '부모미생이전'의 화두를 깨치고 본래면목을 상견한 것이다.[33] 본래면목이란 『화엄경』 제10권 「야마천궁보살설게품」의 '마음과 부처 및 중생, 이 셋은 차별이 없다[心佛及衆生, 是三無差別]'는 것에 다름 아니다. 그는 비로소 현상계의 중생에 이미 불성이 다 갖추어져 있음을 깨친 것이다. 이처럼, 소설은 현상계의 본래면목, 내 속의 불성을 선(禪) 수행을 통해 깨칠 수 있음을 그리고 있다.

---

33 이때, 그는 다음의 오도송을 부른다. 번역은 한용운의 것이다(고재석, 앞의 책, 2000, 139~140쪽 재인용).
"一擊忘所知 更不假修治 / 動容揚古路 不墮悄然機 / 處處無蹤跡 聲色外威儀 / 諸方達道者 咸言上上機(한소리에 알던바 모두 잊으니 앎을 닦아서 그리됨 아닐세 / 용모를 가다듬어 옛길 떨쳐도 쓸쓸한 기틀에는 떨어지지 않고 / 어디에다 남기지도 않은 발자취 성색의 위의도 까마득 잊어 / 여러 곳 큰 도에 통달한 이를 높은 근기 탓인 줄만 모두 말하네)"

2. 육바라밀과 연기적 무아–한용운의 『박명』

1) 불교 개혁운동과 서사 장르 선택의 동기

만해 한용운은 박한영, 백용성 등과 함께 불교를 수행하는 승려 신분으로 직접 사회운동에 뛰어들어 일제에 항거했다. 그는 기미독립선언에 서명한 민족 대표 33인 가운데 한 사람으로서, 평생 자신과 가족의 이름을 일제의 호적에 올리지 않은 기개 높은 민족 지사였다. 이런 그는 옥중에서 국권상실의 아픔을 담아 「조선독립의 서」를 썼다.[34]

또한, 그는 한국 사회 내의 불교 수행자들 스스로 생활을 개혁해 시대조류에 맞는 제도와 방편을 펼쳐야한다고 주장했다.[35] 한용운의 첫 불교 개혁 활동은 임제종 설립(1911)이다. 이는 이회광의 친일 불교 원종에 대항해 "한국의 禪宗은 태고 이래로 임제의 법맥을 이어왔으므로 臨濟宗이 정당하다"[36]고 주장하며 세운 전통 불교 옹호 운동이다. 이를 시작으로 「조선불교유신회(朝鮮佛教維新論)」(1913)를 발표하고, 『유심(惟心)』 창간(1918), 조선불교청년회(1920)[37]와 조선불교유신회(1921)를 조직해 불교 개혁 운동에 적극 앞장섰다. 그의 현실 불교에 대한 비판 정신은 「불교 유신론」에 집약 되어있다.

---

34 김용직, 『한국 근대시사』, 학연사, 1994, 443~447쪽.

35 불교사학회 편, 『근대한국불교사론』, 민족사, 1988, 157~158쪽.

36 위의 책, 35쪽 재인용.

37 1931년에 조선불교청년동맹으로 개칭된다.

> 오늘의 세계는 過去의 世界도 아니고, 그렇다고 未來의 世界도 아니고, 오로지 오늘의 세계다. 그렇거늘 어찌 千萬年前 일을 硏究하고자 하며, 또 천만년 후 일을 연구하고자 하는가. 요새 모든 일에 있어서 維新을 부르짖지 않음이 없다. (…중략…) 그런데 유독 朝鮮佛敎만이 유신을 外面하고 있으니 무슨 징조인지 모르겠다. 유신할 것이 없다는 것인지 유신할 만한 것이 못된다는 것인지 아무리 생각해도 그 까닭을 모르겠다.[38]

위의 글은 「불교 유신론」의 서론으로 한용운이 얼마나 기성 불교에 대한 개혁 의지가 강함을 엿볼 수 있다. 「불교 유신론」의 불교 개혁론은 여섯 가지로 나누어볼 수 있다. 첫째, 수행 면에서 참선과 염불당의 폐지(전자는 염세와 독선에 빠졌고, 후자는 실천을 도외시하고 입으로만 부처를 부르는 짓는 폐단 때문이다). 둘째, 승려 교육(보통학, 사범학, 외국 유학)의 필요성. 셋째, 포교의 활성화. 넷째, 사찰의 탈 산중화. 다섯째, 사원의 통할, 승려의 단체, 주지 선거제도를 통한 종단 운영의 정상화. 여섯째, 승려의 생산 참여와 결혼용인. 결국, 불교 개혁론은 한국 불교의 근대화와 대중화에 대한 지향을 담고 있는데 이는 항일 민족의식과 불가분의 관계에 놓여있다.[39]

이처럼 실천적인 불교 운동에 앞장선 한용운의 문학적 활동은 시와 소설을 통해 이루어졌다. 시의 경우 1926년에 조국 광복에 대한 강렬한

38 불교사학회 편, 앞의 책, 135～136쪽 재인용.

39 김광식, 『한용운 연구』, 동국대 출판부, 2011, 61～88쪽. 김옥성은 「불교 유신론」을 근거로 "근대적 역사의식과 불교적 신비를 결합하는 매개항이 구세주의적 실천"이라면서, 그 실천이 "개체적 자아를 무(無)로 인식하고 자아의 범주를 전체로 확장한다는 점에서" 한용운의 불교 사상을 무아론적으로 분석한다(김옥성, 「한국 현대시의 불교적 시학 연구－한용운, 조지훈, 서정주 시를 중심으로」, 서울대 박사논문, 2005).

염원을 담은 『님의 침묵』을 내놓는데, 당시 그는 다른 작가들과 달리 동학동인(同學同人)이 없고 또 어느 유파에도 소속되지 않았다.[40] 민족지사이자 불교 실천 운동가로서 그가 내놓은 시집은 두말이 필요하지 않은 국문학사적 위대한 성취가 되었다. 소설의 경우 1930년대 중반에 두 편의 장편 소설 『흑풍』, 『박명』과 한편의 중편소설 「죽음」(창작연대 미상) 그리고 「후회」, 「철혈미인」의 미완의 장편 소설을 발표했다. 시와 달리 그의 소설은 문학사적으로 긍정적인 평가를 받지 못했다.

사실, 1930년대는 리얼리즘과 모더니즘 소설이 본격화되던 시기였는데 시인이던 그가 소설을 쓴 이유는 무엇일까? 문학사적 측면에서 그가 소설을 쓸 수밖에 없었던 동기는 크게 두 가지로 살펴볼 수 있다. 첫째는 그가 1920년대 후반 사회 참여활동에 따른 이념편중적인 생활로 인해 '포에지'가 상실했다는 점이다.[41] 둘째는 1930년대는 일제의 수탈과 검열에 따라 사회적 긴장이 고조되어 논설 발표가 힘들었다는 점이다. 이에 따라 그는 첫 소설 『흑풍』(1935)을 연재하면서 쓴 「작가의 말」에서 "나는 소설 쓸 소질이 잇는 사람도 아니요 또 나는 소설가되고시퍼 애쓰는 사람도 아니올시다. (…중략…) 오즉 나로서 평소부터 여러분께 대하야 한번 알리엇스면 하든 그것을 알리게 된데 지나지 안습니다"[42]라고 말한다. 결국, 만해가 자신의 사상

40 신동욱 편, 『한용운』, 문학세계사, 1993, 161쪽. 김용직은 한용운의 출현에 대해 "터무니없는 해외지향열에 부정의 쐐기를 박은 가장 최초의 그리고 매우 힘 있는 사례"로 평가한다(김용직, 『한국 근대시사』, 학연사, 1994, 428쪽).

41 백철은 다른 견해를 보인다. "그가 가지고 있는 많은 화제에 대하여 제한된 시 형식(그것이 아무리 산문식의 시 형식이었다 하더라도)으로써는 감당해 내기가 어렵고, 그만큼 불만이 있어서 더 자유스러운 표현 형식인 소설로 전환한 뜻이 엿보이지 않느냐 하는 말이다."(백철, 「시인 한용운의 소설」, 『한용운전집』 5, 신구문화사, 1973, 7쪽)

42 김재홍, 『한용운 문학연구』, 일지사, 1982, 107~130쪽. 김재홍은 만해의 소설 집필 동기로

을 표출해 대중을 계도하고자하는 목적을 달성하고자 부득불 소설을 창작할 수밖에 없었다는 점을 알 수 있다.

2) 열녀 관념을 초월한 육바라밀과 연기적 무아

『박명』(『조선일보』, 1938.5.18~1939.3.12)은 만해의 개혁적 불교 운동에 비추어 볼 때, 다소 의외의 주제의식을 담고 있다. 낡은 것을 뜯어 고쳐 새롭게 건설하자는 '유신(維新)'을 주장한 그의 논리에 따르면 주인공 순영의 남편 대철에 대한 희생적인 사랑은 봉건주의적인 열녀 관념으로 비추어질 수 있기 때문이다. 실제로 이를 의식한 듯 만해는 '작가의 말'에 이렇게 자신의 집필 의도를 밝힌다.

> 나는 내 일생을 통해서 듣고 본 중에 가장 거룩한 한 사람의 여성을 그려볼까 합니다. 대략 이야기의 줄기를 말하면 시골서 자라난 한 사람의 여성이 탕자의 아내가 되어 처음에는 버림을 받았다가, 나중에는 병과 빈곤을 가지고 돌아온 남편을 최후의 일순간까지 순정과 열성으로 받드는 이야기인데, 이러한 여성을 그리는 나는 결코 그 여성을 옛날 열녀관념으로써 그리려는 것이 아니고 다만 한 사람의 인간이 다른 한 사람을 위해서 처음에 먹었던 마음을 끝까지 변하지 않고 완전히 자기를 포기하면서 남을 섬긴다는, 이 고귀하고 거룩한 심정을 그려보려는 것입니다.

신문사 집필 의뢰, 생계고, 선민의식(춘원에 비견되는 민족 선구자 의식과 소설을 쓸 수 있다는 자부심) 등을 더 추가하고 있다.

이러한 이야기 줄거리를 끌고 나가면서 만약 곁가지로 현대 남성들의 가정에 있어서의 횡포하고 파렴치한 것이라든지 또는 남녀 관계가 경조부박한 현재적 상모가 함께 그려진다면 작자로서 그윽히 만족하는 바이며 또한 고마운 독자 여러분에게 그다지 초솔하지 아니한 선물을 드렸다고 기뻐하겠읍니다.[43]

위의 글에서 보듯이 "대략 이야기의 줄기"는 봉건주의의 열녀를 다루는 것으로 비추어질 수 있다. 하지만 이를 통해, 인간이 다른 사람을 위해 처음 먹었던 마음을 끝까지 변치 않고 자기를 희생하면 섬긴다는 "고귀하고 거룩한 심정"을 그리려고 한다고 밝힌다. 또한 이 과정에서 남성들의 가정에서의 횡포와 파렴치한 행동과 더불어, 자유연애 사조에 휩쓸려 경조부박한 남녀 관계를 비판하고자 하고 있다.[44] 이러한 '작가의 말' 가운데 특히, 가정에서의 남성의 몰지각한 행동을 비판하고자 한다는 면에서 볼 때, 일부종사의 봉건주의적인 열녀 관념과는 일정한 거리를 두고 있음을 확인할 수 있다.

만해는 주인공 순영의 남편에 대한 헌신적인 사랑이 결코 구시대의 열녀 관념의 소산이 아님을 소설에 등장하는 두 신여성의 논쟁을 통해서 재차 강조하고 있다. 순영이 아편쟁이가 된 대철을 떠나지 않

43 한용운, 『한용운 전집』 6, 신구문화사, 1973, 6쪽. 인용문에서 "시골서 자라난 한 사람의 여성이 탕자의 아내가 되어 처음에는 버림을 받았다가, 나중에는 병과 빈곤을 가지고 돌아온 남편을 최후의 일순간까지 순정과 열성으로 받드는 이야기"를 통해 볼 때 한용운의 감상적이며 도덕적이고 교훈적인 문학적인 태도를 엿볼 수 있다. 때문에 『박명』은 멜로 드라마적 구성을 피할 수 없었다(권영민, 『문학사와 문학비평』, 문학동네, 2009, 132~151쪽).

44 1920년대 전반기에 연애 열풍이 생겨났을 때, 한용운은 '자유연애'에 대한 비판적 어조를 『님의 침묵』에 제시한 바 있다. 이러한 자유연애에 대한 비판적 태도가 서사적 장르 『박명』에 일관되게 관통하고 있음을 확인할 수 있다(권보드래, 「연애열의 시대와 한용운의 '님'」, 『만해학보』 4호, 만해학회, 2002, 106~131쪽).

고 시중을 들면서 구걸을 하러 다닐 때, 이를 지켜보던 양장한 여성이 순영을 보면서 노예적이며, 개성을 발휘하는 여권신장에 방해된다고 비판한다. 이에 파라솔 잡은 여자가 저자 만해의 관점이나 다름없는 반대 의견을 내놓는다.

> 저러한 일이라도 구도덕이나 소위 사회 이목에 구속을 받지 아니하고 자유의사에 의하여서 하는 일이라면, 저보다 더한 일을 한 대도 관계가 없겠지. 그 역 개성을 발휘하는 것이니까.
>
> (…중략…)
>
> 남편을 위하여 희생하는 것도 개성의 자유로만 한다면, 우리 운동을 위하여 희생하는 것이나 정신에 있어서는 마찬가지거든.[45]

한용운은 구도덕의 관습에 의한 것이 아니라 자유로운 의사와 개성의 지유에 의해 남편을 위해 희생하는 것을 긍정적으로 바라보고 있다. 이처럼 순영은 바다에 빠진 자신의 목숨을 구해준 대철에 대한 보은(報恩)의 차원에서 헌신적인 사랑을 하고자 했으며, 실제로 은혜를 갚는다는 생각으로 대철과 결혼을 하고 또 그에게 사업자금으로 전 재산을 털어줬다. 또한, 그녀를 버린 대철이 아편쟁이로 나타나지만 그녀는 이때야말로 진정한 사랑, 은혜 갚기를 할 기회라고 생각하고 이를 고통 속에서 실천했다. 따라서 저자 만해는 "순영은 날마다 날마다 그러한 일을 되풀이하는 것이 인생 일대의 큰 경륜이요 큰 사업"으로 본다. 순영은 자신의 희생의 의미를 구도덕의 관행이 아닌

45 한용운, 앞의 책, 269쪽.

'보은' 차원으로 자유로운 의사와 개성에 의해 분명하게 자각하고 있는 것이다. 때문에, 순영은 언제든지 만족한 듯해서 이맛살을 찌푸리거나 한숨을 짓고 눈물을 흘린 때가 별로 없었다.

사실, 이러한 여성관은 『님의 침묵』의 「자유정조」에서 엿볼 수 있다. 주지하듯이, 『님의 침묵』의 시들은 여성을 시적 주체로 내세워 시의 상징적 호소력과 설득력을 강화하고 있다.[46] 시집의 '님'은 다의적 상징으로 읽히지만, 「자유정조」에서만큼은 '님'을 한 남자로 보고, 시적 화자를 그 남자를 사랑하는 여자로 보아도 무방할 것이다.

> 내가 당신을 기다리고 잇는 것은 기다리고자 하는 것이 아니라 기다려지는 것입니다
> 말하자면 당신을 기다리는 것은 貞操보다도 사랑입니다
>
> 남들은 나더러 時代에 뒤진 낡은 女性이라고 삐죽거립니다 區區한 貞操를 지킨다고
> 그러나 나는 時代性을 理解하지 못하는 것도 아닙니다
> 人生과 貞操의 深刻한 批判을 하야보기도 한두번이 아닙니다
> 自由戀愛의 神聖(?)을 덥허노코 否定하는 것도 아닙니다
> 大自然을 따러서 超然生活을 할 생각도 하야보앗습니다
> 그러나 究竟, 萬事가 다 저의 조아하는대로 말한 것이오 행한 것입니다
> 나는 님을 기다리면서 괴로음을 먹고 살아잡니다 어려음을 입고 킈가 큼니다
> 나의 貞操는 '自由貞操'입니다.[47]

46 김재홍, 「송강과 만해」, 신동욱 편, 앞의 책, 1993, 252~253쪽.

한 여성의 남편에 대한 기존 관습의 일관되고 헌신적인 사랑을 '정조(貞操)'로 본다면, 이와 달리 만해가 주장하는 여성의 남편에 대한 사랑은 '자유정조'다. 위의 시에 따르면, 당신을 기다리는 것 곧 '사랑'은 기다리고자(사랑하고자)하는 게 아니라 기다려지는(사랑해지는) 것 곧 인간의 보편적이고 거룩한 도덕률[48]이기 때문이다. 이 사랑이야말로 기성의 정조의 발로가 아니라 지고지순한 궁극의 사랑인데, 이는 시에는 '자유정조'로 풀이된다. 이 자유정조의 내포는 앞서 『박명』에 등장한 신여성의 입을 통해 드러난 '자유로운 의사와 개성에 따른 남편에 대한 희생적인 사랑'이다.

이처럼 순영의 자유정조를 가능케 한 보편 불변의 도덕률은 소설 결말에서 덕암 스님의 설법을 통해 불교 사상적으로 풀이된다. 주제의식이 불교 사상으로 갈무리 될 수 있는 것은 소설의 중요한 사건인 순영과 대철의 만남에서 여승 정공(淨空)이 개입되었기 때문이다. 사실, 순영이 바다에 빠져죽게 되있을 때 대철이 순영을 살려준 것은 정공 보살이 대철에게 돈을 주고 그녀의 생명을 살려주라고 청했기 때문이다. 정공 스님은 마음이 착하고 좋은 일을 많이 해서 공(空)보살로 통하는 인물인데, 이 스님이 진정한 은인이었다. 따라서 진정으로 순영의 목숨을 구한 은혜를 베푼 이는 정공 스님이고, 대철은 돈 벌기 위한 목적으로 정공 스님의 요청에 따른 것에 지나지 않는다.[49]

---

47 위의 책, 23쪽.

48 칸트의 실천이성비판이 대변하는 '정언명령'과 같은 선험적인 보편 불편의 도덕률이 존재하느냐 하는 문제가 남는다. 이에 대해서는 촘스키가 어린아이들의 놀라운 언어 습득 능력을 예로 들면서 인간 마음(의식)의 선험성을 주장한 것을 상기하면 좋을 듯하다(노암 촘스키, 이선우 역, 『언어에 대한 지식』, 민음사, 1990; 조숙환, 『촘스키 & 스키너－마음의 재구성』, 김영사, 2009).

이렇게 본다면, 순영의 일생을 바친 사기꾼 대철에 대한 보은의 사랑은 헛된 것에 지나지 않을 수 있다. 하지만 덕암 스님은 설법을 통해 자신의 은인이 죽기 전에 머물렀던 환희사에 이제 막 불교에 귀의한 순영(선행수좌)의 삶을 높이 평가한다.

> 은혜를 갚는 데와 자비를 베푸는 데는, 그 사람의 인격과 경우를 저울질하여서 하는 것이 아닐 뿐 아니라, 김대철이로 하여금 인격이 훌륭하고 처지가 유여하였다면, 선행수좌(순영)로서 은혜를 갚을 만한 기회도 없었을 것이고, 희생적으로 갚을 필요조차 없을 것이다. 김대철이가 아무리 인격이 부족하였다 할지라도, 물에 빠져서 죽게 된 선행수좌를 건져 준 것만은 사실인즉, 선행수좌의 은인이 된 것은 확실하고, 또는 불행히 아편중독자가 되어서 스스로 살아나갈 수가 없이 되었은즉, 그야말로 선행수좌로서는 은혜를 갚고 자비를 베풀 만한 기회가 된 것이다. 그러한 기회에 진정으로 힘을 다하여 도와주는 것이 아름답다면 아름답고 위대하다면 위대할 일이 아닌가.[50]

덕암 스님은 비록 대철이 돈 욕심에 바다에 뛰어들어 순영을 목숨

49 구인환은 순영, 대철, 정공 스님을 프라이(N. Frye)의 양식의 다섯 가지 유형(① romance, ② high mimesis, ③ realism, ④ low mimesis, ⑤ irony)에 비추어 분류한다. 순영은 일상인으로서의 리얼리즘, 정공 스님은 서사시나 비극적인 인도자인 높은 모방자, 대철은 희극적이며 감상적인 낮은 모방자로 본다. 순영은 지상의 대철에 의해 견인되면서도 그의 출가로 천상의 정공 스님의 불교에 귀의하는 평면적인 중간자로 본다(구인환, 『이광수소설연구』, 삼영사, 1987, 169~170쪽). 참고로, 프라이의 『비평의 해부』의 서사적(주제적) 양식 다섯 가지는 다음과 같다. ① 신화, ② 로맨스, ③ 상위모방, ④ 하위모방, ⑤ 아이러니. 따라서 구인환이 프라이의 양식의 하나로 제시한 리얼리즘(realism)은 잘못된 것으로 보인다(노스럽 프라이, 임철규 역, 『비평의 해부』, 한길사, 2000, 95~160쪽).

50 한용운, 앞의 책, 289쪽.

을 구했다 해도, 직접 두 손으로 목숨을 구한 그 사실 자체로 의심의 여지없이 순영의 은인이라고 못 박는다. 이와 함께, 아편 중독자가 되어 돌아온 대철은 오히려 순영으로 하여금 은혜를 갚고 자비를 베풀 수 있는 '기회'를 준 것으로 적극적인 의미를 부여한다. 결론적으로, 덕암 스님은 불교는 이타의 종교이며, 부처의 대자대비는 사람뿐 아니라 생명이 있는 것이면 무엇이든 가리지 않고 자비를 베푼다고 하면서, 순영(선행수좌)이 불교에 귀의해 정공(淨空) 스님의 상좌가 되는 것이 마땅하다고 설한다. 여기서 덕암 스님이 말하는 불교의 이타성과 부처의 대자대비는 보살행의 근본으로서의 육바라밀로 요약된다. 육바라밀은 소승 불교와 달리 위로는 깨달음을 추구[上求菩提]하고 아래로는 중생 구제[下化衆生]를 목표를 삼는 대승불교가 중시하는 보살의 당위적인 실천 도덕률이다. 대승불교의 보살 사상에 따르면 육바라밀의 실천을 전제로 하지 않는 보살의 진정한 깨달음은 가능하지 않다.

이상에서처럼, 순영의 대철에 대한 헌신적인 사랑은 구시대 도덕 관념의 소산이 아니라 오히려 그것을 뛰어넘은 보편 불변의 도덕률로서의 보살행의 근본인 육바라밀의 실천임을 확인할 수 있다.[51] 순영은 일생을 통해 은인 대철을 향해 아낌없이 다 베푸는 '보시 바라밀'을 실천했다. 이와 함께 대철이 자신을 속이고 가산을 탕진케 하고 또 아편중독자로 나타나 참혹한 수발 생활을 하게 한 것과 윤옥이 자신을 시기해 작부의 길로 들어서게 한 것을 기꺼이 참고 용서하는

51 권영민은 이러한 순영이라는 인물의 성격에 도덕성과 윤리 의식이 지나치게 강조되었다고 본다(권영민, 앞의 글, 2009, 141쪽).

'인욕바라밀'을 실천했다. 마지막으로 보시바라밀과 인욕바라밀의 고행의 길을 흔들림 없는 불퇴전의 노력으로 행하는 '정진바라밀'을 실천했다. 정리하면, 『박명』의 순영을 통해 보살이 깨달음을 위한 실천해야할 육바라밀 가운데 보시 바라밀과 인욕바라밀 그리고 정진바라밀이 잘 구현되었다.[52]

이와 더불어 소설 결말에서의 순영을 통해 삼라만상의 연기법[53]과

---

52 이 점에서 한명환은 『박명』이 '보살행' 불교대중소설의 계보의 첫 번째 소설로 보고, 1970년대의 『아제아제바라아제』가 그 뒤를 잇는다고 본다(한명환, 「시승의 소설 쓰기에 나타난 탈식민주의적 의미」, 『만해학보』 10호, 만해학회, 2010, 118쪽).

53 '십이연기(十二緣起)'를 구체적으로 살펴보면 다음과 같다(동국대 불교문화대학 불교교재편찬위원회, 앞의 책, 73~88쪽; 마스타니 후미오, 이원섭 역, 『불교개론』, 현암사, 2001, 75~89쪽). ① 무명(無明) : 글자 그대로 '명(明, 智慧)'이 없다는 말로, 미혹의 근본인 무지를 말한다. 연기의 이치와 사성제(四聖諦)에 대한 무지로 모든 고를 일으키는 근본 원인이다. ② 행(行) : 무명을 조건으로 해서 존재하는 행위 즉, 업(業, karma)을 말한다. 행에는 신행(身行 = 身業), 구행(口行 = 口業), 의행(意行 = 意業)의 3행이 있다. 행은 행을 지은 존재의 내부에 잠재적인 힘으로 남게 된다. ③ 식(識) : 행을 조건으로 해서 식이 있다. 식은 인식 작용의 6가지 안식(眼識), 이식(耳識), 비식(鼻識), 설식(舌識), 신식(身識), 의식(意識)이 있다. 식은 표면적인 의식뿐만 아니라 잠재의식까지 포함한다. ④ 명색(名色) : 식을 조건으로 해서 명색이 있다. 명(정신적인 것)과 색(물질적인 것)이 모두 인식 대상이다. ⑤ 육입(六入 또는 六處) : 명색을 조건으로 해서 6입이 있다. 육입은 안(眼), 이(耳), 비(鼻), 설(舌), 신(身), 의(意) 6가지 감각 기관 즉 6근(根)으로 인식 기관이다. 식, 명색, 6입은 기간적으로 선후 관계로 존재하지 않고 동시적으로 존재하기 때문에, 식이 발생하기 위해서는 대상인 명색과 그것을 인식하는 기관인 6입이 동시에 존재해야한다. 그런데 식이 행(업)과 밀접한 관계를 가지고 있기 때문에 행 다음에 식이 이어진다. ⑥ 촉(觸) : 6입을 조건으로 해서 촉이 있다. 촉은 지각(知覺)을 일으키는 심적인 힘이다. 촉에도 눈, 귀, 코, 혀, 몸, 마음의 6개의 감각기관에 의한 6촉이 있다. 엄밀히 말하면, 촉은 식, 명색, 6입 3요소가 합해져서 발생한다. ⑦ 수(受) : 촉을 조건으로 해서 수가 있다. 수는 즐거운 감정(樂受), 괴로운 감정(苦受), 즐거움도 괴로움도 아닌 감정(不苦不樂受), 그 감수(感受) 작용을 말한다. 감각기관(根)과 그 대상(境) 그리고 인식작용(識) 3요소가 만날 때, 지각 작용을 일으키는 '심적인 힘(觸)'이 생기게 되는데 이 다음에 수가 발생한다. ⑧ 애(愛) : 수를 조건으로 해서 애가 있다. 애란 갈애(渴愛)로서 욕망을 말한다. 좋아하는 것에 대한 애착심과 싫어하는 것에 대한 증오심 모두 애(愛)로 본다. 고(苦)와 낙(樂)에 대한 감수작용이 크면 클수록 애착심과 증오심 또한 커진다. ⑨ 취(取) : 애를 조건으로 취가 있다. 취는 취착(取着)을 말하는데 올바르지 못한 집착이다. 맹목적인 애증에서 발생하는 강렬한 애착을 가리킨다. ⑩ 유(有) : 취를 조건으로 해서 유가 있다. 유란 존재를 말한다. 집착에 의해 업이 만들어지고 업에 의해 생을 존재하기 때문에 유를 업이라 볼 수 있다. 앞의 12연기의 두 번째 행(行)은 무명으로 인해 생기는 소극적인 업이며, 유는 애와 취를 조건으로 생기는 적극적인 업이다. ⑪ 생(生) : 유를 조건으로 해서 생이 있다. 유 즉 업은 생

무아 사상이 잘 드러나고 있다. 시골에서 고아로 자라나 도회지의 작부로 팔려나간 순영에게 대철은 돈 욕심으로 그녀를 구해줬을 뿐 끊임없이 고통을 가져다준다. 가산을 탕진시키고, 아들 수복이 경풍이 들어 죽게 하고, 또 아편중독자로 돌아와 자신을 수발들게 하는 등 집요하게 순영을 괴롭힌다. 하지만 순영은 모든 역경을 묵묵히 감내하면서 끝까지 대철에게 자비(육바라밀)를 베푼다. 연기법으로 보면, 육바라밀을 실천하는 순영은 대철을 의존해서 생긴 것으로 볼 수 있다. 대철이라는 존재가 없는 육바라밀의 화현(化現)인 순영의 존재는 존립 근거가 없어지기 때문이다. 결국, 육바라밀의 화현으로서의 순영과 대철은 상호 의존하여 존재하는 연기적 관계를 맺고 있음을 알 수 있다.

> 순영은 대철이 죽고 난 뒤로는 자기의 힘으로 이길 수 없는 무거운 짐을 벗어놓는 갓 같아서 몸과 마음이 없는 것 같이 가벼웠고, 한편으로는 항상 대철을 치료하여 주는 것으로 마음이 긴장되어서, 고생이라면 고생이고 직분이라면 직분이어서 하여간 의지하는 곳이 있는 것같이 지내다가, 마침내 대철이 없고 보매 천지간에 터럭 끝만큼이라도 아무런 관련되는 것이 없어

을 있게 하는 원인이다. ⑫ 노사(老死)와 우비고수뇌(憂悲苦愁惱) : 생을 조건으로 해서 늙음을 비롯해 근심, 비애, 고통, 번뇌, 번민 등이 발생한다.
부처가 발견한 진리의 법(法, Dharma)에 따르면 삼라만상은 연기(緣起)에 의해 생기고 또 사라진다. 때문에 『금강경』에서는 삼라만상을 유위법(有爲法)으로 보고 이렇게 말한다. "모든 지은 법이여! 꿈과 환영과 거품과 그림자 같네, 이슬과 같고, 또 번개와 같아라. 그대들이여 이같이 볼지니[一切有爲法, 如夢幻泡影, 如露亦如電, 應作如是觀]." 이 유위법에 인간 주체 역시 예외가 아니기 때문에 인간은 곧 '거품[無自性]'일 뿐이다. 하지만 인간은 연기법과 사성제의 이치를 모르는 무명(無明)에 빠진 채, 삶이라는 파도에 허우적거린다. 이에 따라 허깨비[假我]나 다름없는 인간은 자신의 존재를 전제로 해서 온갖 행위를 함으로써 다양한 삶의 행태를 보인다(유위법(有爲法)은 인연에 따라 생멸 변화하는 만유일체의 현상으로 분별된 세계를 말한다(운허 용하, 앞의 책, 673쪽)).

서 몸이 허전거리고 마음이 텅 비어서 바람이 없어도 날아갈 것 같았다. 그리하여 순영은 평지에서도 비틀거려지면서 풀뿌리나 나뭇가지라도 붙들고 싶었다.

그러나 다만 사람에게만은 의지하고 싶은 생각이 없었다.

(…중략…)

순영은 입버릇처럼,

"나무아미차불"

을 부르다가 홀연히 부처님에게 귀의하고 싶은 생각이 났다.[54]

위에서처럼 대철이 살아있을 때는 고생이 되었더라도 그에 의해 "의지하는", 곧 동시적으로 서로 의지하고 관계를 맺는 상의성의 관계를 맺게 되었다. 하지만 그가 죽자 "아무런 관련"되는 것, 곧 상의성의 관계를 맺는 것이 사라지게 되었다. 이처럼 순영은 자신이 대철의 존재와 동시적 관계[緣起]를 통해서 존재하다가 그가 죽어 동시적 관계가 와해되자 자신의 존재가 곧 무(無)임을 깨닫게 된 것이다. 때문에 그녀는 그가 죽자 "몸이 허전하고 마음이 텅 비어서 바람이 없어도 날아갈 것 같았다"에서처럼, 자신이 곧 '거품'[無自性]임을 자각하게 된다.[55] 이제 그녀는 삼라만상의 일체법인 연기법과 사성제에 대

54 한용운, 앞의 책, 284~285쪽.

55 연기법에 따라 인간 주체가 공이듯이 사유의 개념과 판단, 추론 역시 무의미하다. 중관(中觀) 논리는 '개념 → 판단 → 추론'으로 이루어진 사유의 3단계 과정 모두를 부정, 해체한다. 고전 논리학의 근간인 개념의 실체성은 해체적 논리학인 중관 논리의 '연기'와 '공'에 의해 부정된다. 또한, 판단의 사실성은 사구비판(四句批判)에 의해 부정될 뿐만 아니라 추론의 타당성은 상반된 추론을 제시함으로써 부정된다. 중관 논리학의 핵심에 해당하는 것은 판단의 사실성을 비판하는 사구비판이다. 고전 논리학과 이를 부정, 해체하는 중관 논리학은 다음의 표로 정리된다(김성철, 『중관사상』, 민족사, 2006, 65~66쪽).

해 무지한 상태 곧 무명(無明)을 떨치고자 불법에 귀의하고자 한다.

결국, 『박명』은 보살이 실천해야할 육바라밀과 연기적으로 존재할 뿐 '나'의 실체가 없다는 무아 사상이 잘 구현되었다. 순영은 은인 대철에게 보시, 인욕, 정진 바라밀을 통해 한없는 사랑을 완성했다. 또한 소설 후반부에 이르러 은인 대철과 보은을 실천하는 순영이 서로 연기적으로 맺어진 관계로 드러나면서, 순영은 자신이 '무아'임을 자각한다. 따라서 순영은 자신의 실체가 없으니, 자신의 헌신적인 사랑조차 물거품과 같은 것이라는 불법을 맞닥뜨리게 된다.

	고전 논리학	중관 논리학
개념	개념에 실체가 있다	모든 개념은 연기(緣起)한 것이기에 공하다
판단	판단은 사실과 일치한다	사구(四句) 판단 모두 사실과 무관하다
추론	추론은 타당하다	어떤 추론이든 상반된 추론이 가능하다

사구(四句)은 '사구분별(四句分別, catuskoti)'을 말하는데, 불교의 판단 및 논의의 형식・사물의 존재방식을 분류하는 4종의 범주로 사구문(四句門)이라고도 한다(운허 용하, 앞의 책, 354쪽). 간단히 말해, 사구는 어떤 사태에 대해 내릴 수 있는 판단의 네 가지 형식을 말한다. '바람이 분다'를 사구(四句) 판단에 적용하면 다음과 같다(같은 책, 127~130쪽).
제1구 : '부는 바람'이 분다. → 술어의 의미가 주어에 내포되었기 때문에 중복 오류
제2구 : '불지 않는 바람'이 분다. → 사실 위배
제3구 : '불면서 불지 않는 바람'이 분다. → 모순 판단(빛과 어둠이 공존할 수 없기 때문)
제4구 : '부는 것도 아니고 불지 않는 것도 아닌 바람'이 분다. → 무의미한 사고(사유 할 수 없기 때문)
이처럼, 중관 논리는 인간이 경험하는 다양한 사태에서 사구 판단을 도출한 후 그 각각의 논리적 오류를 지적함으로써, 그 모든 판단들이 이 세상의 참모습이 아님을 드러낸다(같은 책, 67~68쪽). 결국, 중관 논리학은 개념의 실체성과 판단의 사실성을 부정, 해체하여 무의미를 지향한다.

3. 현상계를 초월한 육바라밀의 서원－현진건의 『무영탑』

1) 보살 사상 실천으로서의 민족혼 강조

현진건의 대표작 「빈처」, 「술 권하는 사회」, 「운수 좋은 날」, 「불」 등은 현실 사회의 모순과 부조리를 그리고 있지만, 정작 소설의 인물들은 사회의 구조적 문제점을 자각하지 못하는 한계를 보인다.[56] 그는 이러한 현실 고발 소설의 창작 시기를 지난 후 1930～1940년대에 민족혼을 담은 역사소설의 시기로 이행한다. 이 시기에 불교소설 『무영탑』(『동아일보』, 1938.7.20～1939.2.7)이 발표되었다.

그의 민족혼에 대한 의지는 『동아일보』에 연재한 국토순례기 「고도순례 · 경주」(1929)[57]와 「단군성적순례」(1932)를 통해 찾아볼 수 있다.[58] 두 편의 국토순례기는 「조선혼과 현대정신의 파악」에서 "조선혼과 현대정신의 파악! 이것이야말로 다른 아무의 것도 아닌 우리 문학의 생명이오 특색"[59]이라고 한 것 가운데에서 '조선혼의 파악'이라

---

56 김윤식 · 김현, 『한국문학사』, 민음사, 1973, 164쪽.

57 『고도 순례 · 경주』에 소개된 『무영탑』의 모티프인 '무영탑 설화'는 두 가지의 기록을 정리한 것이다. 이 설화는 본격적인 기록인 『고금창기(古今創記)』와 이를 각색한 일본인 오사카 긴타로와 오사카 로쿠손의 『경주의 전설』을 참조했다. 본래 석공은 이름이 없는 당나라 사람이며, 그를 찾아온 이는 누이 아사녀이다. 이것이 일인에 의해, 아사녀가 부인으로 바뀌고, 아사녀는 남편을 기다리다 지쳐 영지에 투신하고 석공은 아내를 닮은 불상을 새기고 나서 투신한다는 슬픈 스토리로 재구성되었다. 이 두 기록을 참조한 무영탑 설화에는 석공의 이름이 없다. 현진건은 소설적 상상력을 발휘해 『무영탑』을 창작하면서 석공과 부인을 부여 사람으로 만들고, 석공의 이름을 이사달(阿斯怛)로 지었다(강석근, 『무영탑 전설의 전승과 변이 과정에 대한 연구』, 『신라문화』 37호, 동국대 신라문화연구소, 2011).

58 현길언, 『문학과 사랑과 이데올로기』, 태학사, 2000, 227～247쪽.

59 현진건, 「조선혼과 현대 정신의 파악」, 현길언 편, 『현진건 산문집』, 한양대 출판부, 2003,

는 그의 문학관에 따른 것이다. 그는 같은 글에서 "조선문학인 다음에야 조선의 땅을 든든히 디디고 서야 될 줄 안다"고 한 것처럼, 직접 국토를 밟으면서 민족의 정신(조선혼)을 온몸으로 체득하였고 그 결과물로 두 편의 국토순례기를 발표했다. 이는 『고도 순례 · 경주』에서 확인할 수 있다.

장님과 단청(丹靑)

이번 걸음도 물론 단순한 놀이 길은 아니다. 고도순례(古都巡禮)란 무거운 짐이 두 어깨를 누르지 않음도 아니다. 광채 나던 옛날의 서울, 눈물 묻은 오늘날의 폐허를 찾아들제 그 무궁한 감개와 너와 나를 헤아릴 것이 아니로되, 한줌 흙과 한 조각 돌멩이에도 뜻 깊은 지난날의 흔적을 찾아내고, 구부러진 고목과 우거진 쑥대 속에도 옛 자취를 헤쳐 보자면 고고학(考古學)에 조예(造詣)가 깊고 역사에 지식이 넉넉한 이라도 오히려 쉬운 일이 아니라 할 것이다.

(…중략…)

백지(白紙) 같은 맘

(…중략…)

아무런 준비 지식과 선입관념이 없이 온전한 흰 종이 같은 맘으로 옛 서울을 대하자. 속임 없는 산하(山河)의 모양을 보아 우리 조상의 포부를 내 멋대로 상상해 보고 뚜렷이 나타난 유적을 어루만지며 내 가슴에 뛰는 피 소리를 고요히 들어보자, 이것이 나의 고도순례에 대한 준비의 전부다.[60]

219쪽.

60 위의 책, 141~142쪽.

『고도 순례 · 경주』는 1929년 7월 8일 서울을 떠나 대구를 경유한 후 경주 일대와 불국사에서 7월 12일까지 신라 고적을 순례하고 나서 썼다. 위의 글을 보면 알 수 있듯이 경주 여행은 단순한 '놀이'도 아니고, 또 학술 목적의 '고적 답사'도 아니다. 진정한 그 목적은 "우리 조상의 포부를 내 멋대로 상상해 보고 뚜렷이 나타난 유적을 어루만지며 내 가슴에 뛰는 피 소리를 고요히 들어보자"는 데에서 드러나듯이, 민족 혼(민족정신)을 탐구하는 것이다. 『단군성적순례』도 예외가 되지 않는데, 이 글의 서(序)에서 박종화는 "억울한 일인 정치 밑에서나마 뭉그러지려는 민족의 양심을 만분의 하나라도 구원해 내기 위해서"[61] 글을 썼다고 평가하고 있다.

이러한 현진건의 '민족혼 강조'는 식민지 현실에서 고통 받는 민중에 대한 애정과 국권회복에 대한 열망을 드러낸 것이다. 현진건의 경우 전기적 자료에서 불교와의 친연성 및 불교 사상적 사유를 찾아보기 힘들다. 때문에, 그의 현실 구제에 대한 의지가 곧바로 '위로는 깨달음을 추구하고 아래로는 중생을 교화한다는 '보살 사상'에서 도출되지는 않았지만, 본서의 연구방법론 보살 사상으로 해석할 여지는 충분히 있다.

2) 불탑 신앙과 탑돌이의 육바라밀 서원

『무영탑』[62]은 허구적 역사 사건을 안으로 포개면서 아사달을 중심

---

61 위의 책, 17쪽.

62 『무영탑』은 무영탑 설화를 줄기로 당시의 정치적 갈등 상황을 그려내고 있다. 아사녀를 연모하는 주만의 아버지 이손 유종은 국선도를, 유종과 혼사를 맺고자하는 시중 금지는 당학파를

으로 한 그의 부인 아사녀와 그를 사랑하는 주만의 사랑 이야기를 펼쳐나가고 있다. 이 로맨스의 중심에 놓여 로맨스의 의미를 승화하는 것은 아사달이 축조하고 있는 석가탑이다. 부여 출신의 아사달은 다보탑과 석가탑을 축조하기 위해 불국사에 오게 되면서 아사녀와 헤어지게 되고, 주만과 애틋한 정을 나누게 된다. 이처럼 소설에서 아사달이 조성하는 탑의 주제론적인 위상이 매우 클 수밖에 없는데, 그 불교학적인 의미는 다음과 같다.

> 탑(불탑)은 탑파(塔婆)를 줄여 부르는 용어로 수투파 라고도 한다. 스투파(솔도파, 率堵婆)는 고대 인도 문자인 범어 stūpa의 음을 한자로 표기한 것이다. 본래의 뜻은 신골(身骨)을 담고, 흙과 돌을 쌓아올려 조성한 무덤이라는

대표한다. 소설에서는 경덕왕 때에 금지로 대표되는 당학파의 외세가 더욱 거세짐에 따라 민족정신이 와해되고 국력이 쇠잔해지는 것으로 그려지고 있다. 사실, 역사적으로 보면 경덕왕 때는 가장 평화롭고 문화가 융성했던 시기이고 그 이후에 귀족 간의 갈등과 대립이 생겨났다. 따라서 역사적 사실과는 거리가 있지만, 이는 현진건 자신의 '역사소설관'에 기인한 것이다(현진건, 「역사소설문제」, 현길언 편, 앞의 책, 188쪽).

"'歷史小說'이라면 오직 사실에만 입각하는 것인 줄 아는 것이 보통의 개념인 듯합니다. 역사소설인 이상 될 수 있는대로 사실에 충실하는 것이 옳을 것이야 다시 거론할 여지가 없지 않습니까. 그러나 사실에 충실하다고 해서 소설로써 주제(主題)와 결구(結構)를 돌아보지 않는다면 그것은 실기(實記)나 실록(實錄)이 될는지도 모르지만 도저히 소설이라 할 수 없는 것 아닙니까. 소설이란 두 자가 붙은 이상 철두철미 창작임을 요구합니다."

위의 글에서 알 수 있듯이 그는 자신의 역사소설에서 역사적 사실의 구현보다는 '창작(허구적 상상력)'이 더 중요함을 강조하고 있다. 때문에 『무영탑』은 역사적 사실과 그리고 무영탑 설화와 맞아떨어지지 않는다. 『무영탑』은 "소설을 위한 사실"이기 때문에 "현재에 가지지 못한, 구하지 못한 진실성"을 띠기에 더 현실적일 수 있었다. 또한, "현재의 사실에서 취재한 것보담 더 맥(脈)이 뛰고 피가 흐르는 현실감"을 줄 수 있었다(같의 책, 190쪽). 공임순은 루카치의 역사소설론(게오르크 루카치, 백영옥역, 『역사소설론』, 거름, 1987)에 크게 기댄 백낙청, 김윤식의 역사 소설관(이념형, 의식형, 중간형, 야담형 역사소설)의 한계를 극복해 한국 근대 역사소설을 기록적 역사소설, 기장적 역사소설, 창안적 역사소설, 환상적 역사소설로 분류한다. 그는 김윤식이 이념형 역사소설로 분류한 『무영탑』을 역사성을 한축으로 자신에게 허용된 한도의 상상력을 발휘한다는 점에서 '창안적 역사소설'로 분류한다(공임순, 「한국 근대역사소설의 장르론적 연구」, 서강대 박사논문, 2000).

개념이다. 불교에서는 '석가모니의 사리를 봉안한 구조물'이라는 의미로 정의되고 있음을 보아 궁극적으로는 부처님의 사리를 봉안한 무덤인 셈이다.[63]

불교에서는 이러한 탑을 숭배하는 신앙적 태도를 가지고 있다. 실제로 사찰에서는 탑을 불상과 다름없는 부처님의 상징으로 여긴다. 소설의 실제 공간적 배경인 불국사에는 두 개의 탑(다보탑과 석가탑)이 있는데, 여기에는 특별한 의미가 들어있다. 불국사의 법당의 경우 대웅전은 석가모니불, 극락전은 아미타불, 비로전은 비로사나불을 상징하는 것으로서, 석가모니는 『법화경』에, 아미타불은 『아미타불』에, 비로사나불은 『화엄경』에 근거하고 있다. 이로써 불국사에는 부처님의 '연화장 세계[佛國土]'가 모두 펼친 것이다.[64] 다보탑과 석가탑 또한 마찬가지다. 다보탑의 다보(多寶)는 과거불의 개념을, 석가탑의 석가(釋迦)는 현세불의 개념을 가지고 있다. 즉, 다보탑은 다보여래, 석가탑은 석가여래의 탑이라는 의미이다.[65] 이에 대한 경전의 근거는 『법화경』의 「견보탑품(見寶塔品)」에 다음처럼 잘 나타나 있다.

"세존이시여, 무슨 인연으로 이런 보배탑이 땅으로부터 솟아났으며, 또

---

63 박경식 · 안장헌, 『석조미술의 꽃 석가탑과 다보탑』, 한길아트, 2003, 20쪽.

64 불교에서는 붓다(깨달은 자)의 몸을 셋으로 나누어 삼신불(三身佛)이라 칭한다. 여기에는 만유제법의 본체인 법신불(비로자나불), 한량없는 서원(誓願)과 행(바라밀)의 과보로 나타난 만덕이 원만한 보신불(아미타불), 중생을 교화하고자 중생과 같은 몸은 나타낸 응신불(석가모니)이 있다(운허 용하, 앞의 책, 410쪽).

65 박경식 · 안장헌, 앞의 책, 26쪽. 석가탑이 석가여래를 상징함을 암좌(岩座)를 통해서도 확인할 수 있다. 암좌는 보리수 아래에서 수행하던 석가가 길상초를 깔고 앉았던 바위를 말한다. 석가탑에서도 기단 아래에 암좌가 노출되어 있다(신영훈 · 김대벽, 『토함산에 이룬 이상세계 불국사』, 조선일보사, 2004, 183~184쪽).

그 가운데서 그와 같은 음성이 나오나이까."

그때 부처님께서 대요설보살에게 말씀하셨다.

"이 보배탑 가운데는 여래의 전신이 계심과 같나니, 오랜 과거에 동방으로 한량없는 천만억 아승지 세계를 지나서 보정(寶淨)이라 하는 나라가 있었으며 그 나라에 부처님이 계셨으니, 그 이름이 다보(多寶)이었느니라. 그 부처님께서 보살도를 행할 때 큰 서원을 세우기를, '내가 만일 성불하여 멸도한 후 시방 국토에 법화경을 설하는 곳이 있으면, 나의 탑은 이 법화경을 듣기 위하여 그 앞에 나타나 증명하고, 거룩하다고 찬양하리라'하였느니라. (…중략…) 대요설아, 지금 다보여래의 탑도 이 법화경을 들으려고 땅으로부터 솟아나 거룩하다고 찬탄하느니라."

(…중략…)

그때 거기 모인 모든 대중들은 보배탑 안의 사자 자리에 산란치 않으시고 선정에 드신 다보여래를 보며, 또 그의 음성을 듣고 '거룩하시고 거룩하시도다! 석가모니불께서 이 법화경을 쾌히 설하시니 이 경을 듣기 위하여 이곳에 이르렀노라'고 하였다.

그때 사부대중들이 한량없는 천만억 겁의 오랜 과거에 멸도하신 부처님께서 이와 같이 말씀하시는 것을 듣고 미증유라 찬찬하며, 하늘의 보배꽃을 다보불과 석가모니불의 위에 흩었다.

그때 보배탑 가운데 계신 다보불께서 자리를 반으로 나누어 석가모니불께 드리고 이렇게 말씀하셨다.

"석가모니불께서는 이 자리에 앉으소서."

그러자 곧 석가모니불께서 그 탑 가운데로 드시어, 그 반으로 나눈 자리에 가부좌를 틀고 앉으시었다.[66]

이처럼 다보여래는 과거불의 하나로 『법화경』을 설하는 곳이면 어디든지 나타나 그 내용이 진실하다는 증명을 하겠다는 서원을 세웠다. 이후, 현세불인 석가모니에 의해 이 경전이 설파될 때 다보탑의 형상으로 나타나 그 내용이 진실함을 증명했다. 윗글의 핵심은 '석가여래 상주설법 다보여래 상주증명(釋迦如來 常住說法 多寶如來 常住證明)'이라 할 수 있다.[67]

두 탑 가운데 주축을 차지하는 것은 석가탑이다. 과거불을 나타내는 다보탑은 바로, 지금, 여기 현존하는 현세불을 상징하는 석가탑을 증명하는 보조 역할을 하기 때문이다. 이에 따르면 현재를 전제로 해 과거가 존재하지 과거를 전제로 해 현재가 생기지 않는다는 것이다. 소설에서 명공 아사달은 어렵지 않게 과거불인 다보탑을 완성한다. 그는 천수관세음의 현신이자 부처님의 법력의 소산이며, 불국사의 복으로 사찰의 승려로부터 칭송받고 있었다. 하지만 그는 주축을 담당하는 현세불인 석가탑 축조에 차질을 빚는다. 그는 향수와 아내에 대한 그리움에 사무쳐 창작에 대한 열의를 잃고 만 것이다.

> 아사달은 견딜 수 없었다.
>
> 부여가 그립다. 스승이 그립다. 아내가 그립다.
>
> 탑이고 무엇이고 다 집어치워 버리고 지금 당장 고장으로 날아가고 싶다.[68]

이렇게 그가 난관에 빠지게 된 데에는 불교학적인 차원의 의미가

---

66 이운허 역, 『법화경』, 동국대 역경원, 1990, 229～242쪽.

67 박경식·안장헌, 앞의 책, 30～31쪽.

68 현진건, 『무영탑 외』, 동아출판사, 1996, 50쪽.

숨겨져 있다. 그는 현재의 삶에 큰 영향력이 없는 과거불의 다보탑은 어렵지 않게 조성할 수 있었다. 이에 비해, 현세불의 석가탑을 조성하기 힘든 것은 현재불이 현재에 생생히 현존하면서 그 자신의 삶에 영향을 끼치기 때문이다. 현세불은 지극한 불심을 배제한 채 예술혼과 사랑의 열정만으로는 석가탑이 완성될 수 없음을 아사달로 하여금 난관을 통해 체험하게 한 것이다.

사실, 그의 소망은 석가탑을 완성해 자신의 예술가적 명성을 드높이는 것과 함께 하루빨리 탑을 완성해 고향으로 돌아가 아내를 만나는 것이었다. 이에 대해서는 다음의 독백을 통해 엿볼 수 있다. '사랑의 흥'으로 석가탑을 조성하고자 하는 아사달의 내면에서는 불탑의 성스러운 부처가 살아 숨 쉬지 않는다.

> 구축축한 풋사랑과 거룩한 '솔도파'(탑)가 한데 뒤범벅이 되는 것은 발을 구를 일인지 모르리라 기가 막힐 노릇인지 모르리라 그러나 사랑에서 흥이 오고 흥이 어리어 세상에도 진기한 탑이 이루어지는 것을 어이하랴. 부처님도 웃으시며 눈을 감으실지 모르리라.[69]

이런 아사달에게 석가탄신일 탑돌이가 새로운 계기를 마련해준다. 아사달은 탑돌이를 하다가 주만을 조우함으로써 다시금 예전의 창작열을 되찾는다. 본래 '탑돌이'는 '부처님 오신 날[四月初八日]'이나 큰 재(齋)가 있을 때 탑을 도는 불교 의식이다. 사찰에서 승려가 염주를 들고 탑을 돌면서 부처님의 큰 뜻과 공덕을 노래하면 신도들이 그

69 위의 책, 100쪽.

뒤를 따라 등을 밝혀 들고 탑을 돌면서 극락왕생을 기원한다. '탑돌이'는 육바라밀다(六波羅密多) · 십바라밀다(十波羅密多) 정진도를 그리며 도는데 순서는 다음과 같다.

① 보시(布施) : 둥근달형으로 돌며 한없는 베풂을 뜻한다.

② 지계(持戒) : 반월형으로 돌며 계행(戒行)을 굳게 지킨다는 뜻이다.

③ 인욕(忍辱) : 신날형으로 돌며 참고 용서함을 뜻한다.

④ 정진(精進) : 가위형으로 돌며 가위로 끊듯이 전진이 있을 뿐 후퇴가 없음을 말한다.

⑤ 선정(禪定) : 구름 모양을 이루며 돌며, 올바른 마음가짐을 뜻한다.

⑥ 지혜(智慧) : 금강저형이고 완전한 지혜를 뜻한다.

⑦ 방편(方便) : 좌우쌍정형(左右雙井形)이고 한 샘에서 두 우물을 만들어 동서가 두루 편하다는 뜻이다.

⑧ 원(願) : 전후쌍정형(前後雙井形)으로 2개의 원 모양을 그리며 돌며 원대한 꿈을 뜻한다.

⑨ 역(力) : 2개의 고리형으로 굳세 힘을 뜻한다.

⑩ 지(智) : 성중단월형(星中丹月形)이며 법을 아는 데 아무 거칠 것이 없음을 뜻한다.[70]

이처럼 탑돌이가 곧 육바라밀을 상징하기 때문에 그는 탑돌이를 통해 육바라밀[71]의 서원을 세운 것으로 의미 부여할 수 있다. 소설에

70 김홍우, 『한국의 놀이와 축제』, 집문당, 2002, 23~31쪽.

71 십바라밀다(십바라밀)은 육바라밀다(육바라밀)의 확장인데, 본서에서는 연구 방법론으로 내세운 육바라밀로 통칭한다.

서는 사찰 차원의 탑돌이 행사가 이루지지 않고, 대신에 아사달이 늦은 밤에 홀로 탑돌이를 한다. 그는 탑돌이를 하면서 개인적인 소망을 비는 동시에 보살의 깨달음을 위해 불가결하게 실천해야 할 육바라밀의 서원을 내면에 간절하게 세운 것이다. 이 과정에서 주만과의 조우가 이루어지고, 이후 그녀의 보살핌 속에서 아사달은 석가탑을 완성할 수 있었다.

하지만, 여전히 아사달은 육바라밀의 진정한 불심을 가지지 못했다. 그는 아내와 주만 사이에서 사랑의 번뇌를 했으며, 또한 석가탑의 완성에서도 주만에 의해 생긴 '사랑의 홍'이 큰 기여를 했다. 이런 그에게 고통이 찾아든다. 그를 찾아 부여에서 온 아내가 연못에 석가탑의 그림자가 비추는 것을 기다리다가 연못에 빠져 죽어버린 것이다. 이를 통해 아사달은 다시금 육바라밀 본래의 불심으로 돌아가는 계기를 갖게 된다.

> 아사달의 머리는 점점 어지러워졌다.
>
> 아사녀와 주만의 환영도 흔들렸다.
>
> 휘술레를 돌리듯 핑핑 돌다가 소용돌이치는 물결 속에서 쪼각쪼각 부서지는 달그림자가 이내 한데로 합하듯이, 두 환영은 마침내 하나로 어우러지고 말았다.
>
> 아사달의 캄캄하던 머릿속도 갑자기 환하게 밝아졌다.
>
> 하나로 녹아들어 버린 아사녀와 주만의 두 얼굴은 다시금 거룩한 부처님의 모양으로 변하였다.[72]

---

72 현진건, 앞의 책, 459쪽.

애초에 실의에 빠진 아사달은 아내의 돌상을 조각하려고 했다. 하지만 죽기 전에 나타난 주만이 자신을 조각해 달라고 청함에 따라 위에서처럼 그가 집착하는 "두 환영"은 마침내 하나로 어우러지게 된다. 그의 머릿속에서 아사녀와 주만이라는 분별이 사라지게 되자, "하나로 녹아들어 버린 아사녀와 주만의 두 얼굴"은 다시금 거룩한 부처님의 모양으로 변한다. 이렇듯 부처님의 돌상은 아사달의 사랑에 대한 집착의 초월로서 완성되고 또한, 이를 통해 그의 지극한 육바라밀의 서원이 구현된 것이다. 이로써 그 자신 자체로 현세불과 하나(득도, 깨달음)가 된 그는 '나'의 비실체적인 개체 존재(오온(五蘊)의 존재)[73]에 대한 집착 분별이 사라짐과 함께 생과 사의 경계가 사라지자

---

73 불교에서는 인간 존재를 색온(色蘊), 수온(受蘊), 상온(想蘊), 행온(行蘊), 식온(識薀)의 비실체적인 '오온(五蘊)'의 일시적 결합으로 본다. 이는 곧 인간 주체 '나'는 가짜 나[假我]임을 말한다. 구체적으로 보면 다음과 같다. ① 색온(色蘊) : 색은 육체를 가리킨다. 육체는 물질의 기본 요소 사대(四大 : 地 ・水・火・風)와 사대에서 파생된 물질인 사대소조색(四大所造色)으로 이루어져있다. 지(地)는 뼈・손톱・머리카락 등 육체의 딱딱한 부분이고, 수(水)는 침・혈액・오줌 등 액체이고, 화(火)는 체온이고, 풍(風)은 몸속의 기체 즉 위장 속의 가스를 말한다. ② 수온(受蘊) : 수란 감수와 그 작용이다. 수는 내적인 감각기관들과 그것에 상응하는 외적인 대상과의 만남에서 생긴다. 고수(苦受), 낙수(樂受), 불고불낙수(不苦不樂受) 3가지가 있다. ③ 상온(想蘊) : 상은 개념 또는 표상과 그 작용을 말한다. ④ 행온(行蘊) : 행은 형성하는 힘을 말한다. 특히, 의지작용을 가리킨다. 수 상 식을 제외한 모든 정신작용과 그 현상이다. 예를 들면 기억 상상 추리 등이 여기에 속한다. ⑤ 식온(識薀) : 식은 분별, 인식 및 그 작용을 말한다. 식은 대상을 인식하는 데까지 나가지 않고 그 전 단계인 주의 작용을 말한다. 예를 들어 장미꽃을 볼 때, 안식이 일어나 무엇이 나타난 것을 알게 된다. 그 무엇이 붉다, 장미다 하고 아는 것은 식이 아니라 상의 작용이다. 인간은 결국 이러한 다섯 가지 온이 일시적인 결합에 지나지 않는 것(가짜 나[假我])으로 본다(동국대 불교문화대학 불교교재편찬위원회, 앞의 책, 95~101쪽). 『반야심경』의 다음 구절은 '오온'이 '공'임을 잘 알려준다.

"관자재보살이 깊은 반야바라밀다를 행할 때에 오온이 모두 공함을 비추어 보고 일체의 고액을 건넜다[觀自在菩薩 行深般若波羅蜜多時 照見五蘊皆空 度一切苦厄]."

사실, 서구의 가스통 바슐라르가 내세운 이미지의 4원소론(물, 불, 공기, 흙)에 기반한 문학이론은 국내에 아무런 비판 없이 널리 보급되었다고 볼 수 있다. 이와 함께, 4원소론과 유사한 불교 철학의 사대(四大 : 地, 水, 火, 風)론은 미신으로 치부된 듯한 양상이다. 하지만 사대론과 더불어 유교의 오행(五行 : 木, 火, 土, 金, 水)론은 고대에서 현대까지 부지불식간에 한국인의 '무의식'에 지속하고 있기 때문에, 그 반영으로서의 문학 작품을 탐구하는 좋은 틀이 될 수 있다고 본다. 참고로, 질베르 뒤랑은 바슐라르의 사원소론이 내포한 비보편성을 비판,

연못에 빠져 죽는다. 이렇게 해서 영지(影池)에 세워진 부처님 돌상은 석가탑의 '그림자' 곧 석가탑 현세불의 현현으로 볼 수 있다. 결국, 현세불 석가탑은 탑돌이의 육바라밀에 대한 간절한 서원을 계기로 해서 현상계의 예술과 사랑, 생명의 초월로서 완성된 것이다.

이상에서처럼 『무영탑』은 부처님의 상징인 불탑의 신앙과 그 탑 주위를 도는 탑돌이의 육바라밀의 서원이 잘 드러나 있다. 과거불인 다보탑과 달리 현세불 석가탑은 아사달에게 지극한 불심을 요구하자, 아사달은 탑돌이의 육바라밀의 서원을 세운다. 결국, 그는 육바라밀에 대한 서원을 통해 물거품 같은 이 현상 세계를 뛰어 넘음으로써 석가탑을 완성하게 된다.

4. 선(禪)과 무주상보시의 무애행 – 이광수의 『원효대사』

1) 불교 사상적 기원과 연속성

이광수의 종교 사상이 기독교(톨스토이주의)에서 불교로 순차적으로 이행했다고 보는 것은 오류다. 이광수의 불교 사상은 유아기에서 시작해 소년기와 성인을 거쳐 지속적으로 일관하고 있다.[74] 불교 집안

극복해 새로운 이미지 분류법을 구축했다(질베르 뒤랑, 『상상계의 인류학적 구조들』, 문학동네, 2007).

74 춘원은 제도로서의 종교에 대해서는 비판적 거리를 유지한 채 종교의 이념만을 폭넓게 수용

에서 자란 춘원은 이미 유아기 시절에 불교적 감수성을 키울 수 있었는데, 이는 소년기를 지나 성인이 될 때까지 지속적인 불교에 대한 관심으로 이어졌다. 이에 대해서는 그의 자전적 기록인 「그의 자서전」, 「나의 고백」과 그의 초기 단편 소설 「방황」을 통해 확인할 수 있다.[75]

「그의 자서전」을 보면 그의 아명 보경(寶鏡)은 그의 아버지가 노승이 학슬안경을 주는 꿈을 꾼 것을 계기로 지어졌으며, 그는 아버지를 따라 T절에 가 불공을 드리기도 했다.[76] 또한, 그는 "나는 사 오세부터 이 노장을 숭배하였다. 내가 절에 가고 싶어 하는 것은 이 노장을 보려하는 것이 주장 목적이었다"고 하듯이 불교에 대한 호감을 가졌다. 계속해서 그는 "환하게 법당에 촛불을 켜놓고 이 노장이 축원을 하는 것을 볼 때에 나는 가장 엄숙한 감정을 경험할 수가 있었다"라고 밝히고 있다. 더 나아가 그는 일차 유학(나이 14세) 때에 다니던 미션스쿨의 W선생보다 T절의 노장이 "더 높은 데가 있는 것 같았다"고 밝히고 있다. 이를 통해 그는 W선생이 대표하는 기독교보다 노장이 상징하는 불교에 호의적인 태도를 가지고 있음을 확인할 수 있다.

「나의 고백」을 보면 그는 19세에 오산학교 교원으로 재직할 때 시당 여준으로부터 『능엄경』을 배웠다. 또한, 신앙으로서의 기독교를 상실하고 번민하던 이차 동경 유학(나이 25세) 때에는 천문학을 접하는 것을 계기로 기독교적 우주관을 부정하고 불교적 우주관을 정립한

했다. 때문에 그는 '진리 있는 곳에 기(基), 불(佛)의 차가 없다는 태도'를 견지했다. 기독교(基督教) 작품을 쓰면서도 불교 사상을 유지했으며 불교 작품을 쓰면서도 기독교적인 사상을 유지했다(고송석, 앞의 글, 1쪽).

75 위의 글, 1~7쪽.

76 이광수, 「그의 자서전」, 『이광수 전집』 6, 우신사, 1979, 299~329쪽. 「그의 자서전」은 자전 소설인데, 불교 관련 사항은 사실로서의 가치가 있다.

다.[77] 이와 함께 T교수로부터 『반야심경』과 업보 사상을 접하는데 이때, "하나님이라는 이적적 신의 존재에 의심을 품게 된" 그는 "윤이라는 이성적 법칙을 더 만족하게 생각"하면서 업보 사상을 수용한다.[78]

초기 작품인 신변소설 「방황」에서도 불교에 대한 애착을 확인할 수 있다. 이 작품은 그의 나이 25세인 이차 동경 유학 시절에 쓰인 것이다. 조연현은 이 작품을 통해 "春園에게 있어 그의 佛敎的인 人生觀이나 理想은 急激히 나타난 것이 아니라 오래전부터 그의 潛在的인 意識이 되어 있었던 것임을 알 수 있다"[79]고 주장하고 있다. 다음 인용문을 보면, 중이 되고 싶은 그가 불교를 운명적으로 수용할 수밖에 없음을 알 수 있다.

> '중이 되고 싶다' 하였다. 년전에 어떤 관상가가 나를 보고 '그대는 승려의 상이 있다' 하던 것을 생각하였다. 그때에는 우습게 듣고 지내었거니와 지금은 그 말에 깊은 뜻이 있는 듯하다. 내 운명의 예시가 있는 듯하다. 산곡간 폭포 있고 청천 있는 조그마한 암자에서 아침저녁 목어를 두드리고 송경

---

77 춘원은 자전적 기록에서 다음처럼 확고하게 불교적 우주관을 드러낸다(김윤식 · 정호웅, 『한국소설사』, 예하, 1993, 72쪽).
"이러한 내 우주관은 신구약의 우주관을 용납할 수도 없었다. 이러하기 때문에 나는 예수의 가르침에서도 오직 그 도덕적 가치만을 취할 수밖에 없었다. 나는 이러한 내 우주관이 곧 불적 우주관이었음을 훨씬 나중에야 알았고 내가 이러한 우주관을 가지게 된 것은 천문학 시간에서 새 상상력이 지어낸 것이었다."(이광수, 위의 책, 429쪽)
김윤식은 이러한 춘원의 불교적 우주관을 『무정』의 다음 인용문에서 확인하고 있다(김윤식, 『이광수와 그의 시대』 1, 솔, 1999, 592쪽).
"형식은 특별히 무엇을 생각하려고도 아니하고 눈과 귀는 특별히 무엇을 보고 들으려고도 아니한다. 형식의 귀에는 차의 가는 소리도 들리거니와 지구의 돌아가는 소리도 들리고 무한히 먼 공중에서 별과 별이 마주치는 소리와 무한히 적은 에텔의 분자의 흐르는 소리도 듣는다." (「무정」, 117쪽)

78 이광수, 「나의 고백」, 『이광수 전집』 7, 우신사, 1979, 233~428쪽.

79 조연현, 『한국 현대작가론』, 문명사, 1970, 291쪽.

하는 장삼 입은 중의 모양! 년전 어느 가을에 도봉서 밤을 지낼 새 새벽에 꿍꿍 울려오는 종소리와 그 종을 치던 노승을 생각한다. 지상의 쓰고 달고 덥고 추운 것을 잊어버리고 일생을 심산의 조그마한 암자에서 보내는 것이 나에게 적합한 생활인 듯하다. (…중략…) 나는 그 고모(비구니－인용자)가 정다운 듯도 하고 나의 선각자인 듯도 하다. 나는 내가 머리를 박박 밀고 하얀 고깔에 칡베 장삼을 입고 그 고모께 뵈는 모양을 상상하였다.[80]

이러한 불교에 대한 지향은 그의 수많은 불교 관련 글을 통해 일관되게 지속한다. 최초의 불교소설 『이차돈의 사』가 발표된 1935년 이전의 글을 보면, 수필의 경우 「선파(禪婆)」(1926), 「보살의 병」(1928), 「신비의 세계」(1930) 등이며 묵상록의 경우 「인욕(忍辱)」(1931)이 있다. 『이차돈의 사』 발표 이후 불교 관련 글이 증가한다. 수필의 경우 「학창독어」(1935), 「인과의 리」(1940), 「생재 참관기」(1945) 등이며, 묵상록의 경우 「불정고토(佛淨固土)」(1935), 미 발표작 「오부작」 등이며, 인물론의 경우 「대성석가－석가여래의 가르침」(1939) 등이 있다.[81] 춘원은 이러한 불교에 대한 지속적인 관심과 공부를 기초로 해서 불교소설을 발표했다. 장편의 경우 『이차돈의 사』(1935), 『사랑』(1938), 『세조대왕』(1940), 『원효대사』(1942)가 있으며, 중 · 단편의 경우 「무명」(1939), 「꿈」(1939), 「육장기(鬻庄記)」(1939), 「난제오(亂啼烏)」(1940)가 있다.

80 이광수, 『이광수 전집』 8, 우신사, 1979, 95쪽.
81 고송석, 앞의 글, 6쪽.

2) 무아를 추구하는 수행법 선과 무주상보시의 무애행

『원효대사』[82]는 실존 인물 원효대사를 주인공으로 내세운 역사소설이다. 이 소설은 1942년 3월 1일부터 동년 10월 31일까지 총독부 기관지 『매일신보』에 연재되었는데, 그의 불교소설 가운데 맨 마지막에 창작된 점에서 그의 불교 사상의 총화를 엿볼 수 있다.[83] 소설은 전체 8장 — ① 제행무상 ② 번뇌무진 ③ 파계 ④ 요석궁 ⑤ 용신당수련 ⑥ 거랑방아 ⑦ 재회 ⑧ 도장 — 으로 구성되어 있다. 8년째 『화엄경소(華嚴經疏)』를 쓰고 있는 원효는 자신의 처소를 무애당(無碍堂)이

---

82 이 소설의 원효대사가 이광수와 비슷하게 그려졌다고 딸 이정화는 말한다(이정화, 『아버님 춘원』, 광영사, 1956, 100쪽).
"아버지는 『원효대사』라는 책을 쓰셨다. 아버지가 그 책 권두에 쓰신 말과 같이 원효는 나와 비슷하다 하셨거니와 아버지는 원효대사를 그리신 것과 같이 자기가 원효대사가 되려고 애쓰셨을 것이다."
구체적으로 보면, 원효와 춘원이 고아라는 점, 원효대사의 외모가 춘원과 유사하다는 점, 원효대사에게 스승 내안 대사, 방울스님이 있듯이 춘원에게는 일생동안 사표로 삼았던 도산 안창호가 있다는 점, 원효가 파계하듯이 춘원이 대일 협력을 한 점을 들 수 있다(한승옥, 「춘원 이광수의 원효대사 연구」, 『한중인문학연구』 9호, 한중인문학회, 2002, 63~65쪽).

83 이 소설이 발표되기 전인 1941년에 대동아전쟁이 발발했는데, 춘원의 친일 행각은 이 시기 전후에 본격화된다. 1939년 10월 20일에 조선문인협회(발기인은 이광수, 김동환, 이태준, 박영희, 유진오, 최재서, 김문집, 김억, 김상용, 정지용, 정인섭 등)를 결성해 회장이 되어 천황폐하 만세 삼창을 하고 위문대를 모집했다. 이후 1940년에 가야마 미츠외香山光郎으로 창씨개명했고, 1942년에 대동아문학자대회 참가, 1943년에 학병 권유에 적극 가담했다. 또한 이 시기에 친일 시가, 소설, 평론을 발표했다(김윤식, 『이광수와 그의 시대』 2, 솔, 1999, 340~372쪽). 이런 친일 행각에도 불구하고 『원효대사』에 과도하게 소개된 고신도(古神道)와 신라어를 통해 그의 민족의식을 드러내고 있다는 점을 간과해서는 안 된다. 춘원이 해방 후 쓴 『나의 고백』(1948)을 통해서도 『원효대사』에 내재된 그의 민족의식을 확인할 수 있다(이재선, 『한국소설사』, 민음사, 2000, 435~436쪽).
"『원효대사』는 내가 친일파 노릇을 하는 중에 『매일신보』에 연재하였던 것이다. 나는 검열이 허하는 한 이 소설 속에서 우리 민족의 전통적 정신과 영광과 애국심과 민족 의식을 그려서 천황만세를 부르고 황국신민서사를 제창하지 아니하면 아니될 운명에 있는 동포에게 보낸 것이었다. 『무정』 이하로 『마의태자』나 『단종애사』나 『이순신』이나 또 『재생』, 『그 여자의 일생』이나 무릇 내가 쓴 소설은 민족정신 밀수입의 포장으로 쓴 것이었다."(이광수, 『이광수 전집』, 13, 우신사, 278쪽)

라고 지은 것처럼 '무애(無碍)'를 수행의 목표로 삼고 있다. 이처럼 소설 속에서 주제의식으로 관통하는 '무애'는 『대방광불화엄경』(80권본) 「보살문명품」에 나오는 말이다.[84]

> 그때 문수사리보살이 현수(賢首)보살에게 물었다.
>
> "불자여, 부처님·세존께서는 오직 한 가지 길로 뛰어남을 얻으셨는데, 어찌하여 지금 보건대 모든 부처님 국토에 있는 여러 가지 일이 제각기 같지 않나이까? 이른바 세계와 중생들과 설법과 조복함과 수명과 광명과 신통과 대중의 모임과 가르치는 의식과 불법의 머물러 있음이 각각 차별이 있사오며, 온갖 불법을 구족하지 않고서 아뇩다라삼먁삼보리를 성취하는 이가 없나이까?"
>
> 이때에 현수보살이 게송으로 대답하였다.
>
> 문수시여, 모든 법이 항상 그러해
> 법왕께선 홀로 한 법뿐이니
> 일체에 장애함이 없는 사람들
> 한 길로 생사에서 뛰어나니라

위에서의 현수 보살 게송의 마지막 두 행, "일체무애인(一切無碍人) 일도출생사(一道出生死)"에서 나온 것이 바로 "무애(無碍)"이다. 위에서 보면 알수 있듯이, "생사에서 뛰어남, 벗어남[出生死]"은 곧 '아뇩다라삼먁삼보리(깨달음)'인데 이는 "장애함 없음[無碍]"에서 성취되는 것이다.

---

84 『한글대장경』, 동국대 전자불전문화콘텐츠연구소(http://ebtc.dongguk.ac.kr).

이처럼 원효가 '무애'를 중시하는 것은 『삼국유사』의 기록에 기댄 것이다. 원효가 광대가 가지고 다니며 춤추고 희롱하는 탈바가지의 모습을 본떠 불구(佛具)를 만들었는데, 이를 무애(無碍) 도구라고 했다. 그는 이것을 들고 다니며 노래하고 춤추며 중생들을 교화했다.[85] 물론, 이 일화는 원효가 깨달음을 얻고 난 후의 일이지만 소설에서는 도입부에서 원효의 수행 목표로 제시되고 있다.

원효는 진덕여왕의 요청으로 열린 궁중 법회에서 중생이 무애에 다다르는 데 커다란 장애는 '아상'(나, 나의 것)이라고 말한다. 그의 설법에 따르면 "내라 내 것이라 하는 생각이 우리를 얽어매어서 시각마다 생로병사의 모든 괴로움을 되풀이"한다는 것이다. 아상을 떠날 때에 중생과 동포를 사랑하는 자비심이 생기고 이때 비로소 삼계에 걸림이 없는 보살(깨달은 보살, 곧 붓다)이 된다고 한다. 이때부터는 "나를 위하여서 하는 일이 아니라, 중생을 위하여서 하는 일이기 때문에" 내가 하는 모든 일이 보살행이라고 한다. 따라서 "걱정, 근심, 두려움, 무서움이 없고 죽는 것도 없는 것"이라고 한다.[86]

이처럼 무애를 중시하는 원효는 대안(大安)법사와의 조우를 통해 정작 자신이 '장애, 거리낌'[碍]에서 벗어나지 못했음을 자각한다. 대안 법사는 실제로 경론에 깊은 것은 물론 덕과 행이 높은 도승이지만 늙은 거지로 살아가고 있다. 그는 아이들과 젊은이들에게는 놀림 받고, 늙은이들에게 어디를 가나 환영받는다. 그런 대안 법사는 묘하게도 사람들의 마음을 기쁘게 하는 능력이 있다. 심지어 그는 버려진 너

85 윤종갑, 「원효사상의 철학적 체계」, 『밀교학보』 제7호, 위덕대 밀교문화연구원, 2005, 315~316쪽.

86 이광수, 『이광수 전집』 5, 우신사, 1979, 340~341쪽.

구리 새끼를 위해 젖을 구해 먹이는 자비 행을 베풀 뿐만 아니라 너구리새끼가 죽자 눈물을 흘린다. 원효는 그의 무애한 삶을 바라보면서 요석공주의 구애로 인해 번민하던 자신의 한계를 깨닫고, 비로소 "아는 것과 되는 것"의 차별에 눈을 뜬다. 원효는 자신이 『화엄경』을 누구보다 잘 알지만 『화엄경』이 되어버리지는 못했다며 다음처럼 통감한다.

> 그러나 나는 그것으로 누구를 건졌는가. 대관절 나 스스로를 건졌는가. 내가 쓴 글을 읽고 과연 어느 중생이 지금 내가 대안대사의 염불 소리에서 받은 환희를 받았는가. 내가 십 년 동안에 쓴 글이 종이에 먹을 묻혀 놓은 것뿐이 아닌가.[87]

이런 계기로 "행(行)이다. 행이다. 오직 행만이 값이 있는 것이다"라는 깨달음을 얻은 원효는 술을 마시고 또한 요석공주와 잠자리를 함께 하는 파계를 감행한다.[88] 이를 계기로 원효는 청정한 사문이라는 자신을 상실하고 저잣거리의 남녀와 다름없는 중생이 되었다고 자탄한다. 그는 "마치 자유자재로 훨훨 날아다니던 몸이 날개를 잘리워서 땅에 떨어진 것" 같고, "몸에는 천근 무게가 달린 것" 같은 고통을 느낀다. 여전히 그는 미와 추, 수행적 삶과 일상적 삶의 분별을 넘어서 하나로 보는 진속일여(眞俗一如), 무애의 경계에 다다르지 못한 것이

87 위의 책, 370~371쪽.

88 방민호는 파계에 대해 번민하고 이후 방랑을 떠나 고신도 신앙을 수용하는 원효의 모습에서 노골적으로 대일협력에 들어섰던 이광수를 엿본다(방민호, 「이광수 장편 소설 『원효대사』를 어떻게 읽을 것인가」, 『불교문예』 52호, 불교문예출판사, 2011, 94~104쪽).

다. 이런 점에서 대안 법사는 원효에게 무애를 얻는 해법을 제시한 게 아니라 무애하지 않는 원효의 문제를 자각케 하고, 파계를 계기로 그 해법을 구하도록 하는 역할을 했다고 볼 수 있다. 따라서 원효는 무애의 과제를 짊어지고 요석궁을 떠나게 된다.

이후, 원효는 용신당 수련을 거친 다음 거지 생활 끝에 방울 스님에게서 선(禪)[89]을 배우면서 진정한 무애에 다다르게 된다. 용신당 수련은 민족 대대로 이어져 내려오는 심신수련법이라 할 수 있다.[90] 이 수련의 최고 단계 "앙아당 수련"은 대안 법사와 유신이 마친 이후 그 뒤를 잇는 자가 없었는데 40년 만에 원효가 그 수련에 성공한다. 수련을 모두 마친 원효는 화랑들이 공부를 마치고 명산대천을 돌아다니듯 거지로 나선다. 두타(頭陀)행[91]이 아닌 무애(無碍)행을 하리라 결심한 그는 전염병이 도는 한 마을을 찾는 인연으로 그 마을 사람들을 구제하는 데 전심전력한다. 하지만 그가 마을을 떠나서 감천사에서 만나게 된 방울 스님에게서 아직도 자신이 진정한 무애에 도달하지 못했

---

89 전술했듯이, 이광수와 원효대사의 유사점은 선 수행에서도 엿볼 수 있다. 그가 간화선을 하는 모습은 「난제오」, 『이광수전집』 8, 우신사, 1940에 잘 드러나 있는데(고송석, 앞의 글, 14~17쪽), 딸 이정화의 기록에서도 찾아볼 수 있다(이정화, 앞의 책, 40쪽).
"우리 삼남매는 아버님를 따라 불상 앞에 꿇어앉는다. 아버님은 천천히 숨소리를 하나 둘 하며 세신다. 우리는 이것을 맞추어 천천히 숨을 마시고 뻗고한다. 나의 마음 솟은 조용히 갈아안는듯하였다. 모든 엄숙하고 무거운 기운에 나는 꽉 눌리어 발고락 하나도 움지겨 지지못하였다. 나는 아버지를 생각할 때에 이때의 아버지의 모습이 제일 많이 머리에 떠오른다."

90 현재, 용신당 수련의 실체를 확인하기 힘들다(김종업, 「삼일신고(三一神誥)의 수련 원리에 대한 현대적 해석과 방법론 이해」, 명지대 박사논문, 2004). 하지만, 치밀하게 묘사된 용신당 수련에서 태양을 중요시 여기는 점이 우리 민족의 태양숭배(해맞이) 문화와 연결되는 것으로 보이기 때문에, 당시 이런 수련이 있었을 가능성을 배제할 수 없다. 참고로, 육당 최남선은 우리 민족이 전통적으로 태양을 하느님으로 알고 자신을 하느님의 자손으로 믿었으며, 태양의 광명을 표시하는 의미로 흰빛을 신성하게 알아 백의를 입었다고 하면서 한국인의 태양숭배 사상을 주장한다(최남선, 『조선상식문답』, 기파랑, 2011, 98쪽).

91 번뇌의 티끌을 없애고, 의식주에 탐착하지 않고 청정하게 불도를 수행하는 것으로 12종의 행이 있다. 흔히, 걸식하는 행을 말한다(운허 용하, 앞의 책, 188쪽).

음을 깨닫게 된다. 방울 스님은 자신의 신분을 속이고 밥 짓는 일을 하는 원효를 알아보고 이렇게 말한다.

"나를 없이 해야지. 스님께 오욕(五慾)이야 남았겠소마는 아직도 아만(我慢)이 남았는가 보아. 오욕을 떼셨으니 잡기야 범접을 못하지마는 아만이 남았으니 신장의 눈에 띄어, 스님이 아주 아만까지 버리시면 화엄 신장도 스님의 종적을 못 찾소이다. 아만 …… 내가 이만한데, 내가 중생을 건질 텐데 하는 마음이 아만야. 이것을 깨뜨리자고 세존께서 수보리에게 금강경을 설하신 것이요. 무주상보시(無住相布施)."

"응무소주이생기심(應無所住而生其心)[92]이라는 거요."[93]

이런 계기로 원효는 방울스님에게 『금강경』과 『금강삼매경』을 듣는 것과 함께 선(禪)을 배운다. 원효에게는 무엇보다 선이 그 자신의 뿌리(아만)를 없애는 최고의 수행법이었다. 끝 간 데 없는 자신의 뿌리를 없애는 선 수행은 지난날 용신당 수련의 고행 이상의 고통이 뒤따랐다. 그는 난생 처음 "어렵다"는 말을 방울 스님에게 토로한다. 이에 방울 스님은 아만을 없애는 것이야말로 죽는 것보다 어렵다고 하면서 "나의 뿌리가 그렇게 깊다고 보는 그 마음을 떼어 버리지, 그것이 허망의 근본이 아닐까" 하고 말한다. 이 말을 통해 눈이 열림을 체험한 원효는 자기가 보는 세계가 자신의 행업으로 나타난 것을 알게 되는 바 곧 무애의 경계에 도달한다. 비로소 그는 아상(我相), 인상(人

92 "반드시 머무는 곳이 없이 그 마음을 낼지니라(應無所住而生其心)."(김용옥, 앞의 책, 251쪽) 색, 성, 향, 미, 촉, 법의 상(相)에 얽매이지 말라는 뜻이다.

93 『이광수 전집』 5, 449쪽.

相), 중생상(衆生相), 수자상(壽者相) 네 가지의 상[94]에 대한 분별 집착을 떨쳐버리고, 바로 지금 여기 나 자체로 모든 게 갖추어진 본래면목의 실상을 대면하게 된다.[95] 결국, 원효는 방울스님에게 배운 선을 통해 아만을 없앰으로써 진정한 자유인이자 무애한 보살(깨달은 보살, 붓다)로 거듭나게 된 것이다.

이로부터 생과 사의 경계를 넘어선 원효는 육바라밀 가운데 무주상보시의 무애(無碍)행을 실천하게 된다. 무주상보시는 '베푸는 나', '베푸는 물건', '베풂을 받는 사람' 세 가지의 상(相)이 없는 것을 말하는데, 보시 중의 보시라 할 수 있다. 이는 『금강경』의 "所謂不住色布施, 不住聲香味觸法布施. 須菩提 菩薩應如是布施, 不住於相"[96]에 근거한 말이다. 원효는 선을 통해 아만, 아상을 없앰으로써 색성향미촉법(色聲香味觸法)[97]을 떠난 진정한 보시, 무주상보시의 무애 행을 펼칠 수 있게 된다. 대표적으로 두 가지 예를 살펴볼 수 있다.

첫 번째는 원효가 중들의 반대를 무릅쓰고 거지의 두목 백복 어머니의 장례를 치러주는 것이다.[98] 원효는 가사 장삼을 입고 땅군 어미

---

94 아상 : 오온이 결합되어 있는 나가 실아(實我)인 것으로 또 내 것이 있는 것으로 여기는 생각.
인상 : 오온으로 이루어진 인간은 지옥취나 축생취와 다르다는 생각.
중생상 : 중생이 오온이 결합된 자신을 참된 실체라고 여기는 생각.
수자상 : 선천적으로 길든 짧든 간에 일정한 목숨을 받았다는 생각(운허 용하, 앞의 책 참고).

95 『금강경』의 "어째서 그러한가? 수보리야! 만약 보살이 아상이나 인상이나 중생상이나 수자상이 있으면 곧 보살이 아니기 때문이다[何以故 須菩提 若菩薩有我相人相衆生相壽者相, 卽非菩薩]."(김용옥, 앞의 책, 180쪽)를 보면, 보살은 네 가지 상을 벗어나야한다는 점을 알 수 있다. 따라서 네 가지 상을 벗어나면 곧 보살이자 깨달은 보살(부처)로 볼 수 있다.

96 "이른바 색에 머물지 않고 보시하고, 성 · 향 · 미 · 촉 · 법에 머물지 않고 보시한다는 것이다. 수보리야! 보살은 반드시 이와 같이 보시할 것이며, 상에 머물러서는 아니되는 것이다." (김용옥, 앞의 책, 187～188쪽)

97 반야심경의 "無眼耳鼻舌身意 無色聲香味觸法"처럼, 육근[眼耳鼻舌身意]도 없고, 육근의 대상으로서의 육진[色聲香味觸法]도 없는 것이 바로 삼라만상의 실상이다(법상, 앞의 책, 247～270쪽).

의 장례를 치르면서, 자신을 비판하는 스님들에게 '저의 어미의 장례'에 모두 오라고 수좌 심상하게 말한다. 원효는 땅군 어머니를 누구의 어머니로 한정하는 분별심에서 벗어나 무애한 마음으로 우리 모두의 보편적인 어머니로 승화시키고 있다. 이 말에 심상은 석가여래가 길가에 구르는 해골을 보고 전생 부모의 해골이라고 절했다는 말을 깨닫게 된다. 따라서 원효는 석가여래처럼 무엇에도 걸림이 없는 무차별의 보시를 행한 것이자, 베푸는 나라는 상이 없기에 베푸는 물건과 베풂 받는 사람도 없는 무주상보시를 행하게 되었다.

두 번째는 원효가 요석 공주와 아사가를 납치할 뿐만 아니라 자신의 목숨을 해하려한 도적의 두목 바람을 바른 길로 제도한 것이다. 의적을 자처하는 바람은 본래 진평왕의 버려진 아들이다. 그는 도적의 세계를 평정해 수장이 되었지만 그 역시 피할 수 없는 늙음에 괴로워하고 있다. 그런 그가 원효의 목숨을 빼앗아 요석 공주를 차지하려고 하지만 번번이 실패하고 만다. 결국, 바람은 "땅과 같이 든든하고 물과 같이 자유자재하여 걸림이 없고 불과 같이 깨끗하고 허공과 같이 거칠 데가 없는" 원효의 생사를 초월(무애)한 설법 앞에 무릎을 꿇고 만다. 이후 바람과 도적은 나라의 군인이 되어 충성을 바치고, 원효는 법보시를 행한 적이 없다는 듯이 산간으로 숨어서 도를 닦고 제자를 가르친다. 이처럼, 원효는 도적에게 부처의 법을 보시할 때, '베푸는 나', '베푸는 부처의 법', '베풂을 받는 사람'의 세 가지 상을 온전히 떨쳐버린 무주상보시의 무애행을 행했다.

---

98 이 일화는『삼국유사』에 전해지는데, 장사 끝에 원효는 "지혜의 호랑이를 지혜의 숲에 장사지내니 어찌 좋지 않은가" 하고 말했다(이기영,『원효사상연구』1, 한국불교연구원, 1994, 339~340쪽).

결국,『원효대사』는 자아에 대한 집착을 떨쳐버리는 선 수행과 이를 계기로 해서 펼쳐지는 무주상보시의 무애행이 잘 드러나 있다. 용신당 수련을 마친 원효는 전염병이 덮친 마을을 구제하지만 여전히 아만을 놓지 못했다. 그런 그는 방울 스님에게서 선을 배움으로써 아상, 인상, 중생상, 수자상의 네 가지 상을 지워버릴 수 있었으며, 비로소 그 어디에도 머무는 바 없는 보시를 실천할 수 있었다.

5. 소결–전통 불교소설의 계승과 다양한 주제의식 구현

이상으로 양건식의「석사자상」외 3편, 한용운의『박명』, 현진건의『무영탑』, 이광수의『원효대사』를 살펴보았다. 이들 불교소설은 일제강점기에 리얼리즘과 모더니즘의 소설이 형성, 전개되는 상황에서도 불교 사상을 시기별 상황에 맞게 주제의식으로 견지함으로써 전통 불교소설을 계승했다.

1910년대의 양건식은「석사자상」,「한일월」,「아의 종교」,「오!」를 발표했다.「석사자상」의 경우 서구의 사회진화론이 팽배한 시대 상황 속에서 김재창이 걸인에게 베푸는 물질적 베풂, 보시는 우리 인간 곧, 보살(bodhisattva, bodhisatta)이 마땅히 수행해야할 중생구제[下化衆生]의 실천 윤리를 잘 대변하고 있다.「한일월」,「아의 종교」,「오!」는 중국 선종 계보의 선사를 다루고 있다. 앞의 두 소설은 두 선사의 선문답을 통해, 마지막 소설은 선 수행 끝에 도달한 득도(열반)를 통해 본래면목, 나 자신의 속의 불성을 강조하고 있다. 이로써 그의 소설은 개화기 이후 서구 사상을 추종하고 불교를 배척하는 신소설이 쏟아지는 가운데 거의 유일하게 전통 불교 사상을 옹호하는 신소설을 창작했다는 의의를 가지고 있다. 특히, 「석사자상」은 근대에 여전히 전통 사상으로서의 불교의 가치가 유효함을 김재창의 행동을 통해 잘 드러냈는데, 이는 한국 근대소설 논의에서 결코 빠져서는 안 될 중요한 사항임에 틀림없다.

1930년대의 한용운은 자신의 사상으로 대중을 계도하고자하는 목적으로 『박명』을 발표했다. 이 소설은 1920년대 자유연애의 열풍에 대한 비판적인 저자의 신념이 멜로드라마적인 구성으로 구현되었다. 개인주의와 자유연애의 시각에서 보면, 순영의 대철에 대한 헌신적인 사랑이 구시대 도덕관념의 소산으로 여겨질 수 있다. 이에 대해 만해는 순영의 사랑을 보편 불변의 도덕률로서의 보살행의 근본인 육바라밀의 실천으로 보고 있다. 이와 더불어 소설에서는 삼라만상의 연기법과 무아 사상이 잘 드러나 있다. 주지하는대로 『박명』은 1930년대 한국 소설이 리얼리즘, 모더니즘의 소설로 진화하고 있는 상황에 발표되었다는 점에서, 서사성이 크게 뒤떨어진 것으로 보인다. 하지만, 1930년대에 불교의 보살행 곧 육바라밀의 실천을 소설의 주제 의식을 내세운 점은 근대소설사에서 특기할 만한 성취로 볼 수 있다.

현진건은 1930년대 '역사 소설의 시대'에 『무영탑』을 발표했다. 이 시기는 파시즘의 거센 압력에 따라 작가들이 당대 현실에서 비켜나 역사적 과거를 소설화했다.[99] 『무영탑』의 불교 사상적 주제 의식은 현상계의 예술과 사랑, 생명의 초월로서의 육바라밀의 서원이다. 이와 더불어 역사 소설 『무영탑』에는 당학파의 외세에 맞서 민족정신을 수호하려는 국선도를 통해 저자의 '민족혼 강조'가 형상화되어 있다. 이는 보살 사상의 실천으로 볼 수 있다.

1940년대에 이광수가 발표한 『원효대사』(1942)는 넓게 보면 '역사소설의 시대'의 소설로 묶을 수 있다. 기본적으로 춘원의 역사소설은 사료적 근거에 의존해 자신의 사상을 드러내는 경향을 보인다.[100] 『원효대사』의 의미를 평가할 때 고려할 점은 이 작품이 발표되던 시대 상황과 작가의 전기적 사실이다. 1941년 일제가 태평양 전쟁을 일으키는 것과 함께 대동아 공영권을 내세우며 내선 일체와 황민화 정책이 펼쳤다는 점과 이 시기 전후로 춘원이 창씨개명을 하고 조선문인협회를 결성하는 등 대일 협력에 적극적으로 가담했다는 점을 감안할 수 있다. 하지만 작품 내에 고신도(古神道)와 신라어를 통해 그의 민족의식을 강조하고자 했다는 점을 간과할 수 없는데, 이는 보살 사상의 실천으로 파악할 수 있다. 소설을 분석하면, 원효는 방울 스님에게서 선을 배움으로써 아상, 인상, 중생상, 수자상의 네 가지 상을 지워버릴 수 있었으며, 비로소 그 어디에도 머무는 바 없는 보시를 실천할 수 있었다. 따라서 『원효대사』는 '선과 무주상보시의 무애행'의 불교 사상을 전면화한 불교소설이다.

---

99 김윤식 · 정호웅, 앞의 책, 201~208쪽.
100 권영민, 앞의 책, 1993, 540~547쪽.

제4장

1960~1970년대의 불교소설

이 장에서 다루는 불교소설이 발표된 1960~1970년대는 박정희의 '개발 독재'에 의해 한국 사회가 커다란 변화를 겪는 시기이다. 중진국으로의 도약, 100억 불 수출, 국민소득 1,000불 달성, 새마을 만들기 등의 구호를 내세운 근대화 이데올로기의 선도에 따라 한국 사회는 급속한 산업화를 이룩했다. 한편, 이에 대한 반대급부로 민주주의 압살, 인권 유린과 함께 농촌 사회 해체, 농민의 노동자화·도시 빈민화가 야기되고 또 인구의 도시 집중이 가속화되어갔다.[1]

이 시기의 불교계에서는 통합 종단이 설립되고 나서 현대화에 앞장선다. 1962년 4월에 통합종단 대한불교 조계종이 발족되었고, 이후 대처승 측은 독립해 대한 불교 태고종을 발족한다. 또한, 1970년에 고은은 『법륜』에 「한국불교는 죽어가는가」의 글을 통해 강력하게 불교 개혁을 촉구했으며, 그 이듬해 조계종은 교육·포교·역경

1 김윤식·정호웅, 『한국소설사』, 예하, 1993, 383쪽.

을 종단의 3대 지표를 내세워 불교의 현대화를 공표한다. 추가로 이 시기에서 주목할 것은 '민중불교론'이 대두하여 종교의 사회적 참여를 주장했다는 점이다.[2]

이 시기에 발표된 불교소설로는 김동리, 조정래, 김성동의 작품이 있다. 참고로, 해방 후에서 1960년 사이의 불교소설로 정한숙이 1955년 7월 『사상계』에 발표한 「금당벽화」가 있지만 그에게서 그 외의 불교소설을 찾아볼 수 없기 때문에 본서에서 다루지 않는다. 따라서 해방 후에서 1960년대의 시기를 뛰어 넘어, 이 장에서는 김동리와 조정래, 김성동의 불교소설을 차례대로 분석한다.

김동리는 이 시기에 다양한 종교문학 사상에 기반한 소설을 발표했다. 이 가운데 불교소설로는 「등신불」(1961), 「극락조」(1968), 「눈 오는 오후」(1969), 「저승새」(1977)있다. 여기에다 발표 시기가 불명확한 「미륵랑」, 「호원사기」를 포함시켜, 이 장에서는 「등신불」 외 다섯 편을 다룬다.

조정래는 사회 · 역사의식에 기반해 사회 비판적인 소설을 많이 발표했다. 그는 대처승인 아버지를 두었을 만큼 불교와의 깊은 친연성을 가지고 있었기 때문에 사회 · 역사의식이 구현된 불교 역사 소설 『대장경』(1976)을 발표할 수 있었다. 이 장에서는 『대장경』을 다룬다.

김성동은 대표적인 불교소설가로 다수의 불교소설을 창작했다. 불교 사상에 바탕한 작품으로는 장편 『만다라』(1979), 『길』(1994), 『꿈』(2001)과 중 · 단편집 『피안의 새』(1981) 등이 있다. 이 장에서는 『만다라』를 다룬다.

---

2 김광식, 『우리가 살아온 한국 불교 백년』, 민족사, 2000, 130~167쪽.

1. 선(禪)과 윤회의 무아 – 김동리의 「등신불」 외 5편

1) 불교 사상의 형성 과정

김동리의 문학 사상은 크게 무속, 기독교, 도교, 유교, 불교 사상으로 대별할 수 있다. 대표적으로 무속의 「무녀도」, 기독교의 『사반의 십자가』, 「목공 요셉」, 도교의 「이별이 있는 풍경」, 유교의 「화랑의 후예」, 「용」, 불교의 「등신불」, 「극락조」가 있다.[3] 이 가운데 불교소설의 특징은 강한 현세 지향성으로 인해 불교 교리의 선양 및 불제자의 신앙심을 중시하는 협의의 불교 문학과는 거리를 두고 있다.[4]

김동리에게서 불교 사상은 신인 시절의 그가 사찰에 거처하면서 승려들과 직접적인 교류를 했다는 점에서 주목을 요한다. 실제로 그는 다솔사, 해인사에서 머물렀으며 이 때 용봉선사, 최범술 그리고 만해를 접하면서 불교 사상을 깊이 이해하게 되었다. 그의 왕성한 지적 편력에 비추어 볼 때 이 시기에 그는 불교 경전 독서를 통해 불교 사상을 수용했을 것이라 추측할 수 있다. 그런데 이외로 그가 불교 사상과는 일정한 거리를 두었음을, 다음의 글에서 확인할 수 있다.

> 나는 그 불화를 한참 동안 정신 나간 사람처럼 멀거니 바라보고 서있었다. 나는 그때까지 어느 절에 가든지 여래상이든 보살상이든 나한상이든

---

3 이영희, 「김동리 소설의 사상적 배경 연구」, 성신여대 박사논문, 1998.

4 허련화, 「김동리 불교소설 연구」, 『한국현대문학연구』 25호, 한국현대문학회, 2008, 450쪽.

불화에 대해서는 막연한 염오감(厭惡感) 같은 것을 가지고 있었다. 그런데 그날 퇴락한 암자 속에 걸려 있던 곰팡이 핀 불화는 어쩌면 그렇게도 나의 가슴 속에 깊은 충격을 주었을까.

이때의 일은 처음 『솔거(率居)』라는 제목으로 발표했다가 나중 「불화」로 개제된 단편 속에 대강 담겨있다.[5]

이것은 그가 1935년 해인사에 머물렀을 때를 회고한 글이다. 위에서 보듯 그는 "어느 절에 가든지 여래상이든 보살상이든 나한상이든 불화에 대해서는 막연한 염오감(厭惡感)"을 가졌다고 진술하고 있다. 여래상, 보살상, 나한상의 불화에 대한 염오는 곧 불교에 대한 거부감에 다름이 아니다. 그 이유가 무엇인지를 밝히는 자전적 기록을 찾아보기 힘들다. 다만, 같은 해 해인사에서 그가 참선을 해보고자 했으나[6] 그 뜻을 이루지 못했다는 것을 다음 글에서 확인할 수 있다.

용봉선사는 처음 나의 발심 정도를 대강 살핀 뒤 먼저 결가부좌를 하고

5 김동리, 『김동리 전집』 8(나를 찾아서), 민음사, 1997, 140쪽. 이하 『김동리 전집』 7 · 8은 서명과 권수로 표기한다.

6 김동리가 참선을 하고자 했던 점은 다음 글에서 확인할 수 있다(임영봉, 「김동리 소설과 불교」, 『불교어문논집』 12호, 한국불교문학사연구회, 2008, 98쪽 재인용). "내가 이렇게 다솔사에서 해인사로 가고, 해인사에서 다시 백형과 범산 선생을 기다리기로 한데는, 위에서 말한 '차분한 소설 공부' 이외에도 다른 목적이 있었다. 그것은 참선(參禪)에 대한 나의 태도 결정문제였다."(김동리, 「'솔거'를 쓸 무렵」, 『꽃과 소녀와 달과』, 제삼기획, 1994, 43~45쪽). 김동리는 친구 미당이 금강산의 선지식 송만공을 찾아가 선을 한다는 소식을 듣고 크게 자극을 받은 일이 있다. 다음 글에서 보듯이 그는 선에 대한 절실한 관심을 가지고 있었음을 알 수 있다(김동리, 「미당과의 만남」, 『김동리 전집』 8, 109쪽). "선(禪)에 대해서는 여간 관심을 쏟고 있지 않았다. 발심(發心)만 되면 언제든지 머리를 깎고 선방을 찾아갈 작정이었던 것이다. 그러나 그것을 일시적인 취미나 호기심 정도로 할 수 있는 일이 아니었기 때문에 결행을 못하고 있었던 것이다. 그런데 미당이 먼저 용기를 내러 금강산으로 뛰어가 버렸으니 나로서는 놀랍다고 할지 축하를 해야 할지 몰랐다."

앉으며 나더러도 그렇게 앉아보라고 했다. 나는 그 테스트에서 탈락되고 말았다. 약 2년 전에 축구를 하다가 발목 관절을 다친 일이 있었는데, 이것이 말을 들어주지 않았던 것이다.

결론적으로 선사는 나더러 거사수행을 받도록 하라고 했다.

"거사 수행으로도 고뇌를 덜 수 있으니까 ……"라고 선사는 권했으나 나는 대답을 하지 못했다.[7]

애초에 참선을 할 수 없는 신체적 결함으로 인해, 그는 본격적인 불교 수행에 접근조차 하지 못하게 되었다. 그는 진정한 불교 수행자가 되기에는 자격미달이었던 셈이다. 때문에 그에게 참선 수행을 전제로 한 불교(사상)의 수용은 요원한 일이었다. 이러한 이유 때문인지 그가 불교 사상에 대한 깊은 이해를 가질 정도로 다양한 경전을 공부했다는 기록이 없다. 대신에 그는 사찰에 머물면서 소설 창작에만 몰두했다. 오히려 그는 「솔거」에서 참선하는 스님을 "싯누런 얼굴에 생기 하나 없는 눈들을 희멀겋게 뜨고 바보들같이 앉아 있었다"라며 부정적으로 묘사한다.[8]

이런 그가 신인시절 처음으로 내놓은 불교소설 「솔거」(1937)에서는 불교 사상적 토대를 찾아보기 힘들다. 이 소설은 솔거와 같은 예술적 경지에 도달하기 위한 방편으로 불화 모티프가 전경화된 것 이상의 의미를 가지지 못한다.[9] 때문에 그의 불교 사상에 대한 이해를 바탕으로 창작된 불교소설 「등신불」(1961)은 24년여가 흐른 뒤에야 세상에 나온다. 사실, 그가 처음 「등신불」의 소재인 '소신공양'에 대한 이야기를

7 임영봉, 앞의 글 재인용.
8 장영우, 「김동리 소설과 불교」, 『불교어문논집』 6호, 한국불교문학사연구회, 2001, 48쪽.
9 위의 글, 50쪽.

들었을 때의 충격은, 불교 사상적 관심보다는 이적 현상에 대한 관심에서 생긴 것으로 볼 수 있다. 당시, 중국 고승전에서 전하는 소신공양 이야기는 만해로부터 처음 듣게 된다. 그 의미를 모르는 동리가 "불에 뛰어듭니까?" 하고 묻자, 최범술 주지 스님이 "부처님을 향해 합장하고 앉아야지. 머리 위에 불덩어리 든 향로나 그런 걸 갖다 씌워야지" 하고 답한다. 이때, 동리는 이런 반응을 보인다.

> 나는 더 물을 힘이 나지 않았다. 벌겋게 단 향로 따위를 머리에 쓴다고 생각하자 몸에 소름이 끼쳤다. 그 뜨거움을 어떻게 견뎌낼까, 어떻게 곧 고꾸라지지 않고 앉은 자세를 유지해 낼까 …… 나는 아래턱이 달달달 떨려서 견딜 수 없었다. 나는 자리에서 일어나 밖으로 나왔다.[10]

동리는 소신공양 이야기에 심한 충격을 받지만, 소설로 쓸 엄두가 나지 않았다. 그 시점에서 동리는 참선을 못하기 때문에 불교(사상)와 일정한 거리를 두고 있었다. 하지만 이후, 오랜 동안 동리는 불교에 대한 관심과 애정 그리고 경전 독서를 통해 불교 사상의 내면화를 이루면서 불교와의 거리를 좁힐 수 있었다. 이렇게 해서 그는 비로소 불교소설을 창작하게 된다.[11] 1960~1970년대 대표적인 불교소설로 「등신불」(1961), 「극락조」(1968), 「눈 오는 오후」(1969), 「저승새」(1977), 「미륵랑」, 「호원사기」가 있다.

---

10 『김동리 전집』 8, 182쪽.

11 동리는 문학하는 것은 "구경적인 생의 형식"이 되어야한다고 했는데, "구경(究竟)"은 불교의 '구경각(究竟覺) 곧 부처의 깨달음과 다른 의미를 가진다. 동리는 『김동리 전집』 7, 72~73쪽에서 구경적 삶을 통해 '신명' 혹은 '천지의 분신'을 찾게 된다고 했다. 이를 통해 볼 때 구경은 무속과 도교, 선도(仙道)의 개념이 혼재된 것으로 볼 수 있다.

2) 승속일여(僧俗一如)의 선 사상

> 너희들은 모두 각자 자기의 마음이 바로 부처이며 이 마음이 부처임을 확신하라. 달마대사가 멀리 인도에서 일부러 중국으로 건너온 것은 오직 이 상승의 일심법[上乘一心法]을 전하여 너희들이 각자 깨닫게 하기 위한 것이다.
>
> —『속장경』, 119~406, a[12]

이것은 조사선의 대성자(大成者) 마조 도일선사가 남긴 「마조어록」에 나오는 말이다. 현상적으로 보면, 인간의 마음은 속(俗)이고 부처의 깨달음 및 이를 추구하는 마음은 승(僧)이다. 하지만 분별을 타파하는 선의 관점에서 보면, 이 두 가지의 구별은 없다. 때문에 『화엄경』 제10권 「야마천궁보살설게품」에서는 '마음과 부처 및 중생, 이 셋은 차별이 없다[心佛及衆生, 是三無差別]'고 말한다. 또한, 『화엄경』 제35권 「보왕여래성기품」에서는 '불자여! 여래의 지혜, 무상의 지혜, 무애의 지혜는 중생의 몸 가운데에 구족되어있지만, 어리석은 중생은 전도된 망상에 뒤덮여서 그러한 사실을 알지 못하고, 보지 못하고, 신심을 일으키지 못하고 있을 뿐이다'라고 말한다.[13] 결국, 본래 인간의 내면에 불성이 갖추어져 있기 때문에 인간의 마음과 부처(의 마음)는 둘 아닌 하나라는 것이다. 이러한 승속일여 사상은 「등신불」, 「극락조」, 「미륵랑」에 잘 드러나 있다.

「등신불」은 학병으로 중국으로 끌려간 작중 화자인 스물세 살의

---

12 동국대 불교문화대학 불교교재편찬위원회, 『불교사상의 이해』, 불교시대사, 2011, 281쪽에서 재인용.

13 위의 책, 281쪽 재인용.

'나'가 부대를 탈영해 어느 사찰에 몸을 숨겨서 생명을 구한다는 이야기이다. 이 이야기의 안쪽에 사찰의 등신불에 얽힌 이야기가 나온다. '나'가 자신의 생명을 구하기 위해 사찰로 몸을 피하게 된 계기는 "또 내가 평소에 나의 책상머리에 언제나 걸어두고 바라보던 관세음보살이 미소로써 나를 굽어보고 있는 것이라고 믿어지지 않았던들, 그 때의 그러한 용기와 지혜를 내 속에서 나는 자아내지 못했을는지 모른다"에서 잘 엿볼 수 있다. 이러한 인용문을 보면, '나'의 불심이 두텁다고 보기에는 무리가 있지만 적어도 불교에 대한 관심과 애정이 적지 않음을 알 수 있다. 이런 그가 중국인 불교 학자 진기수를 찾아가 자신의 생명을 구해주기를 청하면서, 바른편 손 식지 끝을 깨물어 다음과 같은 혈서를 쓴다.

> 원컨대 살생을 면하게 하옵시며 부처님의 은혜 속에 귀의코자 하나이다 [願免殺生 歸依佛恩][14]

'나'는 자신의 생명을 구하고자 했지만 혈서에서는 그러한 내용은 없다. 대신, 자기가 아닌 다른 인간 생명의 살생을 면하길 원한다고 함으로써 결국 타인의 생명을 구하길 원한다고 했다. 이는 자신의 목숨을 구하고자하는 바람을 불교의 불살생의 계율과 연결 지음으로써, 불교 학자에게 자신이 바람을 더욱 호소력 있게 전달한 것이다. 여기에 그치지 않고 '나'는 불가에 귀의하겠다는 의지를 추가한다. 이

14 김동리, 『김동리 전집』 3(등신불 · 까치소리), 민음사, 1995, 77쪽. 이하 『김동리 전집』 3 · 4는 서명과 권수로 표기한다.

러한 내용의 혈서는 생면부지인 진기수로 하여금 자신의 신변의 위험을 무릅쓰고 '나'의 목숨을 구해주게 만든다. 결국, '나'는 등신불(等身佛)이 안치된 정원사에서 목숨을 부지하게 된다.

그런데 '나'는 만적이 소신공양으로 생긴 등신불을 접했을 때 충격을 받는다. 속(俗)의 관점으로 볼 때 불상은 아름답고, 거룩하고 존엄성 있는 것이었다. 하지만 '나'의 눈에 들어온 불상은 그러한 불상과는 하늘과 땅 차이여서 "저건 부처님도 아니다! 불상도 아니야!"라고 속으로 외친다. 등신불을 본 '나'의 소견은 이렇다.

> 허리도 제대로 펴고 앉지 못한, 머리 위에 조그만 향로를 얹은 채 우는 듯한, 웃는 듯한, 찡그린 듯한, 오뇌와 비원이 서린 듯한, 그러면서도 무어라고 형언할 수 없는 슬픔이랄까 아픔이 같은 것이 보는 사람의 가슴을 콱 움켜잡는 듯한, 일찍이 본 적도 상상한 적도 없는 그러한 어떤 가부좌상이었다.[15]

이처럼, 단지 자신의 목숨을 부지하기 위해 식지를 깨문 '나'의 눈에 등신불은 온전한 부처상으로 여겨지지 않는다. '나', 속(俗)의 관점에서는 부처와 사람, 진과 위, 선과 악, 미와 추는 분명하게 구별되어야 하기 때문이다. 게다가 '나'는 등신불이 과거의 어떤 대각보다 더 많은 영검을 지녔다는 것을 이해하기 힘들다.

이러한 '나' 곧 속의 관점에 따르면, 내가 식지를 깨문 것과 만적의 소신공양은 천양지차다. 그런데 소설은 막바지에서 그러한 생각을 뒤집는다. 원혜 대사가 만적의 소신공양 이야기 끝에 나에게 바른 손

15 위의 책, 84쪽.

식지를 들라고 한다. 그러고 나서, 원혜대사는 나의 식지와 만적의 소신공양의 속과 승이 불이(不二)임을 이심전심으로 전달해준다. 자신의 목숨을 지키기 위한 이기적 생각에서 부처님에게 귀의하고자 식지를 깨문 것과 깨달음을 추구하는 방편으로 행한 만적의 소신공양은 하나라는 것이다. 결국, 세속적 분별에서 탈피해 부처님의 깨달음[佛恩]으로 나아가고자 식지를 깨문 것과 깨달음을 추구하는 수행의 연장선상에서 소신공양을 한 것은 동일함을 알 수 있다.[16] 이는 선사상에 따르면, 사람[俗]과 부처[僧]는 본래 별개가 아닌 것, 곧 승속일여이기 때문이다.

「극락조」는 집안의 반대로 인해 사랑을 이루지 못한 두 남녀가 다시 사랑을 꽃피워 가정을 이루게 된다는 이야기이다.[17] 헤어진 여인을 잊지 못하는 화가 정우가 그림에 대한 열정을 상실해 버렸을 때, 우연히 극락암에서 비구니가 된 사랑하는 지희를 만나게 된다. 하지만 속의 세계를 버리고 승의 세계에서 수행 정진하는 지희는 그와의 인연을 받아들이지 않는다.

> 지금 정우씨와 저는 이렇게 앉아 있지만 어쩌면 이미 딴 세상에서 살고 있는지도 모릅니다. 왜 그러냐 하면 정우씨가 살고 계시는 그 세상을 버렸

---

16 권영민 또한 같은 견해를 보인다(권영민, 『한국현대문학사』 2, 민음사, 1993, 145~146쪽). "전쟁이라는 대량살상의 소용돌이에 휩싸이지 않겠다는 의지를 보이기 위해 주인공이 자기 살을 물어뜯는 행위는, 소극적이고 부분적이나마 죄악의 현실로부터 벗어나려는 자기희생이라는 점에서 만적의 소신공양과 유사한 의미를 나타내는 것이다."

17 이 중편 소설은 『중앙일보』(1968.3.9~1968.6.17)에 86회 연재되었는데, 어떤 이유에서인지 『김동리 전집』(민음사, 1995)에 빠졌다. 「극락조」는 통속적인 줄거리를 동반하고 있지만 동리의 불교소설에서 차지하는 면이 작지 않다.

읍니다. 죽어 버린 겁니다. 물론 이렇게 살아 있지요. 그렇지만 지희는 죽은 버린 거예요. 저는 두 번이나 완전히 죽은 거였습니다. 그것이 번번이 공교롭게도 살아나게 되었을 뿐입니다. 그때부터 본래의 지희는 죽어 버린 것이고, 다른 지희가 살아남아 부처님의 제자가 되었습니다. 지금의 지희의 이름은 정련이 올씨다. 이 정련이 지희와 정우씨에게 말하는 겁니다. 사랑도 인생도 무상하다고.[18]

이처럼 지희는 완강히 속의 세계를 받아들이지 않지만, 얼마 후 그녀의 심경에 변화가 찾아온다. 정우가 자신을 버리고 다른 여자와 혼인을 했다는 이야기가 거짓임을 알게 된다. 집안에서 자신을 정우에게서 떼어놓으려고 꾸몄던 것이다. 이와 함께 정우도 그간 그녀가 자신을 버렸다는 오해가 풀리게 된다. 이런 계기로 예전과 달리 속의 세계에 대한 집착 곧 정우에 대한 집착이 생기게 되면서, 지희는 번민에 휩싸이게 된다.

이미 세속과의 인연을 끊고 수행 정진하는 지희와 세속의 삶을 영위하는 정우는 분별적 관점에서 보면, 서로 맺어질 수 없는 운명이다. 이 둘의 사정을 알게 된 용봉선사는 이 둘을 가르는 분별적 관점을 타파해버린다.

연수좌의 마음이 절에 있으나 가정을 이루어있으나 부처님을 떠나지 않을 것을 믿습니다. 보살행으로써 정진할 줄 믿습니다. 부처님의 끝없으신 은혜가 연수좌를 지켜 주시고 이끌어 주실 것을 믿습니다. 제가 갈 길을 대

---

18 김동리, 「극락조」, 『중앙일보』, 1968.5.15.

신 가시는 것으로 알고 부처님께 항상 기원하겠읍니다.[19]

용봉선사의 선 사상적 관점에 따르면, 절[僧]과 가정[俗]의 차이가 없다는 것이다. 부처님을 떠나지 않는 마음과 보살행만이 중요하다고 한다. 용봉선사는 출가해 정진하는 길과 재가 수행은 발심의 정도와 업연에 따라 취택되는 것으로 본다. 『열반경』 제35권 「가섭보살품」에서 '일체의 모든 중생이 부처님과 똑같은 불성을 구족하고 있다'고 했고, 『법화경』 제1권 「방편품」에 '일체 중생이 모두 성불할 것임에 의심이 없다'고 했듯이, 승과 속은 불이(不二)다.[20] 결국, 이러한 승속일여의 선 사상적 관점에 따라 지희는 속의 세계로 돌아가 정우와 가정을 이루게 된다.

「미륵랑」은 『삼국유사』의 '미륵선화, 미시랑, 진자사' 사례를 토대로 만들어진 것으로 불교를 통해 화랑을 찾고자하는 염원이 그려져 있다.[21] 불교를 상징하는 '미륵(彌勒)'은 승의 세계를, 화랑도를 상징하는 '랑(郎)'은 속의 세계를 대변한다. 소설에서는 미륵 선화인 소년 미시랑에 의해 화랑도가 크게 흥하게 된다. 이처럼 소설은 미륵 곧 승의 세계가 현실의 화랑도 곧 속의 세계에 잘 구현될 수 있음을 보여줌으로써, 승과 속은 충돌하지 않는 일여임을 잘 보여준다. 소설 결말이 이를 뒷받침한다.

여러 스님들께서는 이로써 그 당시의 풍월도(화랑도)와 불도와의 관계를

19 김동리, 「극락조」, 『중앙일보』, 1968.6.7.
20 동국대 불교문화대학 불교 교재편찬위원회, 앞의 책, 281쪽 재인용.
21 방민화, 「화랑과 미륵신앙의 상관성 연구」, 『현대소설과 종교적 상상력』, 학고방, 2011, 241쪽.

대강 짐작하실 줄 믿습니다.

나무 아미타불, 나무 관세음보살.[22]

3) 업보로서의 윤회

십이연기는 업보(業報)[23]에 의해 윤회하는 인간 주체[假我]를 설정한다. 인간은 '거품'에 다름 아니고 비실체적이지만 업(業, karma)은 한 인간이 죽고 다음 존재에 영향을 미친다. 때문에 생전에 선업을 지을 경우 좋은 과보가 생기고, 반면에 악업을 지으면 안 좋은 과보가 생긴다. 즉, 인간이 죽으면 제8 아뢰야식에 업력이 남아 다음 생의 인간에 영향을 미치게 되는 것이다. 이에 따르면 윤회를 결정짓는 업은 철저한 '인과의 법칙'임을 알 수 있다. 이러한 업보의 윤회 사상은 「눈 오는 오후」, 「저승새」, 「호원사기」에 잘 구현되었다.

「눈 오는 오후」(1969)[24]는 윤회하여 금생에 태어난 한 소녀의 이야기이다. 경주 불국사에 수학여행을 간 여학생 윤득희가 우연히 들른 집에서 전생의 기억을 되찾게 된다. 그녀는 그 집에 한 번도 와본 적이

22 『김동리 전집』 4, 270쪽.

23 선악의 업에 의해 받는 고락의 과보. 업(Karma)은 몸 입 뜻으로 짓는 동작과 생각하는 것과 그 세력을 말한다. 신업(身業), 구업(口業), 의업(意業)의 3업이 있다. 업은 성질상으로 선업, 악업, 무기업(無記業)으로 나뉜다. 이 가운데 선업과 악업은 다음 생에 반드시 결과는 낳는다. 인간이 살아서 선업을 지으면 좋은 과보를 내고, 악업을 지으면 나쁜 과보를 내게 된다. 하지만 선하지도 악하지도 않은 무기업은 과보가 없다. 이와 더불어, 과보는 현생에 지어서 현생에 그 과보가 나타나는 순현업(順現業), 그 과보가 다음 생에 나타난 순생업(順生業), 차후생 또는 여러 생에 걸쳐 나타나는 순후업(順後業)이 있다(운허 용하, 『불교사전』, 동국역경원, 1998, 574쪽; 동국대 불교문화대학 불교교재편찬위원회, 앞의 책, 114~115쪽).

24 『김동리 전집』에는 「눈 내리는 저녁 때」로 제목이 바뀌었다.

없지만 바깥 서랑방의 위치며, 그 방에 호랑이 그림 걸려 있는 것을 알아맞힌다. 게다가 그녀는 있지도 않은 우물이 있었다고 하면서 자신의 어미가 그곳에 빠져죽었다고 한다. 나중에 그녀의 말이 다 사실로 드러난다.

> 고모님 말씀이 그래요. 지금까지 그것을 집안의 비밀로 하고 있지만, 이제 자기도 앞날이 멀지 않고 식구들도 다 흩어지고 없으니 너 하나만 잘 알고 있으라면서 ……. 사실은 고모님의 할머니니까 저의 증조할머니지요, 그분은 겨우 딸 하나만 낳고 아들이 없었는데 작은 할머니(증조할아버지) 한테서 아들이 났답니다. 그러자니까 자연히 가정불화가 잦고 구박이 심했던가봅니다. 그 증조할머니가 치마를 거꾸로 덮어 쓰고 바로 그 우물에 빠져 죽었답니다. 그러니까, 윤양이 말한 그 '어머니'란 여인이죠.[25]

이로써, 윤득희 아버지인 '나'에게 찾아와 이 이야기를 들려준 청년에게 윤득희는 죽은 고모할머니가 되는 셈이었다. 결국, 이 소설은 과거의 업을 받고 다시 이 세상에 태어난 윤득희를 통해, 아뢰야식에 전생의 습기(習氣)가 고스란히 전해진다는 것을 보여주고 있다. 우리 인간생은 업보에 의해 윤회의 수레바퀴에서 벗어나지 못한다는 것이다.

「저승새」(1977)는 업보에 의해 '저승새'로 환생한 어느 여인의 이야기다. 만허 스님이 머무는 사찰에 해마다 저승새가 나타난다. 저승새는 "오가는 현황"을 포착할 수 없으며, 35년여가 흘러도 옛날과 똑같은 크기와 빛깔 그리고 소리를 유지하는 신기한 새이다. 이 새는 만

25 『김동리 전집』 3, 414쪽.

허 스님이 세속에 있을 때 그(경술)를 사랑했지만 그와 헤어지게 된 여인 남이였다. 부모의 강권으로 다른 남자와 결혼하게 된 남이는 아들이 죽자 얼마 후 죽고 만다. 이러한 전생의 업을 가진 남이는 이후 저승새로 태어나 해마다 만허 스님(경술)을 찾아온다. 소설 말미에서 저승새는 다시는 나타나지 않는다. 소설 도입부에서 드러났듯이, 만허는 사랑하는 남이를 따라 죽었기 때문이다.[26]

> 오, 가엾은 것 ……. 이제 나도 따라가야지.[27]

스님 만허의 관점에서는 죽음은 곧 무(無)가 아니다. 죽음은 현생의 껍질을 벗고 다음 생으로 가는 '통과제의'일 뿐이다. 그는 업보에 의해 무궁무진한 우주를 무한하게 윤회하는 우리 인간의 실상을 잘 알고 있음은 물론이다. 그는 금생에서 수행 정진한 만큼 업보에서 벗어나 또 다른 윤회의 삶을 영위하게 된다.

「호원사기」는 『삼국유사』의 「김현감호」를 소설화한 것[28]으로 한 여인이 사랑하는 남자를 위한 자신의 목숨을 바치면서 사찰이나 탑을 세워달라는 마지막 소원을 남기는 이야기다. 김현과 호임은 탑돌이에서 운명적으로 만나 첫날밤을 보낸다. 하지만 김현이 반란을 일으키는 호임의 오빠들에게 목숨을 위협 당하자, 호임은 자신을 희생

---

26 조남현은 만허 스님이 저승새를 남이의 현신으로만 보지 않는다고 파악한다. 이 소설이 불교설화의 중심적 구조에서처럼 '득도과정'을 그린 것으로 볼 때, 저승새를 부처님(보살)의 화현으로 볼 수 있다는 것이다(조남현, 「저승새와 보살행화 설화」, 박상률 편, 『불교문학평론선』, 민족사, 1990, 299~317쪽).

27 김동리, 『김동리 전집』 4, 24쪽.

28 방민화, 「감통의 세계와 욕망적 담론에 나타난 희생제의」, 앞의 책, 239쪽.

하기로 결심한다. 이로써 호임은 살생을 줄이고 또 오빠를 살리길 바란다. 그녀는 현에게 마지막으로 이렇게 소원을 말한다.

> 낭군께서 그렇게 이 몸을 잊지 못하시거든 부디 절을 하나 세워주시기를, 절이 안 되면 조그만 탑이라도 하나 세워주기를. 이 몸의 소원은 그것뿐인 것을.[29]

이렇게 해서 김현은 목숨을 구하고 또 나라의 관직과 이백 냥의 상금을 타게 된다. 그는 호임의 소원대로 서천가 수풀 속에 호원사(虎願寺)를 세운다. 매달 호원사를 찾아 호임의 명복을 빌던 김현은 결국 중이 되어 호원사에서 들어앉게 된다. 이처럼, 소설에서는 호임이 죽지만 연기처럼 사라지지 않고 현실의 업보에 의해 윤회한다는 것을 '탑'과 '절'이라는 불교적 건축물을 통해 상징적으로 보여주고 있다. 때문에 김현은 호원사에 윤회하는 호임에 대한 믿음에 근거해 그녀의 명복을 빌어 주었고 결국 윤회하는 그녀와 함께 하고자 스님이 된다. 이 소설은 한 인간이 죽어서 현실 세계와 작별을 고하지만 이후 현상계 너머, 윤회의 세계를 부유한다는 불교의 업보의 윤회관을 잘 보여준다.

29 『김동리 전집』 4, 327쪽.

2. 사회 · 역사의식과 보살 사상의 회통 – 조정래의 『대장경』

1) 사회 · 역사의식 반영으로서의 불교

조정래는 법사의 둘째 아들로 태어나 가정 환경적으로 불교에 친연성이 매우 강했다. 한국 불교의 전통에 따르면 승려가 가정을 갖는 것이 용납될 수 없었지만, 조정래의 아버지는 일본 군국주의 시절 일본 불교의 영향에 따라 대처승이 됨으로써 조정래를 아들로 둘 수 있었다. 조정래의 아버지는 사찰(순천 선암사)에서 태어난 아들이 고등학생 때 출가해 승려가 되길 바랐다. 실제로 아버지는 조정래의 의사와는 상관없이 단독으로 그를 조계사 승적(조계사 승적 168호)에 올리기까지 했다. 하지만 조정래는 승려의 길 대신에 문학의 길을 선택했다.[30]

조정래는 28세이던 1970년에 『현대문학』에서 「누명」, 「선생님 기행」이 추천되어 문단에 나왔다. 그는 1974년 『문학사상』에 '나는 빅토르 위고 같은 작가가 되고 싶다. 왜냐하면 사회 · 역사의식을 문학성과 가장 조화롭게 형상화한 모범이기 때문이다'라고 밝혔듯이, 일관되게 사회 · 역사적인 작품을 발표해왔다. 미국과 미군에 대한 질문을 던진 「누명」, 교육계 비리를 밝힌 「선생님 기행」, 여공의 비참한 삶을 다룬 「동맥」, 월남전을 비판한 「청산댁」, 이데올로기에 의해 일생을 망친 한 남자의 생을 그린 「유형의 땅」, 인간의 졸부 근성을 다룬 「허깨비 춤」, 고급 아파트촌의 행태와 소시민을 대비시킨 「이

30 조정래, 『황홀한 글 감옥 – 조정래 작가 생활 사십년 자전 에세이』, 시사인북, 2009, 174~179쪽.

방지대』 등이 있다. 이와 함께 한민족 근현대사를 다룬 대하소설 『태백산맥』, 『아리랑』, 『한강』이 있다.[31] 또한, 최근작으로 대기업과 권력자의 비리를 파헤친 『허수아비 춤』(2010)이 있다.

그의 창작 정신은 사회의식과 역사의식[32]에 기반하고 있다. 대표적으로 『불놀이』, 『태백산맥』은 원한의 이념소로서의 작용 과정을 잘 보여주는 이데올로기 소설인데,[33] 『태맥산맥』의 경우 '땅' 곧 토대를 문제 삼는 역사의식이 잘 구현되었다.[34] 그는 사회 · 역사의식에 대해 이렇게 말한다.

> 저에게 사회의식과 역사의식은 단계적 · 발전적으로 생성된 것이 아닙니다. 그것은 대학생 때 문학에 대한 고민을 하며 '어떻게'보다는 '무엇을' 제 문학의 방향으로 정했을 때 이미 한 몸으로 태어난 것이었습니다. 왜냐하면 문학의 소재로 다루어야 할 사회 문제는 곧 역사적인 것일 수밖에 없고, 역사 문제는 역시 사회적인 것일 수밖에 없기 때문입니다. 그 두 가지는 불

---

31 위의 책, 187~188쪽.

32 불교의 '역사의식'은 불교의 역사관인 '삼시론'에 미륵(彌勒) 사상이 결합되어 나타난다. 불교의 역사관인 삼시론은 부처가 열반한 뒤 그의 가르침이 유행하는 시대를 정법시(正法時), 상법시(像法時), 말법시(末法時) 3단계로 나눈다. 정법시는 가르침과 수행과 깨달음의 3법이 완전한 불교의 황금시대, 상법시는 가르침과 수행이 형식적으로 남아있고 또 깨달음이 없는 형식적인 불교시대, 말법시는 가르침만 있고 수행과 깨달음이 없는 불법의 멸망 시대를 말한다. 이 세 시대가 지나면 가르침까지 없어지는 시기인 말법시대가 된다(고영섭, 「불교의 말법론」, 『민족과문화』, 한양대 민족학연구소, 1999, 37~57쪽). 미륵불은 인간 생활이 위태로워지는 말법 시대에 나타나, "세 차례에 걸쳐 모든 사람들을 구제하고, 대중을 인솔해서 영취산에 올라가 대가섭을 만나고, 불의 가사를 받아 몸을 공중에 날려 신변(神變)을 나타내고는 열반에 들어간다"고 한다(장병길, 『한국종교와 종교학』, 청년사, 2003, 550쪽). 이처럼, 불교는 부조리한 당대 현실 곧 말법시대의 민중을 구제하는 미륵이 출현해 '정토(淨土, 천년왕국)'가 건설된다는 메시아적인 '역사의식'을 견지하고 있다.

33 조남현, 『소설신론』, 서울대 출판부, 2004, 217쪽.

34 김윤식 · 정호웅, 앞의 책, 449쪽.

가분의 관계를 가진 일란성 쌍생아와 같습니다.[35]

이러한 그에게 종교(불교)는 남다른 의미를 갖는다. 다음 글에서처럼, 그는 불교와 문학을 별개의 것으로 보지 않고 오히려 불교를 문학의 전범이라고 본다. 그는 문학은 "그분들(신)처럼 인생을 올바르게 사는 방법, 인생이 무엇일까 탐구하는 것"이라고 파악하고 있다. 더 나아가 40여 년 자신이 이루어놓은 문학이 "부처님의 말씀처럼 '성음'으로 남기를 갈망"하고 있다. 두 인용문의 "처럼"에서 보듯이, 불교를 문학이 좇아야 할 지표로 보고 있음을 확인할 수 있다.

저는 장편소설을 불교이야기로 시작해서 인생의 마지막 작품도 불교 이야기로 끝내고자 합니다. 부처님의 가피로 이 땅에 온 은혜 갚음이 아닐까 생각하는 것이죠.

부처님 오신 게 2,500년 됐습니다. 예수님이 온 게 2,000년 됐습니다. 그런데 왜 그 긴 세월 동안 종교들이 계속 필요한 것인가? 그 이유를 아십니까? 분명한 이유가 있습니다. 석가모니 부처님은, 예수는 한번 깨달으면 그 깨달음을 어떠한 나쁜 조건이 오거나 어떠한 유혹이 오거나 해도 흔들림 없이 간직합니다. '항심'이라고 합니다. 변하지 않는 마음, 그런데 우리 중생들은 믿음이 약해서 부처님 앞에서 기도할 때는 탐욕을 버려야지, 좋은 일하고 살아야지 하다가 기도 끝나고 작심삼일도 아니고 작심 3초, 법당 딱 나가면 또 딴 짓하고 욕심 부리지요. 그래서 끝없이 기도하게 하기 위하여 절이 필요하고 교회가 필요하고 죄 많은 중생들은 무릎 꿇고 기도하는 것입니다.

35 조정래, 앞의 책, 187쪽.

앞으로도 우리 인류가 있는 한 종교는 계속될 것입니다. 그분들의 말씀들은 성음으로 남을 것입니다. 그분들처럼 인생을 올바르게 사는 방법, 인생이 무엇일까 탐구하는 것이 문학입니다. 신만이 할 수 있는 일을 인간으로서 중생으로서 그들을 담고자 하는 역할을 하는 이들이 문학인인데, 그들이 죽으면 어디 간다? 지옥 간다. (웃음) 감히 그것을 범접하려고 했으니까 지옥 가는 것은 따 논 당상입니다. 좋은 일을 하면서도 그 좋은 일이 문학으로 해야 하는 것이고, 그것이 부처님 말씀처럼 성음으로 남기를 갈망하면서 오늘까지 40년을 살아왔습니다.[36]

이 같은 불교 지향의 그의 문학관은 현실 도피와 개인의 내면에 침잠하는 문학과는 거리를 두게 된다. 대신, 사회・역사의식의 반영으로서의 문학 정신과 조우하게 된다. 결론적으로 볼 때, 그의 사회・역사의식의 소설은 굴곡진 우리 근현대사에 비추어 볼 때 그 의의가 크다. 그의 소설은 일제의 국권 침탈, 좌우 이데올로기의 대결 및 6・25전쟁, 군사 독재 정권의 민주주의 압살, 압축적 근대화・산업화로 인해 소득 양극화 현상 등으로 얼룩진 우리의 과거를 올바르게 조망할 수 있게 한다. 또한, 이를 통해 당대 현실을 보다 객관적으로 바라볼 수 있는 시야를 제공한다.

36 조정래, 「소설가 조정래 문학과 삶 강연 전문」, 불교닷컴(http://www.bulkyo21.com), 2010. 12.8. 이 글은 2010년 12월 7일 조계사 대법당에서 불교미래사회포럼이 주최한 조정래의 '문학과 삶' 강연을 기사화한 것이다(인용문의 "신만이 할 수 있는 일을 인간으로서 중생으로서 그들을 담고자 하는 역할을 하는 이들이 문학인인데"에서 "담고자"는 '닮고자'의 오기로 보인다).

2) 상구보리 하화중생의 구현자, 수기 대사

조정래는 1976년에 최초로 장편 불교소설『대장경』[37]을 썼다. 여기에서도 어김없이 사회・역사의식을 엿볼 수 있다. 소설에서는 사회・역사의식이 '위로는 붓다의 깨달음을 추구하고 아래로는 중생을 교화한다[上求菩提 下化衆生]'라는 보살 사상으로 형상화되었다. 이는 수기대사의 무인정권에 대한 비판과 수기대사로 대변되는 호국불교에서 엿볼 수 있다.

먼저, 수기대사의 무인정권에 대한 비판에 대해 살펴보자. 조정이 몽고의 침입으로 인해 강화도로 천도했을 때, 정치는 교정별감 최우가 장악하고 있었다. 당시 최우는 정책적으로 선종을 세력 확장에 이용했다. 수기대사의 교종이 중생제도에 많은 관심을 가진 것과 달리 선종은 오로지 자신의 해탈에만 진력했다. 이미 백성들에게 많은 영향력을 끼치고 있는 교종은 최우의 정치권력에 비우호적이었다. 때문에 최우는 교종에 맞서는 선종을 밀어주고 교종에는 압박을 가했다.

---

37 이동하의「조정래의『대장경』에 대하여」에서는 소설『대장경』이 1976년에 발표되었다고 명시되었다(이동하,『한국 현대소설과 종교의 관련 양상』, 푸른사상, 2005, 233쪽). 김령의「한국 근・현대소설에 수용된 불교 사상 연구」(동덕여대 박사논문, 2007)에서는 소설『대장경』이 1980년에 발표되었다고 하는데, 이는 착오로 보인다.
참고로, 소설에서는 팔만대장경이 강화도 선원사에서 모두 제작된 것으로 형상화되고 있지만 최근 학계에서는 이를 부정하는 주장이 설득력을 얻고 있다. 경판나무가 자작나무로 제작되었다는 통설이 오류임을 목재 분석을 통해 지적한 목재조직학 학자 박상진은 다음 세 가지를 들어 팔만대장경이 해인사와 그 인근에서 제작되었다고 주장한다(박상진,『나무에 새겨진 팔만대장경의 비밀』, 김영사, 2007, 180~182쪽). 첫째, 경판 나무가 대부분이 산벗나무, 돌배나무인데 경판에 일부 포함된 후박나무 등은 남쪽에서 주로 자라며, 또한 전쟁 상황에서 볼 때 남해안에서 나무를 베어 초벌 경판을 만들어 해인사 및 인근으로 운송하는 게 용이하다는 점. 둘째, 경판에 일부 포함된 거제수 나무는 해인사에서 흔히 발견되는 나무라는 점. 셋째, 대장경이 강화도에서 해인사로 옮겼을 때 경판에 생기는 마모 흔적을 전혀 발견할 수 없다는 점.

이런 최우가 교종의 수기대사와 손을 잡고자 한다. 그 이유는 대장경 판각을 위해서는 교종의 도움이 절대적으로 필요하기 때문이다. 최우는 몽고군이 대장경을 불태움으로써 거란병을 물리치게 한 대장경의 법력을 없애게 한 것으로 믿고 있다. 이러한 최우에 대해 수기 대사는 다음 네 가지 죄목을 말함으로써 그에 대한 신랄한 비판을 가한다.

> 대감은 지금 네 가지 대죄를 짓고 있습니다. 첫째 불사를 빙자하여 패전의 책임을 은폐함과 동시에 권력을 존속시키려 함으로써 상감과 사직에 죄를 범했고, 둘째 상감의 흉중에 자리 잡고 있는 괴로움을 이용하여 판각 불사의 필요성을 거짓 고함으로써 상감을 우롱한 죄를 범했으며, 셋째 전란을 겪느라 사경을 헤매고 있는 백성들에게 불필요한 노동과 과세를 강요하게 되어 생활을 도탄에 빠지게 하는 죄를 범하게 되고, 넷째 부처님의 가르침을 오도함으로써 신성한 불법을 더럽히고 중생들로 하여금 부처님을 경원케하는 죄를 범하게 된 것입니다. 이렇듯 수단으로 이용되는 불사를 내 어찌 찬성할 수 있으며 참예할 수 있단 말이오.[38]

수기대사는 무인정권에 야합하기를 거부할 뿐만 아니라 그 행위를 '죄'라 규정하여 비판하는 것을 서슴지 않는다. 이렇듯 수기대사와 실질적인 무인정권 최고 권력자와 교종 사이에는 접점을 찾아볼 수 없다. 불의한 무인의 지배 정권의 행태를 매섭게 비판하는 수기대사를 통해, 불교의 중생구제와 현실참여의 지향[下化衆生]을 잘 드러내었다. 무인 정권은 불사를 내세워 대장경 판각에 백성을 동원하면서

38 조정래, 『대장경』, 해냄, 1999, 92쪽.

불교를 정치에 이용하고자 한다. 이에 반해 수기대사는 본래 대승불교의 이념인 하화중생(下化衆生)을 올곧게 지켜나간다.[39]

다음, 수기 대사로 대변되는 호국불교에 대해 살펴보자. 애초에 그는 중생 구제의 대승불교의 정신에서 대장경 판각에 반대한다. 최우에게 그랬듯이 상감 고종에게도 대장경 판각을 반대하는 직언을 아끼지 않는다. 그는 "상감마마, 부처님께서는 중생을 설법으로 제도하시는 것이며 국왕께오서는 백성을 의식주로 이끄시는 것이옵니다. (…중략…) 백성들의 육체적 제도가 미흡한 상태에서 어찌 정신적 제도가 제대로 이루어질 수 있겠나이까. 지금 시급한 것은 튼튼한 육체적 제도이옵니다"[40]라고 말하다. 그는 대장경 판각 자체를 반대한 게 아니라 시기상조임을 강하게 역설한다. 이런 그는 자신이 빠지더라도 대장경 판각은 진행될 것이 분명한 현실을 맞닥뜨리게 된다. 만약 그렇게 될 경우, 대장경 제작이 허술해질 것을 염려하게 된다. 따라서 그는 현실을 받아들이기로 한다. 다만 그는 절대로 관권을 이용해 강제적으로 백성을 동원하지 않기로 하고 또, 백성들이 자발적으로 불심에 의해 시주하는 마음으로 일을 할 수 있도록 했다. 결국, 그가 대장도감을 맡고 주도적으로 일을 추진하게 된 대장경 판각의 정신은 이규보가 쓴 '대장경(大藏經) 판각(板刻) 군신기고문(君臣祈告文)'에 잘 드러나 있다.

---

39 정호웅은 소설에 등장하는 도적 두령을 주목하고, 그의 현실 비판을 주제 의식으로 본다(정호웅, 『한국의 역사소설』, 역락, 2006, 234~235쪽).
"도적 두령의 입을 빌어 "돈 많고 세도 있는 놈들이야 의당 천한 목숨 짓밟고 사는 종자들이라 치더라도 어찌 부처님을 모신다는 중놈까지 우리 같은 목숨을 업신여길 수 있단 말이냐!"(182쪽)라고 직접적으로 비판되기도 하는 부패한 권력과 그 권력에 빌붙은 타락한 지식인에 대한 부정의식이 이 작품을 이끄는 또 하나의 주제이다."

40 조정래, 앞의 책, 1999, 94쪽.

> 저희들의 오늘날 정성이 그때 군신들의 정성에 조금도 모자람이 없사오니, 바라옵건대 모든 부처님과 성현과 삼십삼천께서 저희들의 지극한 소원을 살피시고 신통한 묘력(妙力)를 내리시사, 저 모진 오랑캐로 하여금 더러운 발꿈치를 돌려 멀리 달아나게 하시고, 다시는 우리 국경을 침범치 못하게 하여지이다.
>
> 그리하여 전쟁이 쉬어 온 나라가 화평하고 모후(母后)와 태자의 수명이 길며, 나라의 운(運)이 길이 만세에 태평케 하시고 불법을 밖으로 두호하오며, 부처님 은혜에 조금치라도 보답하여 하나이다. 저희들의 간절한 소원을 굽어살피시옵소서.[41]

위에서 보듯이 대장경 판각에는 호국불교 신앙이 잘 드러나 있다. 호국(불교) 신앙은 "우리나라 불교의 일관된 신앙으로 숭신(崇信)으로 호국한다는 사상"이다. 이는 불교를 숭상하고 굳게 믿음으로써 국가와 민족의 번영을 기원하는 현세 기복적인 신앙이다.[42] 위의 글에서는 "저 모진 오랑캐(몽고)"가 이 땅을 떠나가 다시금 우리나라를 침범하지 않고 또 나라의 운이 만세에 태평하길 기원하고 있다. 따라서 대장경 판각에는 한국 불교의 특징인 호국 불교가 잘 나타나 있다.

사실, 호국불교는 불교경전에서 그 근거를 찾아볼 수 있다. 호국불교를 찾아볼 수 있는 경전으로는 『인왕반야바라밀경』, 『금광명경』, 『법화경』이 대표적인데, 『인왕반야바라밀경』을 살펴보면 다음과 같다.

---

41 위의 책, 161～162쪽.

42 이은수, 「한국호국불교의 성격 연구」, 동국대 석사논문, 2012, 5쪽.

① 백 개의 불상, 백 개의 보살상, 백 개의 나한상과 백 명의 비구중, 사대중, 칠중 즉 비구니, 우바새, 우바이를 포함한 사대중과 거기에다 사미, 사미니, 식차마나를 더한 칠중을 청해다가 같이 이 경을 들으라. 백 명의 법사가 고좌에 앉아 사자후하는 그 앞에 백 개의 등을 켜고, 백가지 향을 태우고, 백 가지 빛깔의 꽃을 뿌려 삼보를 공양하는데 쓰고, 삼의와 기타의 십물(什物)을 가지고 법사에게 공양하라. 소반 중식도 역시 때에 따라 바치라. 그리고 대왕들은 하루에 두 번 이 경을 강 독하라. 그대들 국토 안에는 백부의 귀신이 있고, 그 각부마다 또 백부가 있다. 이 경을 즐겨들으면 이 귀신들이 그대들의 국토를 지키리라.[43]

② 대왕들이여, 이 반야바라밀은 제불보살과 일체중생의 심식의 신비로운 근본이다. 일체국왕의 부모이다. 또 신비로운 부호(符號)라고도 할 수 있다. 악귀를 쫓아내는 구슬이라고도 할 수 있다. 여의주라고도 호국주라고도 천지의 거울이라고도 또 용의 보패인 신왕(神王)이라고도 할 수 있다.[44]

①에서처럼 『인왕반야바라밀경』을 즐겨 들으면, 국토 안에 있는 백부의 귀신들이 국토를 지킨다고 하고 있다. 또한 ②에서는 국왕이 반야바라밀에 의지해 국정 운영을 잘 할 수 있고, 또 호국을 할 수 있음을 보여주고 있다. 이러한 『인왕반야바라밀경』이 수기대사로 대변되는 고려시대의 호국 불교의 근거가 되고 있다. 수기대사는 백성의 삶과 국가의 현실을 외면하고 자신만의 해탈을 추구하는 선종과

43 『대장경』 권8, 830쪽(위의 글, 12쪽 재인용).
44 『대장경』 권8, 832쪽(위의 글, 같은 쪽 재인용).

달리, 위로는 깨달음을 추구하고 '밑으로는 현실에 참여하고자하는 중생구제[下化衆生]의 보살 정신'을 몸으로 잘 구현하고 있다. 이러한 중생구제 정신이 곧바로 위기에 처한 국가를 구하고자하는 호국불교로 승화되었다.

이상, 조정래의 『대장경』은 보살 사상의 상구보리 하화중생에 입각해, 당대 무인 집권에 대한 비판과 함께 전란 극복과 민생 안정에 대한 의지가 집약되어 있음을 확인할 수 있다. 이러한 당대 현실에 대한 적극적인 개입은 곧 조정래의 일관된 창작정신인 사회・역사의식의 반영에 다름 아니다. 결국, 조정래는 『대장경』을 통해 사회・역사의식과 보살 사상의 회통을 잘 보여주었다.

3. 분별을 넘어서는 선(禪)－김성동의 『만다라』

1) 무승적 불교 수행자의 민중불교 지향

김성동은 승적을 갖지 않은 채로 스승에게 '무자화두(無字話頭)'[45]를

45 『대혜어록』에 다음과 같이 조주(趙州)의 무자공안(無子公案)이 소개되어 있다.
"생(生, 번뇌 망념이 일어남)이 어디에서 왔는지 알지 못하고, 사(死, 일어난 번뇌 망념이 없어짐)는 어디로 가는지 알지 못하는 그 마음을 의심하여 잊지 않으면 즉 이것은 생사 망념이 교차하는 것이다. 생사 망념이 교차하는 그곳에서 이 화두(話頭)를 간(看)하도록 하라. 어떤 스님이 조주화상에게 "개도 불성이 있습니까?"라고 질문하자, 조주스님이 "無!"라고 말한 화두를."(『대정장』 47, 911a쪽. 정성본, 『간화선의 이론과 실제』, 동국대 출판부, 2005, 245쪽에서 재인용)

받고 참선 수행을 한 경력을 가진 작가이다. 그는 젊은 시절 방황 끝에 입산하여 지효대선사의 상좌가 된 뒤, 그 스님을 모시면서 참선 수행을 했다. 3년이라는 시한을 정해 선 수행을 했지만 6년여 흘러도 별다른 '소득'을 얻지 못했다. 이때, 그에게 찾아온 것은 자신의 능력에 대한 회의와 불교계 조직의 모순과 비리에 대한 분노였다. 이로부터 그는 삼일수하(三日樹下)의 객승(客僧)으로 전전하기 시작하던 중 1874년 『주간종교』에 불교소설 「목탁조(木鐸鳥)」가 당선되면서 등단한다. 하지만 이 소설이 불교계를 비방했다는 빌미로 그는 불교계로부터 '무승적 제적'을 당한다. 이후, 1978년에 중편 「만다라(曼陀羅)」로 『한국문학』 신인상을 받았고 이듬해 이 작품을 장편으로 개작 출간했다.[46]

그는 기본적으로 불교를 두 개의 흐름으로 나누어본다. 지배체제를 옹호하는 '호권(護權) 불교' 곧 체제 불교와 더러운 현실의 사바세계를 뒤바꿔서 정토를 만들자는 미륵불교, 혁명 불교(민중 불교)로 본다.[47] 이 가운데 그는 후사를 지지하는 입장을 가지고 있다. 이에 대해 그는 다음과 같이 말한다.

상구보리(上求菩提) 하화중생(下化衆生)이 아니라 좌구보리(左求菩提) 우

현재, 한국 불교에서 많이 쓰이는 '이뭣고' 화두는 근대에 처음 주장된 것이며 중국, 일본 등 다른 나라에서 화두로 쓰인 예를 찾아볼 수 없다. '이뭣고'는 한자로 '시심마(是甚麽)'라고 하는데, 『오등회원』 3권 백장회해장에 이렇게 소개되었다(정성본, 같은 책, 291쪽).
"백장선사 어느 날 설법을 마치고 대중이 모두 법당에서 내려가자, 백장선사는 대중을 불렀다. 대중이 모두 고개를 돌리자, 백장선사는 "이것이 무엇인고(是甚麽)?"라고 말했다.
사실, 번뇌 망념이 일어나지 않는다면 그 자체로 부처이지만 우리 인간은 다생에 걸쳐 습기로 인해 시시각각 번뇌 망념에 사로잡힌다. 때문에 화두라는 임시방편으로 의식이 산란하지 않도록 하는 것이다."(정성본, 같은 책, 216~217쪽).

46 김성동, 「작가연보」, 『미륵의 세상 꿈의 나라』, 민족사, 1993, 245~257쪽.

47 위의 책, 21쪽.

화중생(右化衆生)이 맞는 말이야. 먼저 깨달음을 얻은 다음에 중생을 제도하겠다고 평생을 벽만 바라보고 앉아 있는 동안 중생들은 다 지쳐서 죽구 말거야. 이것이 어찌 또 비구들한테만 국한되는 말일까 마는, 그만큼 중생들은 목말라하고 있다는 말이지. 진실로 걸출한 스님네들의 사자후를 기다리고 있다는 말이야.

많은 사람들이 불교를 잘못 알고 있는데 사실은 가장 치열한 현실의 종교가 불교야. 다른 데가 아닌 지금 이곳에서 모든 것이 이루어져야 한다는 것이거든. 지금 우리가 살고 있는 세계는 예토, 곧 더러운 땅임이 틀림없지만 이 예토를 여의고는 어디서도 정토, 곧 깨끗한 땅을 찾을 근거가 없다고 보는 거야. 이른바 깨달음을 얻은 사람들끼리만 죽은 뒤에 가서 태어나는 극락세계라는 것이 저 우주 공간의 허공 중 어디에 있는 것이 아니라, 깨달음을 얻고 나서도 지금 이곳에서 살 수밖에 없다는 거지, 그러므로 이 예토를 그대로 뒤집어서 정토로 만들어야 된다는 미륵 사상이라고 하는 혁명적인 불교 사상이 나오게 되는 거야.[48]

이처럼 그가 민중불교(미륵불교)에 경도하게 된 것은 『만다라』를 발표한 1970년대의 시대적 상황과 밀접하게 관련되어 있다. 그 당시는 독재 정권에 대한 격렬한 민주화 투쟁과 함께 급격한 산업화 과정에서 발생한 노동자의 인권 문제가 대두되었다. 이때 불교계에서는 현실참여적인 운동이 생겨났는데, 이에 대해서는 다음의 글을 보자.

70년 초에는 노동자 전태일의 분신 사건이 있었으며, 1974년에는 민청학

48 위의 책, 35~36쪽.

련의 '민족 · 민주 · 민중선언'이 발표되면서 민중에 대한 관심과 개념이 널리 유포되었다. 이에 따라 1975년에는 긴급조치 9호가 발동되면서 대불련(한국대학생불교연합회)의 화랑(花郎)대회가 무산되기도 했다. 이러한 '민중'에 대한 관심과 개념의 확산, 그리고 정치적 폭압으로 인한 종교 행사의 저지는 대불련 학생들의 의식을 각성시키는 계기가 되었으며 기성불교에 대한 반성과 함께 민중들의 인간해방을 위한 불교로서 '민중불교'라는 개념을 도입하게 된다. 마침내 1976년 전주 송광사에서 열린 대불련 제4차 화랑대회에서 전재성의 '민중불교론'으로 구체화된다. 전재성의 민중불교론은 "민중불교 운동의 결론은 민중자체에 있으며 민중에 의한 불교의 신생이 이루어져야 한다, 이를 망각할 때 종교운동은 실패할 수밖에 없다"고 주장함으로써, 봉건적인 제도에 안주하는 불교계에 강한 비판을 가했다.[49]

이와 함께 김성동이 민중불교에 경도하게 된 원인으로 사회주의자 아버지를 지적할 수 있다. 그의 아비지는 6 · 25 때 처형당했는데, 훗날 이 일로 인해 김성동은 가출과 출가를 하게 되었다. 그는 승적이 없는 이유로 "무슨무슨 증명서 따위를 제출해야 된다는 것이 번거롭고 또 깨달음을 얻기 위한 공부에 무슨 증명서 따위가 필요한가라는 생각"[50]을 했다고 한다. 연좌제로 인해 사회에서 정상인으로서의 삶이 불가능했던 그는 기성 불교 제도권에서조차 증명서(주민등록등본)를 통해 '빨갱이 자식'이라는 낙인을 피할 수 없었다. 때문에 그는 증

49 일문, 「80년대 민중불교운동에 대한 고찰」, 『석림』, 동국대 석림회, 1991, 216~217쪽. '민중불교론'은 1975년 4~5월, 개운사의 민중불교회에서 파생되었다. 민중불교회는 고은, 황석영, 여익구, 고준환, 전재성, 최연 등이 민중불교에 대한 토론하던 그룹으로, 여기에서 검토된 민중불교론이 1년 후 대불련 대회에서 공개되었다(김광식, 앞의 책, 166~167쪽).

50 김성동, 앞의 책, 1993, 252쪽.

명서를 요구하는 기성 불교를 거부했다. 이런 그에게 '정상적인 삶'을 지탱할 수 있게 한 것이 기성 불교를 부정하는 민중불교였다.

2) '병 속의 새'를 꺼내는 방법으로서의 선(禪)

『만다라(曼陀羅)』[51]는 작중화자 법운과 지산의 만남으로 시작된다. 법운이 만행을 하다가 우연히 들른 벽운사에서 조우한 지산은 충격 그 자체였다. 지산은 술에 취한 채로 술잔이 부처로 보인다면서, 자신이 찾는 부처는 술잔에 있다고 말한다. 법운은 지산의 말을 용서할 수 없는 독성(瀆聖)으로 여기고 참회진언을 외운다.

사실, 풀리지 않는 화두를 들고 떠도는 법운은 작가 김성동에 다름 아니다. 법운의 마르크시스트 아버지는 6·25가 터지면서 다른 좌익들과 함께 처형됐는데, 법운은 이 사실을 알면서 받은 충격으로 인해 출가하게 된다. 이와 같은 가족사와 출가 동기는 작가 김성동의 그것과 같다.[52] 법운의 직접적인 출가 동기는 다음처럼 지암 스님과의 대화에서 드러난다.

---

51 산스크리트어 maṇḍala의 음사로, '본질(maṇḍa)을 소유(la)한 것'을 뜻한다. 불·보살을 모시고 예배하는 곳[壇, 道場]과 더불어 수레바퀴처럼 원만하게 다 갖춤[輪圓具足]을 뜻한다. 밀교에서는 주로 후자를 취한다(운허 용하, 앞의 책, 201쪽).
참고로, 이 작품이 발표되던 1979년에는 이문열의 기독교 계열 소설 『사람의 아들』(민음사, 1979)이 출간되었다. 『만다라』와 『사람의 아들』은 여러 가지 유사성을 가지고 있는데, 기성 종교에 비판적인 구도소설이라는 점과 중편에서 장편으로 개작한 점, 소설 속에서 '노트'가 서사 진행의 장치가 된다는 점을 들 수 있다. 여기에다 이 두 소설 작가의 아버지가 사회주의자라는 점도 고려할 수 있다. 1970년대 말 시대 상황과 관련해 종교 소설로서 두 작품을 면밀히 비교 분석할 필요가 있다.

52 김성동의 민중 불교적 성향은 『만다라』에 산재한 사회현실과 제도권 불교 비판에서 찾아볼 수 있지만, 『만다라』를 관통하는 주제의식은 선 사상에 있다.

문제는 죽음, 바로 그 자체이니까요. 왜 인간은 죽어야하는가? 그것도 자의가 철저히 배제된 상태에서. 아니, 자의 따윈 발도 못 붙일 냉혹한 타의로써. 인간이란 결국 죽는 것이지요. 그런데 이 죽는다는 명백한 형상을 저는 승복할 수가 없는 것입니다. 어쩔 수 없는 숙명이라고 체념하고 무력하게 죽음을 맞이해야 하는 것이라면 너무 허망하고 슬픈 게 인간이란 존재가 아닐까요? 이 문제를 해결하지 못하는 이상 세상의 어떤 학문이나 부귀나 명예도 무의미하다는 생각에요. 이것이 저를 번민케 하는 원흉인 거예요.[53]

이에 대해 지암 스님은 그 문제는 세간의 공부로써는 해결할 수 없고, "출세간의 공부"를 해야 풀 수 있다고 말한다. 이와 더불어 법운에게 수수께끼 같은 '화두'를 던져준다.

여기 입구는 좁지만 안으로 들어갈수록 깊고 넓어지는 병이 있다. 조그만 새 한 마리를 집어넣고 키웠지. 이제 그만 새를 꺼내야겠는데 그동안 커서 나오질 않는구먼……. 병을 깨뜨리지 않고는 도저히 꺼낼 재간이 없어. 그러나 병을 깨선 안 돼. 새를 다치게 해서두 물론 안 되구. 자, 어떻게 하면 새를 꺼낼 수 있을까?[54]

---

53 김성동, 『만다라』, 한국문학사, 1979, 25쪽. 이처럼 '죽음에 대한 번민'이 소설 『만다라』의 중요한 추동 장치로 볼 수 있는데, 이에 대해서는 다음과 같은 분석이 가능하다(김윤식·정호웅, 앞의 책, 424~425쪽).
"죽음을 생각한다는 것은 단순한 절망이 아니라 그리움과 갈증의 치열성, 깊이를 더욱 뚜렷하게 부각시키는 메타포이다. 뿐만 아니라 이들 작품 전체가 메타포이다. 시적 메타포가 묻혀버린 지난 역사와 그것의 현재적 의미를 응축적으로 담아내고 있는 것이다. 그것은 시적이지만 산문적인 데로 열려있는 성격의 것이다. 시적인 데 멈춘 것은 우리 사회의 금기와 단번에 핵심을 드러내고자 하는 젊고 순수한 열정 때문일 것이다. 1980년대 소설계를 빛낸 이문열의 『영웅시대』, 김원일의 『겨울 골짜기』, 조정래의 『태백산맥』은 이 같은 메타포의 산문화이다. 그러나 금기는 풀려도 김성동은 여전히 시적 메타포의 세계에서 벗어나지 못한 것으로 보이는데, 우리가 찾아내지 못한 다른 요인이 있는지도 모른다."

54 김성동, 앞의 책, 1979, 26쪽.

여기서 말하는 "입구가 좁은 병"과 "새 한 마리"가 뜻하는 바는 매우 중요하다. 유식[55]의 관점에서 볼 때 "입구가 좁은 병"은 제8식 아뢰야식이고, 병을 깨뜨리지 않고 꺼낸 "새 한 마리"는 해탈 곧 깨달음이다. 해탈은 곧 인간이 윤회를 되풀이 하는 동안 업이 유전되는 제8식 아뢰야식을 탈피하는 것으로 볼 수 있다. 문제는 병을 깨뜨리지 않고 새를 꺼내야 할 정도로 해탈의 과제는 지난하다는 것이다.

지암 스님은 병 속의 새를 꺼내는 최선의 방법은 선이라고 역설한다. 그는 인간은 누구나 평등하며 누구나 내면에 불성을 갖추고 있으며, 부처는 신이 아니라 인간이며 다만 진리를 깨달은 각자(覺者)라고 본다. 그런데 무명에 갇힌 인간은 영원히 윤회를 거듭하면서 고해에 다름 아닌 중생의 세계를 살아간다고 본다. 인간이 윤회의 수레바퀴에서 벗어나 자유자재한 생명을 얻을 수 있는 방법은 참선, 간경, 염불, 주력 등이라고 한다. 이 가운데에서도 절대한 의문점에 혼신으로 부딪혀 뚫고 나가는 참선이 최상의 지름길이라는 것이다.[56]

---

55 유식(唯識)의 관점에서 보면 인간 주체의 마음을 떠난 객관 사물 대상은 존재하지 않는다[唯識無境]. 인간이 객관 대상으로 인식한 것은 식(識)을 통해 드러난 마음의 부산물이다. 세계에 대한 표상과 개념을 비롯해 사상이나 감정 등은 모두 마음의 부산물인데, 마음 역시 상주하며 불멸하지 않고 순간적으로 생겼다가 사라진다. 유식은 마음을 떠나서 그 자체로 객관 사물 대상이 존재한다는 생각 또한 마음[識]이 지어낸 표상에 불과하고 본다. 또한, 외계의 실재는 마음에 비추어져 표상된 것이 아니라 마음[識]이 스스로 지어낸 결과물이라는 것이다(동국대 불교문화대학 불교교재편찬위원회, 앞의 책, 176~177쪽).

유식은 세 가지의 성질이 현상계를 성립시킨다고 주장한다. 첫째, 현상 세계는 식을 떠나 존재하지 않으며 연기(緣起)에 의해 존재한다는 것인데, 이를 의타기성(依他起性)이라 한다. 둘째, 식의 실성인 의타기성을 모르는 무명으로 인해 생기는 만분별과 망집착이 변계소집성(遍計所執性)이다. 이러한 변계소집의 식은 곧 제6의식과 제7말나식이다. 셋째, 현상 세계의 의타기성을 알고 변계소집성을 떠는 것인데, 이를 원성실성(圓成實性)이라 한다(한자경, 『불교의 무아론』, 이화여대 출판부, 2006, 214~220쪽).

56 김성동은 교종과 달리 선종은 봉건 통치배들에 의해 박탈되었던 불교의 핵심적인 가르침인 평등사상을 되찾아 주었다고 하면서, 이렇게 말한다(김성동, 앞의 책, 1993, 91쪽).

"운명은 결정된 게 아니다. 마음이 곧 부처다. 사람은 누구나 스스로 깨달음을 얻으면 부처가 이처럼, 병 속에서 꺼낸 새 한 마리는 곧 제8식 아뢰야식을 떨쳐버린 해탈이다. 인간이 '나' 주체라고 여기는 것은 사실 아뢰야식[57]의

될 수 있다. 부처가 처음부터 명찰 달고 나오는 게 아니다. 누구나 할 수 있다. 다만 오랜 세월을 두고 윤회하는 동안 업이라고 하는 때가 묻어 있어 그럴 뿐이다. 그때를 닦아내면 부처가 된다. 부처도 그러하겠거늘 하물며 왕이며 귀족이겠느냐. 상대등이니 중시니 병부령이니 장군이니 하는 것도 따로 있는 것이 아니다. 이른바 왕후장상이 따로 씨가 있는 것이 아니다."

57 아뢰야식은 유식(唯識)의 팔식 가운데 여덟 번째이다. 유식은 식을 여덟 개로 구성하는데 이를 '팔식(八識)'이라 한다. 이 가운데 전오식(前五識)은 안식(眼識), 이식(耳識), 비식(鼻識), 설식(舌識), 신식(身識)인데 순서대로 색(色), 성(聲), 향(香), 미(味), 촉(觸)이라는 경(境, 대상)의 경험을 말한다. 인간은 다섯 가지 감각기관(五根)이 다섯 가지 대상(五境)을 분별하여 하는 5식(識)을 가지고 있다. 이때, 대상(五境)은 주체와 따로 떨어진 채로 존재하는 것이 아니라 식에 의존해서 생기는 것이다. 여섯 번째의 식인 의식(意識)은 의식의 대상이 의식의 안에 있는 것을 말하는데, 이를 표상(表象)이라고 말하기도 한다. 의식은 전 오식 각각으로 인식된 내용에 명칭을 부여함으로써 사물과 세계의 실상을 구성하게 된다. 의식의 대상을 특별히 법경(法境)이라고 하는데, 법이란 유형적 사물은 물론 무형적 관념까지 포함한다. 일곱 번째의 식인 말나식(末那識)은 아집의 작용을 짓는 식이다. 인간은 의식이 다양한 지식을 습득해감에 따라 자아(선천적인 것과 함께 후천적인 것)의 관념을 만들어 그것에 집착한다. 이러한 제7 말나식을 일컬어서 '자아의식'이라고도 한다. 이 식에 의해 아치(我癡), 아만(我慢), 아견(我見), 아애(我愛)의 근본 번뇌를 겪는 것과 함께 업(業)을 지음으로써, 인간은 세세생생 육도 윤회의 틀을 벗어나지 못한다. 여덟 번째 식인 아뢰야식(阿賴耶識)은 모든 업의 산물을 저장하는 곳이다. 인간이 윤회를 되풀이하는 동안에 아뢰야식을 통해 업이 유전된다. 이를 '훈습'이나 '종자'라는 비유를 들어 설명한다. 향기가 옷에 훈습되는 것처럼 아뢰야식 이전의 7식의 활동이 아뢰야식에 배어들어간다는 것이다. 이때, 배어든 경험을 습기(習氣)라고도 하는데, 이 습기는 식물의 종자가 발아하고 개화하듯이 7식으로서 표출해 활동한다(나케무라, 정승석 역, 『유식의 구조』, 민족사, 1989, 77~86쪽; 동국대 불교문화대학 불교교재편찬위원회, 앞의 책, 175~192쪽).

이상의 육식을 육근과 육경과 함께 정리하면 다음과 같다. 6근과 6경을 일러 '12처(處)'라 하고, 6근, 6경, 6식을 모두 합쳐 '18계(界)'라 한다(동국대 불교문화대학 불교교재편찬위원회, 앞의 책, 106~111쪽).

6근	6경	6식
1) 안계	7) 색계	13) 안식계
2)이계	8) 성계	14) 이식계
3)비계	9) 향계	15) 비식계
4)설계	10) 미계	16) 설식계
5)신계	11) 촉계	17) 신식계
6)의계	12) 법계	18) 의식계

아뢰야식은 현대 정신분석학의 관점에서 주목을 요한다. 사실, 프로이트가 무의식을 제창하기 이천 년여 전에 이미 불교는 아뢰야식을 통해 무의식을 설정했다. 아뢰야식은 정신분석학의 무의식과 여러 면에서 공통점(물론 차이점도 있다)을 갖고 있다. 이런 점에서 아뢰야식은 정신분석학의 역사에서 선구적인 의미를 가진다고 볼수 있다. 아뢰야식과 무의식의 공통점

변현에 지나지 않으며, 참선 수행을 통해 아뢰야식을 벗어남으로써 무명을 극복해 비로소 불성을 자각하게 된다. 다음 글을 보자.

은 다음과 같다(최연자, 「아뢰야식과 무의식에 관한 연구」, 『범한철학』 20호, 범한철학회, 1999).

"첫째, 아뢰야식과 무의식은 훈습에 의해 남아 있는 습기의 형태다. 아뢰야식의 구성요소인 종자는 지은 업의 훈습에 의해 남아 있는 습기와 같은 것이라면, 무의식은 일생동안 경험한 지식, 감정, 경험들을 포함하고 있다. 융의 집단적 무의식은 유식에서 말하는 공업(共業) 혹은 공상종자(共相種子)로 볼수 있다.

둘째, 아뢰야식과 무의식은 절대적 주재성(主宰性)을 갖지 않는다. 아뢰야식은 종자에 따라 매순간 변해가기 때문에 '나'라고 말할 동일성을 갖지 않는다. 무의식 역시 본능과 억압된 자아 그리고 초자아에 따라 무의식적 방어기제가 달라진다.

셋째, 아뢰야식과 무의식 그 자체는 정신 에너지를 지니고 있지 않은 저장소이다. 아뢰야식은 정신적 세력을 지닌 종자에 의해 원동력을 얻고, 무의식은 본능에 의해 정신적 에너지를 얻는다.

넷째, 아뢰야식과 무의식은 그 자체로 무기성(無記性)이다. '무기(無記)'는 선과 악 어느 것도 아닌 경우를 말하는데, 아뢰야식과 무의식은 번뇌에 덮여 있지 않고, 선과 악에 대해 중성적인 속성을 가진다. 현재의 나 자신은 과거의 선과 악업의 결과와 이드(id), 에고(ego), 슈퍼에고(superego)의 영향 아래 존재하고 있지만 무기로 존재하고 있다. 심층 심리학에서 말하는 성격 또한 무의식적으로 발생하는 방어기제에 의해 달라지는 것일 뿐, 무의식 그 자체에 의해 달라지는 것은 아니다.

다섯째, 아뢰야식과 무의식은 가능태이다. 아뢰야식 속에는 스스로 자과(自果)를 일으키는 공능차별(특수한 힘)으로서 모든 존재를 발생시키는 가능태인 종자 있다. 이는 아뢰야식에 신체와 종자를 유지하는 기능과 윤회의 주체로서의 기능이 있음을 말한다. 융의 집단 무의식은 한 개인의 출생 때부터 갖추고 있지만 전혀 의식되지 못한 채, 시공을 초월해 모든 인간에게 보편적인 속성으로 정신 작용에 영향을 것을 말한다. 이 경우 무의식은 단지 과거의 창고에 불과한 것이 아니라 미래의 정신적 상황과 생각들의 가능성으로 가득 찬 것이며, 현재와 미래의 정신 생활에 가능성으로 존재하는 가능태이다.

여섯째, 아뢰야식과 무의식은 자율성을 지녔다. 아뢰야식과 무의식은 제육의식이나 의식작용에 구애받지 않고 스스로 움직인다. 아뢰야식은 제육의식 보다, 무의식은 의식작용보다 더 항구적이며 이를 능가하는 자율성을 가지고 있다."

사실, 서구 정신분석학의 역사에서 프롬의 경우는 선불교와 많은 공통점을 가지고 있다. 프롬은 무의식의 본성을 '우주와 합일하는 전인적 인격성'으로 간주하고 있다. 인간의 본성은 우주 그 자체로 보고, 인간이 태어나면서 무의식에 우주와의 합일에 대한 본성을 간직한다는 것이다. 또한, 인간 소외 및 신경증과 자연의 사물화 문제는 무의식의 본성을 회복함으로써 극복할 수 있다고 한다. 그는 『선과 정신분석』(프롬, 에리히, 김용정 역, 『선과 정신분석』, 원음사, 1999, 53쪽)에서 이렇게 주장한다(한자경, 『명상의 철학적 기초』, 이화여대 출판부, 2008, 227~228쪽 재인용.).

"의식은 사회적 인간, 즉 개인이 내던져져 있는 역사적 상황에 의해 주어지는 우연적인 제한들을 의미한다. 반면 무의식은 우주에 근원을 둔 보편적 인간, 즉 전인을 의미한다. 무의식은 자기 속에 있는 식물과 동물, 자기 정신을 나타낸다. 그것은 인간 존재의 여명으로까지 거슬러 올라간 과거를 표현하고 있으며 또 인간이 온전한 인간으로 되는 미래를 나타내고 있다."

불교의 수행이란 표층적 의식에 머물러 있지 않고 마음 심층의 활동을 자각하는 것이다. 이분법적인 표층 의식의 활동을 멈추고, 심층의 마음 활동을 스스로 자각함으로써 아공 법공을 깨달아 아집과 법집을 벗어나는 것이다. 이는 우리가 실아와 실법으로 집착하는 것이 사실은 아뢰야식의 변현에 지나지 않는다는 유식성(唯識性)을 깨닫는 것이며, 12지 연기의 첫 항인 무명을 벗어나는 것이다. 이와 같이 대승은 아공을 통한 탐진 번뇌의 극복뿐 아니라 법공을 통한 무명의 극복을 지향한다. 그러므로 대승은 표층의 분별적인 의식 활동 이면에 누구나 무분별적인 심층 마음의 활동성을 가진다는 것, 그리고 그것이 곧 일체 중생의 마음의 본성이며 불성이라는 것을 강조한다. 이 본성 내지 불성(佛性)의 자각이 곧 견성(見性)이며 견성이 곧 성불(成佛)인 것이다.[58]

이러한 관점에 따라 법운은 출가 후 참선 수행을 해나간다. 오로지 '병 속의 새'만 생각하는 법운의 하루는 새의 울음소리로부터 시작되었다. 매일 아침부터 밤까지 간헐적으로 들려오는 음산하고도 절망적인 새 울음소리는 고질적인 이명이 되어 그를 불면의 심연으로 추락시켰다. 그는 병 속에 갇혀 울부짖는 새를 꺼내려고 몸부림쳤지만 그럴수록 병 주둥이는 점점 더 좁아지기만 했다.

3년이 지난 후에도 그는 참선의 결실을 얻지 못했다. 그의 눈에 병 속의 새가 보이기 시작하고, 벌어진 병 주둥이로 손으로 집어넣지만 아무것도 잡히지 않았다. 그는 "아무것도 없었다. 텅 빈 허공이었다. 나는 너무도 허망해서 눈물이 나왔다. 아아, 지금까지의 내 공부는

58 한자경, 위의 책, 111쪽.

도로(徒勞)였단 말인가. 아니, 애당초 새는 병 속에 없었단 말인가"[59] 하고 자탄한다. 그런데 그가 병 속에 집어넣었던 손을 빼려고 했지만 손이 빠지지 않았다. 이로써, 그는 '병 속의 새'를 꺼내지는 못했지만, '새'를 분명히 보았고 새를 꺼내고자 손을 병의 주둥이에 넣은 진척이 있었다. 이제 그에게 남은 것은 새를 붙들고 있는 손을 빼는 일이다. 이것이 병 속의 새를 꺼내는 것 곧 해탈이다.

하지만 법운에게 해탈은 요원하기만 했다. 시간이 흐르면서 법운은 술을 마시고 여자와 음담패설을 곧잘 나누는 지산의 삶에 차츰 마음의 문을 열기 시작했다. 이 과정에서 자신은 계율의 강 앞에 발이 묶여 협소한 소승(小乘)의 세계를 사는 위선자임에 반해, 지산은 계율의 강을 자유자재로 넘나들며 광활한 무애(無碍)의 대승(大乘) 세계를 살고 있다고 생각하게 되었다. 그러면서 "계율의 노예가 되어 부단히 돌출하는 욕망에 멱살을 잡혀 있는 나보다 그(지산)가 훨씬 인간적이며 또 어떤 의미에선 진짜 중인지도 모른다는 생각"[60]을 갖게 되었다.

그런 어느 날 법운은 마을에서 술을 마시고 나서 암자로 돌아오다가 죽은 지산을 발견하게 된다. 지산은 눈 속에 무릎을 꿇고 두 손을 모아 합장한 채 언덕을 오르는 자세로 엎드려 있었다. 사실, 법운은 그때까지 지산을 완전히 받아들이지 못했다. 법운은 지산이 암자로 돌아오면 그와의 인연을 끊기로 작정하고 있었다. 그런데 예기치 않게 지산이 죽어버린 것이다. 그는 뜻밖에도 가벼웠다. 영혼보다 육체의 욕망의 멱살을 잡혀 몸부림치던 파계승, 지산은 마치 영혼으로만

59 김성동, 앞의 책, 1979, 74쪽.
60 위의 책, 182쪽.

살다가 죽은 사람의 육체처럼 무게감이 없었다. 결국, 법운이 혼자 그의 다비식을 올리기로 했다. 그 지산의 다비식에서, 오랜 세월 법운이 찾아온 '병 속의 새'가 나타난다.

> 순간, 나는 불더미 속으로부터 어떤 물체가 튀어나오는 것을 보았다. 그것은 한 마리의 조그만 새였다. 몸뚱이는 새의 그것이었는데 이상하게도 머리는 사람의 형상을 하고 있었다. 그 기이(奇異)한 인두조(人頭鳥)는 불꽃 위에 앉았다. 나래가 활처럼 부풀어 올랐다. 팽팽하게 힘준 두 자리가 꼿꼿하게 일어섰다. 깃을 치는 소리가 들렸다. 이윽고 새는 독수리처럼 날카로운 발톱으로 불꽃을 긁으며 힘차게 날아올랐다. 맑고 투명한 한 소리 장음이 허공을 찢었다. 찬란하게 빛나는 황금빛 나래를 펄럭이며, 시간을 가르고 공간을 뛰어 넘어, 영원을 향하여, 새는 하늘 높이 날아오르고 있었다. 아아. 나는 물 묻은 손으로 전기를 만졌을 때처럼 오구구 몸뚱이가 졸아들고 입술이 갈라지는 떨림을 맛보았다. 됐어. 나는 부르짖었다. 이제 됐어. 그러나 말이 되어 나오지 않고 입안에서 뱅뱅 돌았다. 나는 생침을 꿀꺽 삼켰다. 수족이 뒤틀리며 가슴이 고동쳤다. 견딜 수 없는 팽만감이 하복부를 압박했다. 나는 불끈 힘을 주면서 눈을 감았다. 별이 쏟아졌다. 몸뚱이가 붕 떠올랐다. 넓적다리께가 끈적거렸다. 아아. 그것은 언제나 날 줄 모르고 한군데 못 박힌 듯 앉아서 끄윽끄윽 음산하고도 절망적인 울음을 울던 '병 속의 새'였다.[61]

이러한 환영을 통해 법운은 비로소 오랜 화두 '병 속의 새'를 깨치

61 위의 책, 244쪽.

게 된다. 그가 그토록 찾아왔던 해답(깨달음)이 정작 계율을 짓밟는 지산을 통해 얻게 된 것이다. 기이한 인두조로 나타난 지산은 곧 깨달음의 경계에 도달했음을 의미한다. 인간은 계율을 의미하고, 새는 계율을 넘어선 무애(無碍)의 열반을 의미한다. 지산은 상반된 그 두 가지를 한 몸으로 받으면서, 두 가지의 차이와 분별을 초월해버린다. 이러한 지산의 모습을 본 법운에게 깨달음이 찾아온다. 그 자신이 '병 속의 새'가 되어 붕 떠오름으로써 병 속에서 밖으로 나오게 된 것이다. 이로써, 그는 열반은 계율의 분별을 넘어서는 것, 곧 분별을 지양하는 선에 의해 가능하다는 점을 자각하게 된다. 본래, 경전을 부정하는 선의 정신(교외별전, 불립문자)에 비추어보면 경전에 근거한 계율을 무의미하기 때문이다.[62]

4. 소결—전통 옹호와 시대 상황의 반영

이상에서 1960~1970년대의 불교소설로 김동리의 「등신불」 외 5편과 조정래의 『대장경』, 김성동의 『만다라』를 분석해보았다. 앞에서 살펴보았듯이 김동리와 조정래, 김성동의 불교소설은 시대 상황

62 이 점은 법운이 자신에게 화두를 준 노사를 6년 만에 만났을 때에도 확인할 수 있다. 법운은 노사 역시 자신처럼 중생스러운 번민하고 있는 것이라는 불경스런 생각을 한다. 하지만 법운은 오히려 지금의 노사에게서 실망보다는 따뜻한 친화감과 더불어 육친적인 애정을 느낀다. 이는 그가 계율과 비계율, 성과 속의 분별을 넘어서고 있기에 가능한 것이다(위의 책, 255쪽).

에 대해 상이한 태도를 취하고 있음을 알 수 있었다.

김동리의 경우, 「등신불」, 「극락조」, 「미륵랑」, 「눈 오는 오후」, 「저승새」, 「호원사기」에서 잘 드러나듯이 현실의 적극적인 반영을 찾아볼 수 없었다. 이는 1960년대에 전통을 옹호했던 그의 반근대적인 창작 세계관에 기인한 것으로 볼 수 있다.[63] 「등신불」, 「극락조」, 「미륵랑」의 경우 사람[俗]과 부처[僧]는 본래 별개가 아닌 것 곧 승속일여의 선 사상을 나타내고 있다. 첫 번째 작품은 내가 부처님의 깨달음[佛恩]으로 나아가고자 식지를 깨문 것과 만적이 깨달음을 추구하는 수행의 연장선상에서 소신공양을 한 것은 동일함을 보여주고 있다. 두 번째 작품은 세속을 떠난 비구니와 정우가 가정을 꾸릴 수 있었던 것은 『법화경』 제1권 「방편품」에 '일체 중생이 모두 성불할 것임에 의심이 없다'고 했듯이, 속과 승은 하나라는 선 사상에 의해 가능했다. 세 번째 작품은 미륵 곧 승의 세계가 현실의 화랑도 곧 속의 세계에 잘 구현될 수 있음을 보여주었다. 「눈 오는 오후」, 「저승새」, 「호원사기」의 경우 업보로서의 윤회 사상을 나타내고 있다. 첫 번째 작품은 윤회하여 금생에 태어난 한 소녀의 이야기이고, 두 번째 작품은 업보에 의해 '저승새'로 환생한 어느 여인의 이야기이고, 세 번째 작품은 한 여인이 사랑하는 남자를 위한 자신의 목숨을 바치면서 사찰이나 탑을 세워달라는 마지막 소원을 남기는 것을 통해, 현실의 업보에 의한 윤회에 대한 믿음을 보여주고 있다.

조정래의 경우, 『대장경』에 드러난 수기대사의 지배 정권에 대한 비판은 그의 사회·역사의식에 기반에 창작 정신에 비추어볼 때,

63 김주현, 「1960년대의 소설의 전통 인식 문제」, 중앙대 박사논문, 2006 참고.

1970년대의 엄혹한 군사 독재 정권에 대한 비판의 암유로 볼 수 있다. 또한, 수기 대사의 호국 정신은 군사 독재를 극복해 민주주의 사회를 건설함으로써 국태민안을 실현하고자하는 강렬한 염원으로 읽을 수 있다. 결국, 『대장경』의 수기대사를 통해 사회 · 역사의식과 상구보리 하화중생을 지향하는 보살 사상의 회통이 잘 드러났음을 확인할 수 있다.

김성동의 경우, 시대 상황을 소설에 껴안으면서 그만의 주제의식을 『만다라』에 형상화했다. 김성동은 기본적으로 문학의 현실 참여를 옹호하는 창작 세계관을 갖고 있었다. 때문에 『만다라』는 현실 사회와 제도권 불교계에 대한 날선 비판을 피할 수 없었다. 하지만 소설을 관통하는 주제 의식은 계율의 분별을 넘어서는 선에 의해 화두 '병 속의 새'를 깨치는 열반이 가능하다는 것이다.

제5장

1990~2000년대의 불교소설

이 장에서 다루는 불교소설이 발표된 시기는 1990~2000년대이다. 1990년대 초중반은 1980년대 이념의 시대를 탈피한 '포스트 시대'로 볼 수 있다. 이 시기의 소설은 정치성의 약화, 서사성의 약화, 심리묘사의 세밀화, 반영론적 창작 방법의 후퇴를 특징으로 한다.[1] 이후, 1997년 IMF 구제금융 사태와 대량 해고가 이어지는 것을 시작으로 한국 경제는 성장의 둔화와 함께 소득 양극화가 벌어지는 2000년대를 계속 이어가고 있다.

이 시기 불교계의 경우 1980년대의 개혁 흐름을 이어받은 것을 특징으로 한다. 1994년에 전국승려대회가 개최되어 개혁회의를 중심으로 종단의 부조리에 대한 개혁 운동이 일어났다. 이후, 개혁회의는 종단의 제도적 합리화, 민주화를 지향하여 총무원장을 직접 민주주

1 정호웅, 「소설사의 전환과 새로운 상상력의 태동」, 김윤식 외, 『한국 현대문학사』, 현대문학, 2002, 565~575쪽.

의 원리로 선출하기로 했다. 2000년대의 불교계는 이러한 제도 개혁을 전제로 해서 이어졌다.[2]

이 시기에는 불교소설이 많이 발표되었다. 참고로, 1980년대에 한승원, 윤후명 등 9명의 불교 테마 소설집 『극락산』(1989)이 나왔는데, 불교 장편소설이 아닌 점에서 연구대상이 되지 못했다. 따라서 1990～2000년대 대표적인 불교 장편 소설로 고은의 『화엄경』(1991), 『선』 1・2(1995)과 1985년에 『아제아제바라아제』를 발표한 한승원[3]의 『초의』(2003), 『소설 원효』(2006)가 있다. 또한, 최인호의 『길 없는 길』(전4권, 1993),[4] 성낙주의 부처 이야기를 다룬 『차크라바르틴』(1995)과 정찬주[5]가 창작한 만해의 구도 소설 『만행』(1999)이 있지만, 이들 작가에게서 그 외 문학사적으로 고려할 만한 불교 장편소설을 찾아볼 수 없다. 박상륭, 송기원의 경우 뚜렷한 불교 장편 소설을 찾기 힘들다. 전자는 통 종교적인 관념소설을, 후자는 명상(요가, 선도, 불교) 구도 소설의 성격을 보인다. 따라서 이 장에서는 고은, 한승원의 불교소설을 순서대로 살펴본다.[6]

---

2 대한불교 조계종(http://www.buddhism.or.kr/ 최종 검색일 : 2013.11.20) 참고.

3 본서는 한 작가 당 한 편의 장편 소설을 중심으로 연구하는 것을 기본 방침으로 하기 때문에 한승원의 경우 세 편의 불교소설 가운데 한 편을 선택해야했다. 본서는 『초의』가 기존 불교소설에서 볼 수 없었던 '차와 선'을 다룬다는 점에서, 2000년대의 불교소설로 『초의』를 연구대상으로 삼는다.

4 최인호는 이 소설에서 경허와 세 수법제자인 수월, 혜월, 만공 부분만 따로 재구성해 소설 『할』(2013)을 발표했다.

5 그는 대중적인 불교소설을 창작했기 때문에 그의 소설에 대한 평단의 논의는 찾아보기 어렵다. 『우담바라』(1987～1991) 등을 창작한 불교소설가인 남지심도 마찬가지로 파악된다.

6 참고로, 대한불교조계종이 제정하고 현대불교문인협회가 주관하는 현대불교문학상 수상 소설을 살펴보자. 이 문학상은 1996년부터 시 수상자를 배출하다가 2001년부터 소설 부문 수상자를 배출했다. 수상작을 보면 알 수 있듯이, 중견 작가들 가운데 불교소설에 한정하지 않고 다양한 소재와 주제를 다루고 있는 작품이 선정된 것을 확인할 수 있다. 연도순으로 보면 다음과 같다.
2001년 한승원 『사랑』(1998) / 2002년 김성동 『꿈』(2001) / 2003년 최인호 「몽유도원도」(1996) / 2004년 전상국 「플라나리아」(2002) / 2005년 김원일 『푸른 혼』(2005) / 2006년 조정

출가 경력을 갖고 있는 고은의 경우 두 편의 불교 장편소설을 발표했다. 『선』 1 · 2는 불교의 역사적 사실에 크게 의존해 창작한 소설이다. 이 장에서는 문학적 성취가 앞선 『화엄경』을 다룬다.[7]

한승원의 경우 세 편의 불교 장편소설을 발표했다. 『아제아제바라아제』는 당대 현실의 비구니를 소재로 한 소설이며, 『초의』와 『소설 원효』는 역사소설이다. 이 장에서는 기존 불교소설에서 찾아볼 수 없는 '차와 선'의 문제를 형상화한 『초의』를 다룬다.

1. 보살도의 근간, 상구보리하화중생 – 고은의 『화엄경』

1) 허무의식 극복으로서의 불교 수용

고은은 1958년 「폐결핵」(『현대시』)으로 등단했는데, 현재까지 그가

래 「미로 더듬기」(20005) / 2007년 윤후명 「촛불 랩소디」(2006) / 2008년 오정희 『새』(1996) / 2009년 김홍신 『대발해』(2007) / 2010년 윤홍길 『소라단 가는 길』(2000) / 2011년 송기원 「노량목」(2010) / 2012년 박성원 「저녁의 아침」(2011) / 2013년 김인숙 「빈집」(2012)

현재, 대표적인 불교 문학 단체로는 현대불교문인협회와 한국불교문인협회가 있으며, 대표적인 문학잡지로는 만해 기념사업회의 『유심』, 현대불교문인협회의 『불교문예』, 한국불교문인협회의 『한국불교문학』이 있다.

7 이동하는 『선』 1 · 2를 역사적 사실에, 『화엄경』을 경전의 사실에 대한 설명에 초점을 둔 작품으로 보면서, 이 가운데 문학적으로 진지한 주목이 되는 작품으로 『화엄경』을 꼽는다(이동하, 「종교적 주제를 다룬 소설의 성과에 대한 종합적 검토」, 『한국 현대소설과 종교의 관련 양상』, 푸른사상, 2005, 13~26쪽. 참고로, 그의 대표적인 불교 장편소설로 『선』 1 · 2(창작과비평사, 1995)은 초조 달마에서 육조 혜능까지 중국 선종 6대조 선사의 수행과 삶을 다루고 있다.

출간한 시, 소설, 평론 등의 저서가 150권을 상회한다. 그는 6·25의 참화 속에서 출가했지만 돌연 환속해 4·19와 5·16의 정치적 격변기를 체험하고 나서 1970~1980년대 민주화 투쟁에 앞장서서 싸웠다. 불교와 문학, 역사참여 면에서 일제강점기의 만해 한용운에 비견되는 그는 분단 이후 우리 문학사와 정신사에서 하나의 신화다.[8] 그의 대표적인 창작 성과인 시의 경우 『피안감성』(1960), 『해변의 운문집』(1964), 『신 언어의 마을』(1967), 『문의마을에 가서』(1974), 『새벽길』(1978), 연작시 『만인보』(1986~2010, 총 30권)와 서사시 『백두산』(1987~1994, 총 7권) 등이 있다.

출가한 스님 경력을 갖고 있는 고은에게 불교는 중요한 사상적 거처가 아닐 수 없다. 그는 1952년 19세 때에 행각승 혜초를 만나 출가했다. 출가 전, 그는 한국전쟁의 처참한 보복학살로 인한 충격에서 자유롭지 못했던 그는 자살을 시도하기도 했다. 그런 그는 교직 생활을 하면서 안정된 생활을 하면서도 "왜 살아있는 모든 것은 죽어야하는가? 왜 살아야 하는가? 왜 인류는 전쟁을 반복하는가?"[9]라는 인생의 근원적인 의문을 품고 있다가 우연히 혜초를 만나게 된다. 그는 혜초를 처음 만났을 때 승이 되고자 하는 뜻을 밝혔고, 그와 여러 차례 만남 끝에 비로소 출가하게 된다. 이처럼 절망과 허무의식이 고은으로 하여금 불교에 귀의하게 한 큰 계기가 되었음을 다음 글에서 확인할 수 있다.

> 고은에게 있어서 불교적 세계관이 지니는 의미를 고찰할 때 우리는 몇 가지 사실을 염두에 둘 필요가 있다. 하나는 고은이 그의 절망과 불교의 무위

---

8 김재홍, 「『백두산』과 『만인보』, 그리고 고은의 문학사상」, 신경림·백낙청 편, 『고은 문학의 세계』, 창작과비평사, 1993, 217쪽.

9 고은, 『고은자전소설 나, 고은』 1, 민음사, 1994, 340쪽.

사상 사이의 친연성 때문에 출가를 결심하게 되는 바 불교는 적극적으로 무위를 역설함으로써 무(無)를 실(實)로 전환시킨다는 점이고 또 하나는 바로 그 무위 사상 때문에 고은은 하나의 논리화된 현실로서의 불교마저 버리고 또 다른 방랑의 길을 찾아 나선다는 점이다.[10]

일초(一超)라는 법명을 받은 고은은 혜초에게서 공안 "만법귀일(萬法歸一) 일귀하처(一歸何處)"를 받는다. 이것은 『벽암록』에 나오는 화두로 그 뜻은 "우주의 모든 것이 하나로 돌아간다고 하는데, 그럼 그 하나는 어디로 돌아가는가?"이다. 하지만 고은은 이 공안으로 정상적인 참선 수행을 할 수 없었으며, 훗날 혜초와 헤어지게 된다. 이후 그는 혜초의 권유대로 효봉을 찾아가 그의 수좌가 된다. 그는 효봉에게서 조주의 '無'자 공안을 받고 얼마 후 선정에 안착하게 되었다.[11] 이 시기에 그는 심대한 내면 변화를 겪었다고 한다.

---

10 송기한, 『고은』, 건국대 출판부, 2003, 62쪽.

11 고은 외, 『두 세기의 달빛－시인 고은과의 대화』, 한길사, 2012; 고은, 앞의 책, 73쪽; 김승희, 「파란과 신명의 축제」, 고은 외, 『고은문학앨범』, 웅진출판, 1993, 81쪽.
간화선의 수행 구조(문제 제기(의심)와 참구(看話))는 다음과 같이 정리할 수 있다. 조주의 무자화두를 참구하는 간화선은 불각(不覺) 상태의 중생의 번뇌, 망념의 차별심에서 벗어난 시각(始覺)을 본각(本覺)에 합치시키는 것이다. 이로써 불각, 시각과 본각의 경계가 사라진 본래심의 자각적인 지혜로운 삶, 곧 안심입명(安心立命)의 삶이 전개된다(정성본, 『간화선의 이론과 실제』, 동국대 출판부, 2005, 383~385쪽).
간화선 수행의 단계는 모두 세 가지로 살펴볼 수 있다. 첫 번째는 수행자가 스승으로부터 자신의 근기에 따라 화두를 받는 단계다. 간화선의 대표적인 공안인 조주 스님의 '무자(無字) 화두' 또한 수행자에게 간절한 의심을 불러일으킬 때 의미가 있는 것이다. 두 번째는 화두 참구로 알음알이나 논리적 사유를 배제하는 단계다. 대신심, 대분심, 대의심의 세 가지가 강조된다. 내가 본래이며 부처가 될 수 있다는 믿음을 가지고, '내가 왜 깨닫지 못하는가?' 하는 분발심을 내고, 화두를 간절히 의심해야한다. 세 번째는 깨달음의 순간이 도래하면 명안종사를 찾아 점검을 받는다. 만약 진정한 깨달음이 아니면 좀 더 철저한 수행을 지속하고, 깨달음에 도달했다면 스승에게서 인가를 받아야한다(김방룡, 『불교수행법』, 민족사, 2009, 35~37쪽).

나는 나라는 실재가 아니다. 나는 오온(五蘊 : 색 · 수 · 상 · 행 · 식)이 한 동안 모여진 상태의 허상에 지나지 않는다. 나는 나라는 그림자일 뿐이다. 나와 나를 둘러싼 일체가 다 허망한 것이다.

이런 공관(空觀)에 빠져드는 나 자신을 나는 차츰 제어하기 어렵게 되었다, 나에게 잠든 허무주의가 새로운 상태로 일어나기 시작하는 것이 틀림없었다. 그 동안 전쟁기간 고향에서 목격한 좌우 상잔의 참극이 나에게 준 정신의 외상은 더 이상 나를 고향의 아이로 둘 수 없게 만들었고 내 청소년적 의식에도 착란현상을 일으켜주었던 것이 사실이다.

이 같은 내 허무와 자아 해체가 어느 정도의 방황과정을 지나면서 입산과 그 뒤의 스승 효봉을 만난이래 하나의 정지 상태로 될 수 있었다. 지관(止觀)이란 세계, 즉 일체 번뇌를 그치고 일체법을 비추어 보는 세계에 대해서 나는 그것과는 전혀 다른 운명임에도 불구하고 바로 거기에 다가서 있게 되었다.[12]

이처럼, 고은은 승려가 되면서 이전의 허무주의와 서구적 실존주의

〈간화선의 수행 구조〉

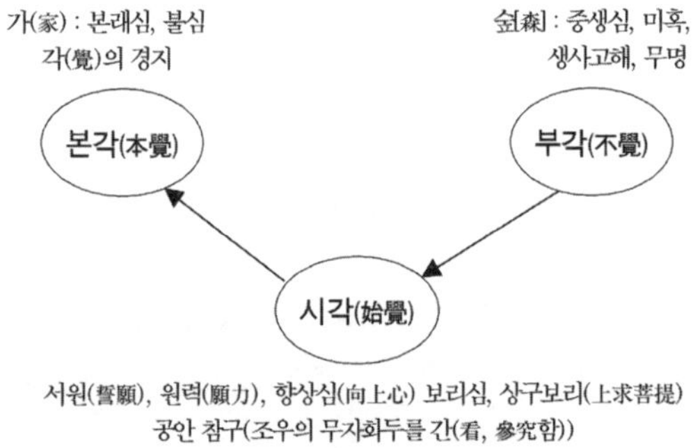

12 고은, 『고은 자전소설 나, 고은』 2, 민음사, 1994, 216～217쪽.

를 불교의 무 사상, 공관으로 대체하게 된다. 이는 그가 불교에서 인간 존재를 가리키는 '오온(五蘊)'을 수용하고 있기에 가능한 것이다. 대승불교에서는 인간은 색온(色蘊), 수온(受蘊), 상온(想蘊), 행온(行蘊), 식온(識薀)의 다섯 가지 온이 일시적인 결합에 의한 가아(假我)로 본다.[13]

결국, 승려 시절 고은을 사로잡은 것은 『금강반야바라밀다경』으로 대변되는 반야의 공 사상이었다. 따라서 그는 『화엄경』「입법계품」을 서사시로 쓰라는 운허 스님[14]의 권고를 받아들일 여지가 없었다. 그는 대승불교의 반야의 공 사상에 사로잡혔기 때문에 화엄경의 대긍정의 세계를 받아들이지 못한 것이다.[15] 때문에 그는 1991년에 이르러서야 소설 『화엄경』을 완성하게 된다.[16]

2) 상구보리 하화중생의 보살도

고은의 『화엄경』은 『화엄경-대방광불화엄경(大方廣佛華嚴經)』의 「입법계품(入法界品)」을 모티프로 해서 창작한 장편 소설이다. 『화엄경』(80권본)은 총 39개의 품으로 이루어져 있는데, 제일 마지막의 「입법계품」은 선재동자를 등장시켜 53명의 선지식을 찾아가면서 깨달

13 참고로, 승려로서 시인 활동을 병행하던 그는 우연한 사건으로 인해 불교의 적을 내놓게 되었다. 4·19혁명 이후 전국승려대회 지도위원으로 교단 혁신 운동을 위한 청년승려 단합을 추진했는데, 그의 이러한 행동이 오해를 받아 징계회의에 회부되는 결과를 가져온다. 이때 종단에 실망해 평 승려로 돌아간 그는 1962년 29세에 환속을 선언했다(송기한, 앞의 책, 30쪽).

14 춘원 이광수에게 불교 영향을 크게 줬던 8촌 동생으로 속명은 이학수이다.

15 고은, 『고은자전소설 나, 고은』 3, 민음사, 1994, 216~217쪽.

16 그는 소설 『화엄경』의 「소나강의 새벽」에서 「아아, 영원한 강물 위의 여행」에 해당하는 분량(전체 원고의 반 이상 가량)을 1974년에 『어린 나그네』라는 제목을 출간한 바 있다.

음 얻는 과정을 보여주고 있다.

「입법계품」은 선재라고 하는 소년 구도자가 '보살도란 무엇인가' 하는 의문을 품고 발심을 불러일으키는 지혜의 상징인 문수보살을 만남으로부터 시작된다. 문수보살에 의해 발심한 선재가 그 가르침을 받아 53명의 선지식을 찾아다니며 가르침을 얻은 끝에 행의 상징인 보현보살을 만남으로써 진리의 세계인 법계에 들어가 보살행을 완성한다는 내용을 담고 있다.[17] 『화엄경』(80권본)의 「입법계품」에서 문수보살과 선재의 대화를 살펴보면 다음과 같다.

> 이때에 문수사리보살은 코끼리가 한 번 돌듯이 선재동자를 보고 이렇게 말하였다.
>
> "훌륭하고, 훌륭하다. 선남자여, 그대는 이미 아뇩다라삼막삼보리심을 내었고, 또 선지식을 가까이하여 보살의 행을 물으며 보살의 도를 닦으려 하는구나. 선남자여, 선지식들을 친근하고 공양함은 온갖 지혜를 구족하는 첫째 인연이다. 그러므로 이 일에는 고달픈 생각을 내지 말라."
>
> 선재동자가 여쭈었다.
>
> "바라옵건대 거룩하신 이여, 나에게 일러 주소서. 보살은 어떻게 보살의 행을 배우며, 어떻게 보살의 행을 닦으며, 어떻게 보살의 행에 나아가며, 어떻게 보살의 행을 행하며, 어떻게 보살의 행을 깨끗이 하며, 어떻게 보살의 행에 들어가며, 어떻게 보살의 행을 성취하며, 어떻게 보살의 행을 따라가며, 어떻게 보살의 행을 생각하며, 어떻게 보살의 행을 더 넓히며, 어떻게 보현의 행을 빨리 원만케 하나이까?"[18]

---

17 강기선, 「『화엄경』「입법계품」의 문학성 연구」, 동국대 박사논문, 2010, 47쪽.

이처럼, 「입법계품」의 도입부는 전란 속에서 간신히 살아남은 선재동자가 보리심을 내고. 이에 대한 올바른 행에 대해 문수보살에게 묻는 것으로 시작한다. 문수보살은 그 자리에서 해법을 제시하지 않는다. 때문에 선재동자는 차례대로 각양각색의 선지식 53명을 조우함으로써 마침내 '득도'에 이른다.

특히, 「입법계품」은 선재를 통해 '보살의 수행도'(보살도)[19] 십신(十信), 십주(十住), 십행(十行), 십회향(十廻向), 십지(十地)를 거쳐 마침내 보현보살에게서 "선재는 스스로 능히 보현의 행 그 대원해(大願海)를 구경으로 닦았으니 머지않아 일체의 부처와 동등하게 되리라"는 말을 듣고 깨달음을 얻는 과정을 보여주고 있다. 즉, 선재는 십신(十信),[20] 십주(十住),[21] 십행(十行),[22] 십회향(十廻向),[23] 십지(十地)[24]의 중생의 50위

18 『화엄경』 62권 「입법계품」: 『한글대장경』, 동국대 전자불전문화재콘텐츠연구소(http://ebtc.dongguk.ac.kr).

19 '보살도'는 평범한 중생들이 수행을 통해 부처의 깨달음에 도달하는 과정을 말한다.

20 십신(十信) : 보살이 처음 닦아야할 열 가지 마음
① 신심(信心) : 부처의 가르침을 믿음.
② 염심(念心) : 부처의 가르침을 명심하여 잊지 않음.
③ 정진심(精進心) : 힘써 정진함.
④ 정심(定心) : 마음을 한곳에 모아 흐트러지지 않게 함.
⑤ 혜심(慧心) : 모든 현상의 본성을 꿰뚫어 앎.
⑥ 계심(戒心) : 계율을 지켜 청정함.
⑦ 회향심(廻向心) : 자신이 쌓은 공덕을 깨달음으로 향하게 함.
⑧ 호법심(護法心) : 마음을 다스려 번뇌가 일어나지 않게 함.
⑨ 사심(捨心) : 재물을 아끼지 않고 베풀어 줌.
⑩ 원심(願心) : 원하는 것을 이루기 위해 수행함.
('십신'과 앞으로 이어지는 '십주', '십행', '십회향', '십지', '등각', '묘각'에 대해서는 운허 용하의 『불교사전』과 네이버 백과사전 참고)

21 십주(十住) : 진리에 안주하는 열 가지 수행 단계
① 발심주(發心住) : 공(空)을 주시하여 청정한 지혜를 일으킴.
② 치지주(治地住) : 공(空)을 주시하면서 마음의 바탕을 청정하게 다스림.
③ 수행주(修行住) : 온갖 선행(善行)을 닦음.
④ 생귀주(生貴住) : 부처의 기운이 생겨 성품이 청정해짐.
⑤ 방편구족주(方便具足住) : 한량없는 방편을 원만하게 닦음.

⑥ 정심주(正心住) : 지혜를 성취하여 바른 마음에 안주함.
⑦ 불퇴주(不退住) : 공(空)의 이치를 체득하여 거기에서 물러나지 않음.
⑧ 동진주(童眞住) : 깨달음을 구하는 마음을 깨뜨리지 않는 것이 마치 동자의 천진함과 같음.
⑨ 법왕자주(法王子住) : 부처의 가르침에 따르므로 지혜가 생겨 미래에 부처가 될 만함.
⑩ 관정주(灌頂住) : 공(空)을 주시함으로써 생멸을 떠난 지혜를 얻음

22 십행(十行) : 보살이 수행하는 열 가지 이타행
① 환희행(歡喜行) : 남에게 베풀어 기쁘게 함.
② 요익행(饒益行) : 모든 중생을 이익되게 함.
③ 무에한행(無恚恨行) : 인욕을 닦아 성내지 않고 참음.
④ 무진행(無盡行) : 끊임없이 가르침을 구하고 중생을 제도함.
⑤ 이치란행(離癡亂行) : 바른 생각을 하여 어리석지 않고 혼란스럽지 않음.
⑥ 선현행(善現行) : 청정한 행위를 하여 중생을 교화함.
⑦ 무착행(無著行) : 모든 것에 집착하지 않음.
⑧ 존중행(尊重行) : 행하기 어려운 청정한 행위를 존중하여 그것을 성취함.
⑨ 선법행(善法行) : 바른 가르침을 지키고 보호함.
⑩ 진실행(眞實行) : 가르친 대로 행하고 행한 대로 가르쳐 말과 행동이 일치함.

23 십회향(十廻向) : 보살이 닦은 공덕을 널리 중생에게 돌려주는 열 가지
① 구호일체중생리중생상회향(救護一切衆生離衆生相廻向) : 공덕을 중생에게 돌려 모든 중생을 차별하지 않고 구제하고 보호함.
② 불괴회향(不壞廻向) : 굳은 믿음을 중생에게 돌려 중생이 이익을 얻게 함.
③ 등일체불회향(等一切佛廻向) : 모든 부처가 한 것과 같이 공덕을 중생에게 돌려 줌.
④ 지일체처회향(至一切處廻向) : 자신이 닦은 청정한 일을 두루 중생에게 이르게 함.
⑤ 무진공덕장회향(無盡功德藏廻向) : 끊없는 공덕을 중생에게 돌려 중생이 그 공덕을 얻도록 함.
⑥ 수순평등선근회향(隨順平等善根廻向) : 자신이 닦은 청정한 일을 중생에게 돌려 중생이 청정한 일을 하게 함.
⑦ 수순등관일체중생회향(隨順等觀一切衆生廻向) : 자신이 닦은 모든 청정한 일을 중생에게 돌려 모든 중생을 이익되게 함.
⑧ 여상회향(如相廻向) : 자신이 닦은 청정한 일을 있는 그대로 중생에게 돌려 줌.
⑨ 무박무착해탈회향(無縛無著解脫廻向) : 모든 대상에 집착하지 않고 해탈한 마음으로 자신이 닦은 청정한 일을 중생에게 돌려 줌.
⑩ 법계무량회향(法界無量廻向) : 한량없는 청정한 일을 거듭 닦아 이를 중생에게 돌려 중생을 진리의 세계에 들게 함.

24 십지(十地) : 보살이 수행과정에서 거치는 열 가지 단계
① 환희지(歡喜地) : 선근과 공덕을 원만히 쌓아 비로소 성자의 경지에 이르러 기쁨에 넘침.
② 이구지(離垢地) : 계율을 잘 지켜 마음의 때를 벗음.
③ 발광지(發光地) : 점점 지혜의 광명이 나타남.
④ 염혜지(焰慧地) : 지혜의 광명이 번뇌를 태움.
⑤ 난승지(難勝地) : 끊기 어려운 미세한 번뇌를 소멸시킴.
⑥ 현전지(現前地) : 연기(緣起)에 대한 지혜가 바로 눈앞에 나타남.
⑦ 원행지(遠行地) : 미혹한 세계에서 멀리 떠남.
⑧ 부동지(不動地) : 모든 것에 집착하지 않는 지혜가 끊임없이 일어나 결코 번뇌에 동요하

를 거쳐서 등각,[25] 묘각[26]에 도달한다.[27]

고은의 『화엄경』은 이러한 「입법계품」의 등장인물을 차용하고 있다. 선지식으로 등장하는 인물의 신분을 살펴보면 보살, 비구, 비구니, 왕, 의사, 우바이, 바라문, 뱃사공, 외도, 창녀 등이다. 실로 다양한 직업과 지위의 사람들이 나온다. 등장 순서대로 살펴보면 다음 ①과 같다. 이 가운데 소설의 인물과 「입법계품」의 인물이 다른 경우는 다음 ②와 같다.

① 문수보살, 덕운비구, 해운비구, 선주비구, 의사 미가, 해탈장자, 해당비구, 휴사 우바이, 비목다라 선인, 승렬 바라문, 미다라니 소녀, 선현 비구, 천주 동자, 자재부인, 노정, 주라 장자, 묘향옹, 족왕, 대광왕, 신녀, 이단적 수행자, 우발라화 여인, 바시라 사공, 최승 장자, 사자빈신, 도인 아가씨, 비슬지라 처사, 관자재보살, 정성무이행 보살, 대천신, 자성부동신, 춘화신, 무구광신, 희목신, 길상신, 적정음해신, 위덕신, 안락신, 광명신, 묘위덕, 서가구

지 않음.
⑨ 선혜지(善慧地) : 걸림 없는 지혜로써 두루 가르침을 설함.
⑩ 법운지(法雲地) : 지혜의 구름이 널리 진리의 비를 내림. 구름이 비를 내리듯, 부처의 가르침을 널리 중생들에게 설함.

25 부처가 되는 층을 열로 쳐서 여덟째 층. 수행(修行)이 꽉 차서 지혜와 공덕이 바야흐로 불타(佛陀)의 묘각(妙覺)과 같아지려고 하는 자리. 곧 보살(菩薩)의 가장 높은 자리. 부처의 다른 이름으로도 쓰임. 등정각(等正覺)이라고도 함.

26 부처가 되는 층을 열로 쳤을 때 열 번째 층. 온갖 번뇌(煩惱)를 끊어버린 부처님의 자리.

27 김무숙, 「한국 현대소설의 '화엄경' 수용 양상 연구」, 동아대 박사논문, 1999, 15쪽. 선재는 첫 번째 선지식 문수보살에서 십신의 법문을 들은 이후 열 명의 선지식 단위로 십주, 십행, 십회향, 십지, 등각의 법문을 들고 나서 마지막으로 보현보살에서 묘각의 법문을 듣는다(강기선, 앞의 글, 62~63쪽). 구체적으로 십신, 십주, 십행, 십회향, 십지, 등각, 묘각의 보살도 52위를 살펴보면, 이타행으로서의 십행, 중생에게 열 가지 돌려주는 십회향에서 보듯이 대승불교의 보살 사상의 한 축인 하화중생(下化衆生)이 잘 대변되어 있음을 알 수 있다. 그 외에는 다른 축인 상구보리(上求菩提)에 해당한다고 볼 수 있다. 결국, '보살도 52위'는 대승불교의 보살 사상인 상구보리 하화중생이 잘 구현되어 있다고 볼 수 있다.

파, 마야부인, 주광, 변우, 선지중예, 파 달나, 견고해탈 장자, 묘월 장자, 무승군 장자, 최적정 바라문, 유덕동녀와 덕생동자, 미륵보살, 보현보살.[28]

② 비목다라 선인(비목 선인), 미다라니 소녀(자행동녀), 선현 비구(선견 비구), 천주 동자(자재주 동자), 자재부인(구족 청신사), 노정(명지 거사), 주라 장자(법보계 장자), 묘향옹(보안 장자), 족왕(무염족왕), 신녀(부동 청신녀), 우발라화 여인(육향 장자), 최승장자(무상승 장자), 도인 아가씨(바수밀다 여인), 비슬지라 처사(비슬지라 거사), 정성무이행 보살(정취 보살), 자성 부동신(안주지신), 춘화신(바산바연저 주야신), 무구광신(보덕정광 주야신), 희목신(희목관찰중생 주야신), 길상신(보구중생묘덕 주야신), 적정음해신(적정음해 주야신), 위덕신(수호일체성증장 주야신), 안락신(개부일체수화 주야신), 광명신(구호일체중생 주야신), 묘위덕(묘덕원만신), 서가 구파(구파 여인), 주광(천주광 왕녀), 파달나(현승 청신녀)[29]

이처럼 고은은 경전 「입법계품」에서 어느 정도 자유롭게 자신의 상상력을 발휘해 『화엄경』을 창작했음을 알 수 있다. 이 과정에서는 그는 「입법계품」의 중요한 이론적 틀이자 보살의 수행도인 '십신(十信), 십주(十住), 십행(十行), 십회향(十迴向), 십지(十地), 등각, 묘각'에 얽매이지 않고 자유롭게 창작했다. 때문에, 각각의 선지식에게서 「입법계품」처럼 딱 떨어진 도식적인 교훈을 얻기는 힘들다. 이 점은 다음 글을 통해 확인해 볼 수 있다.

---

28 이 가운데 유덕동녀와 덕생동자는 한명의 선지식으로 본다.
29 괄호 안의 인물이 「입법계품」에 나오는 등장인물이다.

선재는 그가 떠돌아다니기 시작한 초기의 환희를 잊을 수 없다. 첫 기쁨이었기 때문인가. 10지는 보살이 구경의 깨달음에 이르기 위한 치열한 수행의 과정을 열 단계로 펼쳐 놓은 것인데 거기에서 첫 번째가 환희지인 것이다.

하지만 이 첫 환희지에 이르기 위해서 10신, 10주, 10행 10회향과 40의 계단을 밟아 올라가는 정진을 피할 수 없었다. 이 과정을 선재는 이미 그의 전생에서 착실하게 밟았기 때문에 이 세상에서 순례의 초기에도 불구하고 그 첫 동정의 법열을 누릴 수 있었던 것인지 모른다.

(…중략…)

그래서 제2 이구지, 제3 발광지, 제4 염혜지, 제5 난승지에 이어 제6의 현전지에 이른 것은 그가 남 힌두 순례를 마칠 무렵이었다.

이 현전지에 이르면 비로소 반야의 지혜가 완성된다. 말하자면 수행을 통한 자기 완성이며 자리(自利)인 것이다. 여기를 지나 제7 원행지, 제8 부동지, 제9 선혜지에 이어 마침내 제10의 법운지에 이르면 자리(自利)로부터 이타의 행을 완성할 수 있는 것이다. 바로 한 발짝 앞에서 부처의 경지가 새벽의 천길 벼랑처럼 그의 앞을 딱 가로막는 것이다.

이제 선재는 그런 경지에 다가가고 있다.[30]

위의 인용문은 선재가 십지의 가운데 제6 현전지에 이르렀음을 서술하고 있다. 「입법계품」에 따르면 춘화신(바산바연저 주야신)을 포함해 총 열 명의 선지식을 만남으로써 선재가 십지의 법문을 모두 듣게 된다. 구체적으로 선지식을 살펴보면 '춘화신, 무구광신, 희목신, 길상

30 고은, 『화엄경』, 민음사, 1991, 462쪽.

신, 적정음해신, 위덕신, 안락신, 광명신, 묘위덕, 서가구파'이다. 하지만, 고은의 『화엄경』에서는 묘월 장자를 만나고 난 이후 십지의 제6 현전지에 도달한 것으로 그리고 있다. 「입법계품」에 따르면 묘월 장자는 10명의 선지식이 나타나는 등각의 단계에 속한다. 결국, 고은은 경전 「입법계품」의 도식적인 틀에서 벗어나 자신만의 관점으로 창작했음을 확인할 수 있다.

이와 같은 맥락에서 이동하는 소설 『화엄경』이 「입법계품」에서 환골탈태했다고 본다. 그는 선재동자가 일곱 번째의 선지식인 해당 비구를 만나는 장면을 소설 『화엄경』과 「입법계품」과 비교하면서 세 가지 근거를 들고 있다.

> 그 첫째는 원래의 「입법계품」이 철저하게 초역사적이고 초현세적인인 차원에서 전개되고 있음에 반하여 소설 『화엄경』은 그러한 차원을 완전히 벗어나 버린 것은 아니지만 그래도 역사적・현세적인 요소를 상당히 적극적인 자세로 도입함으로써 원래의 「입법계품」보다 훨씬 실감있는 세계를 만들어내고 있는 점이요, 둘째는 원래의 「입법계품」이 어디까지나 고상하고 단정한 귀족적 성격을 고수하고 있음에 반하여 이 소설 『화엄경』은 선종(禪宗)의 세계에서 찾아볼 수 있는 파격적이고 자유분방한 관점과 스타일을 도입함으로써 원래의 「입법계품」보다 훨씬 더 서민적인 성격을 창출하고 있다는 점이며, 셋째는 고은 특유의 화려하고 발랄한 언어가 소설 『화엄경』에서도 거침없이 구사되어, 원래의 「입법계품」과 분명히 구별될 뿐 아니라 고은 이외의 다른 어떤 사람이 쓴 텍스트와도 구별되는 이를 테면 '고은만의 공간'을 만들어 내고 있다는 점이다.[31]

이와 더불어 소설 『화엄경』에서 주목할 것은 깨달음을 추구하는 보살도뿐만이 아니라 중생 구제의 실천적 지향이 그려지고 있다는 점이다. 「입법계품」의 보살도 가운데, 십신(十信), 십주(十住), 십지(十地), 등각은 위로는 붓다의 깨달음을 추구하는 상구보리(上求菩提)가, 보살이 수행하는 열 가지 이타행인 십행(十行)과 보살이 닦은 공덕을 널리 중생에게 돌려주는 열 가지인 십회향(十廻向)에는 중생을 교화한다는 하화중생(下化衆生)이 잘 드러나 있다. 이는 소설 『화엄경』에서도 그대로 반영되고 있다. 소설 『화엄경』의 "스물다섯의 스승을 만난이래 이만한 공부로 그는 능히 보리살타의 경지에 이르러 마땅하다. 그에게는 이제 보살의 도가 아니라 행의 나날이 총총히 다가오고 있었다"[32]는 글을 통해, 앞으로 중생구제의 보살도(이타적 실천)가 전개된다는 것을 알 수 있다. 이 글은 스물다섯 번째의 선지식인 바시라 사공을 만나 후에 개입된 '작가 논평'이다. 이후, 선지식과의 만남에서는 이타적 실천 행에 대한 가르침을 구하는 선재가 그려지고 있다. 대표적으로 세 개를 살펴보자.

① 처사님 저는 저만 위해서 먼 길을 다니는 것이 아닙니다. 제가 만난 모든 사람들과 만나지 않은 모든 사람들의 복을 위하여 다니는 것입니다. 그래야 저는 이 길을 중단하지 않는 힘이 솟아납니다.[33]

② 내가 선지식을 만나는 바는 용맹과 지혜와 서원과 중생을 위한 고통과

31 이동하, 「선재동자의 새로운 구도여행」, 앞의 책, 2005, 219~232쪽.
32 고은, 앞의 책, 1991, 200쪽.
33 위의 책, 255쪽.

보살의 행실 때문이 아니냐.[34]

③ 보현보살! 어린 나그네가 마지막으로 만난 회향(回向)의 보살! 그 보살이야말로 보살의 일체를 드러낸 대비 대행의 헌신자이다.[35]

위의 ①과 ②에서처럼 이타적 실천행이 중요시됨을 알 수 있는데, 이는 ③에서처럼 마지막 선지식이자 행의 상징인 보현보살에까지 이어진다. 이렇게 해서 지혜를 추구하는 깨달음의 보살도에 이타적 실천행이 결합됨으로써 마침내 번뇌와 망상을 끊어버린 '묘각', 곧 열반에 이르게 된다. 이 열반은 『화엄경』의 사상인 이사무애(理事無碍), 사사무애(事事無碍)의 법계를 그대로 이어받고 있다. 즉, 깨달음의 세계와 미혹의 현실이 하나이며, 현실의 각 존재가 걸림 없이 서로가 서로를 받아들이고 서로가 서로를 비추면서 융합한다는 것이다.[36]

---

34 위의 책, 313쪽.

35 위의 책, 517쪽. 보현보살이 행의 상징임을 다음 글에서 확인할 수 있다(『화엄경』 80권 「입법계품」: 동국대 전자불전문화재콘텐츠연구소, 『한글대장경』 http://ebtc.dongguk.ac.kr).
"선남자여, 내가 법을 구한 것은 모든 중생을 구호하기 위한 것이니, 한결같은 마음으로 생각하기를 '모든 중생이 이 법을 들어지이다. 지혜의 광명으로 세간을 두루 비추어지이다. 출세간의 지혜를 열어 보여지이다. 중생들이 모두 안락함을 얻어지이다. 모든 부처님의 가지신 공덕을 두루 칭찬하여지이다' 하였노라."

36 작가 고은은 소설 결말에 다음처럼 직접적인 작가 논평의 목소리로 열반에 대해 설명하고 있다(고은, 위의 책, 532쪽).
"그렇다. 어린 나그네 선재 보살은 이제 그 자신이 세계의 여러 곳을 찾아다니며 사랑을 호소할 것이다. 그리하여 주관[能]과 객관[所]을 융합하는 보융무애문(普融無碍門)에 이르러 개체와 전체, 전체와 개체, 주관과 객관, 객관과 주관을 번갈아가면 서로 융합하며 그것을 함께 나누는 무애자재의 화엄법계(華嚴法界)에 깨쳐들어 가는 것이다.
그러나 이런 경지에서나 어느 밑바닥 경지에서나 다른 본성이 서로 일치하는 이체상즉(異體相卽)은 똑같은 것이다. 그리하여 더 휘황찬란한 화엄은 미친 사람의 헛소리와 붓다의 삼매를 하나로 보지 않으면 거기에 딱 버티고 기다리고 있는 것은 지옥일 뿐이다."
인용문의 주관과 객관이 융합하는 보융무애문, 곧 개체와 전체, 전체와 개체, 주관 객관, 객관과 주관이 서로 융합하고 함께 나누는 것은 일(一)과 다(多)를 상즉, 상입의 관계로 보는 '일

이상, 소설 『화엄경』에는 「입법계품」에서처럼 대승불교의 '위로는 붓다의 깨달음을 추구하고 아래로는 중생을 교화한다(上求菩提 下化衆生)'라는 보살 사상이 잘 구현되었다는 점을 알 수 있다. 무엇보다, 53명의 선지식으로 등장하는 각양각색의 인물들이 깨달은 자 부처는 멀리 있는 게 아니라 바로, 지금, 여기에 있음을 강조하고 있다. 때문에, 진정한 깨달음은 뭇 중생에 대한 무차별적인 존중과 이타 행을 수반할 때 가능함으로 보여주고 있다.

2. 다선일여(茶禪一如) – 한승원의 『초의』

1) 본래면목의 선 사상 추구

한승원 소설의 핵심 특징은 '토속성'과 '한'으로 평가되고 있다. 그의 대부분의 작품이 고향 바다의 토속적인 공간을 소재로 하는데, 이는 「한 1, 2, 3」연작, 「폐선」, 「안개바다」, 『포구』, 『바다의 뿔』, 『불의 딸』 등에서 잘 드러난다.[37] 이에 비해 그의 불교 사상적 관심과 불교소설은 특별한 조명을 받지 못한 듯하다. 사실, 그는 불교소설 『아제

즉다다즉일(一卽多 多卽一)' 곧 사사무애(事事無碍)를 보여주고 있다. 또한, 인용문의 "미친 사람의 헛소리와 붓다의 삼매"를 하나로 보는 것은 중생 속에 불성이 있기 때문에 중생(미혹)과 부처(열반)를 분별하는 것을 넘어선다는 이사무애(理事無碍)를 보여준다(한자경, 『한국철학의 맥』, 이화여대 출판부, 2008, 69~120쪽).

37 권영민, 「토속적 공간과 한의 세계」, 임철우 외편, 『한승원 삶과 문학』, 문이당, 2000, 127쪽.

아제 바라아제』(1985)를 필두로 불교소설 『초의』(2003), 『원효』(2006)를 창작한 바 있다. 그에게서 불교는 일시적인 창작 소재가 아니라 청년기 이후 일관되게 지속된 창작의 사상으로 작용했다.

그는 문청 시절 서구 사상이 유행처럼 번질 때부터 불교에 대한 관심을 가지고 있었다. 당시 그는 우연히 조우한 비구 스님에게 "불교란 무엇인가, 불교하고 실존주의하고는 어떤 관계가 있냐, 신을 통하지 않는 구원이 있을 수 있느냐, 깨달음이란 무엇이냐, 선이란 무엇이냐" 라고 질문했다. 이에 대답을 준 스님에게 감화를 받은 그는 중이 되고 싶다는 생각을 했다. 게다가 그는 대학 시절 도안 스님과 교류를 이어가면서 불교 사상에 젖어들어 갔다.[38]

그는 석가모니를 신을 거부하고 고독하게 대지 위에 선 각성자로 이해하고 있다. 때문에 석가모니의 '천상천하 유아독존'은 오만이 아니라 절대고독이라는 것이다. 이와 함께, 인간은 석가모니처럼 자기의 고독과 아픔과 삶을 혼자서 해결해야 하는 존재라는 것이다.[39] 그는 다음 글에서처럼 이미 내 속에 부처님이 들어 있다는 본래면목(本來面目), 견성성불(見性成佛)의 선 사상을 피력하고 있다.

> 니체의 세계, 노장의 세계, 석가모니의 세계, 아름다운 예술의 세계 …… 그런 것들이 모두 먼저 있었던 것이 아니고 이미 내 속에 있었던 것이지요. 글을 통해 깨닫고 나니, 벌레와 새와 하늘과 바다와 별과 달과 해와 겨자씨 속의 우주를 알고 나니, 그것들이 이미 내 속에 있었던 것이더란 말입니다.

---

38 신덕룡, 「한승원과 신덕룡의 대담—바다, 깊고 넓은 원융의 세계」, 위의 책, 45~47쪽.
39 위의 글, 53쪽.

절에 가서 석가모니 부처님한테 절을 하는데 사실은 나에게 절을 하는 것이지요. 절을 하면서 나 스스로에 대하여 성찰하고, 스스로의 깨달음을 얻어가는 것입니다. 내 속에 이미 들어 있는 신과 부처님과 우주의 참 질서와 만나는 것이란 말입니다.[40]

그는 위와 같은 불교 사상적 사유에서 한 걸음 나아가 직접 절 수행을 하고 있다. 그는 대중 불교소설가 정찬주의 『나를 깨우는 108배』(2008)의 추천의 글에서 사찰에 찾아가 절을 한다고 밝히고 있다. 탐욕이 없어진 깨끗한 마음을 기르기 위해 절에 가는 그는 "절에 가면 부처님께 절을 하고, 절을 하면서 부처님과 나를 동시에 만납니다"라고 기술하고 있다. 이 글에서도 일관되게 "내 속에 부처님이 들어 있고, 부처님 속에 내가 들어있습니다"라는 선 사상을 견지하고 있음을 알 수 있다.[41]

2) 차 삼매(三昧) 근간으로서의 선(禪)

『초의』는 한국의 다성(茶聖) 초의(草衣) 선사(1786~1866)의 일대기를 그린 소설이다. 『초의』는 죽음을 코앞에 둔 초의의 현재 이야기 안에 초의의 과거 일대기를 넣은 액자 소설이다. 소설은 초의의 출생과 유년기, 출가와 수행, 차 공부 그리고 여러 선승과 유학자들과의 지적

---

40 위의 글, 53~54쪽.

41 한승원, 「추천의 글-절하고 싶어 절에 갑니다」, 정찬주, 『나를 깨우는 108배』, 김영사, 2008, 61쪽.

인 교류를 보여주고 그려내고 있다. 이 가운데 소설의 중심축을 이루는 것은 초의의 '차 사상'이다.

초의는 1786년 4월 5일 태어나 운흥사 벽봉에게 출가하여 선교융합의 수행을 추구한 수행승이다. 그의 법명은 의순(意恂), 자는 중부(中孚)인데, 초의는 완호에게서 받은 법호다.[42] 그는 조선 후기 한국의 차문화를 중흥했을 뿐만 아니라 선차를 복원해 '초의차(草衣茶)'로 불릴 만큼의 탁월한 품격을 가진 차를 완성했다. 그는 당대의 지성인 정약용을 비롯해 북학파 경화사족들과 교류를 확대함으로써 차의 애호층을 널리 확산시켰다.[43]

초의의 차 사상은 조주(趙州)의 '끽다거(喫茶去)'를 이은 것이다. '끽다거'는 '차 한 잔 들게나'라는 뜻으로 조주 선사에게 깨달음을 구하고자 처음 찾아온 수행자에게나, 또 한 번 왔던 적이 있는 수행자에게나, 심지어 곁에서 '차 한 잔 들게나' 하고 말하는 자신을 지켜보던 스님에게나 모두에게 차를 권했다는 일화에서 비롯한 것이다. 선은 형식이나 절차와 같은 분별지를 넘어서서 바로 지금, 이 자체로 나 자신이 부처라고 설파하기 때문에 차 마시는 것과 깨달음 곧, 차와 깨달음을 구하는 선은 매한가지[茶禪一如]라고 보는 것이다. 이러한 차 사상은 신라 말에 유입된 후 고려를 지나 조선의 청허, 편양, 연담, 완호를 거쳐 초의로 이어졌다. 초의의 차 사상은 '다선일여(茶禪一如)'로 대변할 수 있는데, 이에 대해서는 그의 시를 통해 확인할 수 있다.

---

42 박동춘, 『초의선사의 차문화 연구』, 일지사, 2010, 262쪽.
43 위의 책, 21쪽.

가볍고 연한 물맛을 시험하여
좋은 차와 물이 서로 조화되어야 (차의) 체(體)와 신(神)이 열린다네.
추함과 더러움을 없애야 정기가 드러나니
대도를 이룸이 어찌 멀다 하겠는가.
영산에 가져다가 부처님께 올리는데
차 달이는 법은 범률(梵律)에서 다시 상고했네.
알가(閼伽)의 진체(眞體)는 오묘한 근원을 궁구하는 것이라
그 근원은 집착 없는 바라밀이라.[44]

위에서 보듯, 초의는 차를 알가(閼伽) 곧 '부처에게 바치는 물'이라며 그 의미를 높이 평가하고 있다. 또한, 알가(차)는 오묘한 근원을 궁구하는 것인데, 그 근원은 '집착 없는 바라밀'이라고 하고 있음을 볼 수 있다. '바라밀(波羅蜜多의 준말)'은 '산스크리트어 '파라미타(pāramitā)'를 음사한 것으로 도피안(到彼岸, 깨달음에 도달하다)으로 풀이한다. 결국, 초의는 차와 깨달음, 차와 깨달음을 구하는 선(禪)이 불이(不二)함을 역설하고 있음을 확인할 수 있다.

박동춘은 초의가 완성한 '초의 차'는 천연지성(天然之性)의 집착이 없는 경지를 드러낸 것이라고 한다. 그는 삼매의 경지에 이르러야 담박한 차를 만들 수 있다고 하는데, 이는 곧 선과 차가 불이(不二)임을 말한다. 다음 글에서처럼 "피차에 대한 편견과 시비가 끊어진 상태"는 곧 선의 삼매 상태로 볼 수 있다.

44 위의 책, 144쪽.

> 선은 안으로 움직이지 않는 자신의 마음을 보는 것으로, 일심의 극치에 이르는 것을 말한다. 일심은 유무이변(有無二邊)의 경계가 없는 중도이며 불이(不二)이다. 선처럼 차별을 여읜 순수하고 피차의 경계가 없는 부동한 마음으로 차를 대해야 현묘한 이가 드러나게 된다. 쇤 잎을 정갈히 가리는 것은 차의 참됨을 드러내기 위함이니, 한곳에 몰입하는 치밀한 집중력과 흔들림 없는 마음을 유지할 수 있어야 정차(精茶)를 만들 수 있다. 사물에 대한 바른 관찰력을 갖추어 피차에 대한 편견과 시비가 끊어진 상태에서만 차라는 대상물에 대한 치밀함과 엄정함을 확보할 수 있고 객관적인 입장에서 차의 보편성을 드러낼 수 있다. 바로 이런 경지에서만이 차의 천연한 진체가 드러나게 된다.[45]

선 사상의 관점에 따르면 우리 인간은 본래 내면에 불성을 갖추고 있다. 이러한 본성[本來面目]은 선의 수행 곧 삼매(三昧)를 통해 자각함으로써 깨달음에 이를 수 있다. 선은 이성에 의해 실체로 인식한 사물을 분별하는 것(말로 규정짓는 것)을 중지하고, 이성(언어)를 떠난 무차별의 시각을 지향한다. '나' 가 오온(五蘊, 거품)일 뿐만 아니라 오로지 식(識)만 있을 뿐 경(境, 사물 대상)이 없으며, '나'와 사물 대상은 다만 연기법에 의해 현상적으로 실체 있는 것처럼 보인다는 것을 깨치게 된다. 유식(唯識)으로 보면, 선을 통해 제7식인 말나식(자아의식)과 제8식인 아뢰야식(업의 저장소)에서 탈피하게 되는 것이다. 이렇게 함으로써 참 / 거짓, 선 / 악, 미 / 추의 분별을 넘어서는 '경계(境界)'가 열리게 된다. 이때, 비로소 견성성불(見性成佛)이 이루어진다.[46]

45 위의 책, 147~148쪽.

이러한 선과 차를 만드는 과정은 매한가지로 볼 수 있다. 제다(製茶) 과정에서도 언어를 기반으로 하는 시비 분별 작용을 타파한 몰입, 곧 삼매(三昧)를 중시하기 때문이다. 호흡의 관점에서 보면, 차에 집중할 때 생기는 무념무상의 '호흡 삼매'는 곧 선을 행할 때의 무아지경(trance)[47]의 그것과 통한다. 본래, 부처는 안반수의(安般守意, 아나파나사티) 호흡법을 매우 중요시했다.[48] 결국, 선의 삼매와 차의 삼매는 불

---

46 이러한 선 사상은 『아제아제바라아제』에 나오는 순녀의 생각을 통해서도 엿볼 수 있다. 청정 곧 연꽃은 그와 반대되는 불순물(썩은 물, 똥오줌이나 가래침, 흙탕물)을 비롯해 자연을 전제로 해서 가능하다는 것은 불성이 중생에게 이미 갖추어져있다는 선 사상과 통한다(한승원, 『아제아제바라아제』, 삼성출판사, 1985, 208쪽).
"깨달음은 청정한 채로 산 속에 들어 앉아 참선을 해야만 얻어지는 게 아니다. 땀 흘리고, 땀내 맡으며, 끌어안고 뒹구는 방구석에서도, 파리 떼 들끓는 아귀다툼 속에서도 얻어지는 것이다. 청정이란 무엇인가. 무엇이 청정인가. 이 세상에서 가장 순수하게 승화된 청정의 표상은 연꽃이다. 연꽃은 어디서 피는가. 그것은 시궁창 물 괸 진흙 속에 뿌리를 뻗고 산다. 그 뿌리는 죽은 쥐새끼의 썩은 물을 빨아들이고, 똥오줌이나 가래침이나 흙탕물도 빨아들인다. 안개며, 이슬이며, 바람이며, 밤의 어둠이며, 별빛이며, 도깨비불이며, 아침 햇빛이며, 한낮의 햇살이며, 핏빛 저녁놀이며 …… 빨아들이지 않는 게 없다. 그 모든 것 속에서 연꽃 특유의 선연한 빛깔을 창조해내는 것이다. 한데, 이 세상에는 청정과 깨달음을 내세우며 허위의 너울만을 쓰고 사는 사람들이 얼마나 많은가."

47 깊은 명상에서 희열에 잠긴 상태. 명상 상태를 뇌파로 살펴보면 다음과 같다. 아래에서 보듯이, α파(명상) → Θ파(깊은 명상) → δ파(삼매)로 뇌파가 안정됨에 따라 깊은 명상에 빠지게 된다(한자경, 앞의 책, 22쪽). 차의 삼매 상태 역시 명상 상태의 뇌파를 보일 것이다.

〈뇌파와 의식의 상태〉

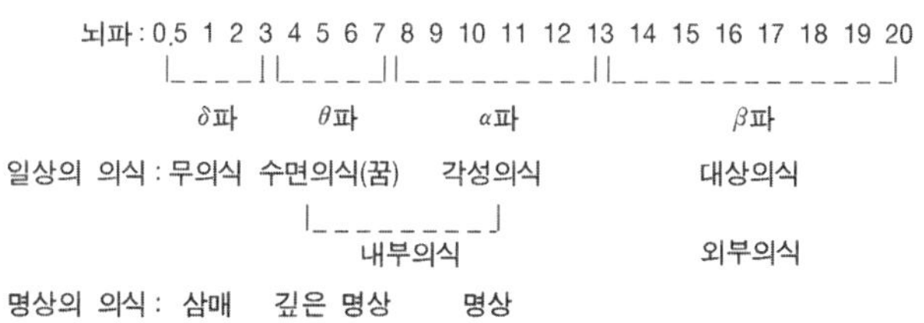

48 정태혁, 『명상의 세계』, 정신세계사, 122~126쪽. 부처는 '안반수의 호흡법'이 깨달음의 전제임을 이렇게 말한다(村木弘昌, 류정훈 편역, 『석존의 호흡법』, 경서원, 1988, 50쪽).
"수행의 과정에 있는 사람은 이것으로써 얻지 못한 바를 얻고, 이루지 못한 바를 이루고, 깨닫지 못한 바를 깨닫게 될 것이다. 만약 깨달은 사람이면 눈앞에 법락이 있도다. 이것이 바로

이[茶禪三昧]라는 것이다.

소설 『초의』에서 초의는 벽봉에게서 차에 대한 가르침을 받는다. 고아가 된 초의를 거두어준 벽봉은 초의에게 춤, 그림과 함께 차에 대해 가르쳐준다. 벽봉은 스님들이 생활을 멀리하고 오로지 면벽 참선 만하는 것을 비판적으로 바라보고 스님들도 참선을 비롯해 단청, 탱화, 바라춤, 범패와 같은 '기술'을 가지고 살림을 해야 한다고 생각한다. 이러한 벽봉은 차는 '텅 빈 곳에 어리는 향기로운 모양새이자[空卽是色], 그 모양새 속에 어려 있는 텅빈 것[色卽是空]으로 본다. 그는 초의에게 차에 대해 이렇게 일러준다.

> 첫 번째 우린 것은 배린내가 나는 십대 인생의 맛이고, 두 번째 우려 마신 것은 혈기방장한 이십대 맛이다. 세 번째 것은 삶의 맛을 바야흐로 알기 시작하는 삼십대 맛이고, 네 번째 것은 깨달음이 보일똥말똥하는 사십대 맛, 다섯 번째 것은 부처님이 눈을 반쯤 감은 뜻을 알기 시작하는 오십대 맛이

입출식, 즉 '안반수의'를 올바르게 이름이니라."(『잡아함경』 제29제6경)
호흡에 대한 동양학자, 서양학자의 견해를 살펴보자. 서구에 선을 알린 스즈끼 다이세쓰는 호흡(선)을 하는 동안 주체는 숨이 드나드는 자동문일 뿐이며 따라서 주체와 객체가 공이 된다고 보면서 이렇게 말한다(스즈끼 다이세쓰, 신현순 역, 『禪心初心』, 해뜸, 1986, 23쪽).
"이른바 '나'라고 하는 것은 단지 우리가 숨을 내쉬고 들이쉴 때에 움직이는 자동문에 지나지 않는다. 그것은 단지 움직임일 뿐이다. 그것이 전부이다. 여러분의 마음이 이러한 운동을 따를 만큼 순수하고 고요하다면, 거기에는 아무것도 없다. '나'도 없고 '세계'도 없고 '마음'도 없다. '몸'도 없다. 단지 자동문일 뿐이다."
한스 페터 헴펠은 서양에서도 숨(쉬기)을 단지 생리적인 작용으로 한정하지 않고 지적인 활동이자 정신적인 개념으로 여겨왔다고 보면서, 이렇게 말한다(한스 페터 헴펠, 이기상 외역, 『하이데거와 선』, 민음사, 1995, 339쪽).
"라틴어 **스피리투스**(spiritus)는 **숨**을 의미한다. 그것은 영어로는 spirit, 즉 정신 Geist이다. 그토록 많이 맹세되기도 했고 때로는 웃음거리가 되기도 했던 우리의 낱말 '정신'도 숨을 의미하는 셈이며, 그래서 우리는 禪과 더불어 합당하게 이렇게 말할 수 있다. 즉 **나는 숨쉰다, 고로 나는 존재한다.** 독일어의 정신도 근원적으로는 '생명의 숨'을 의미한다. (…중략…) 즉 **분명 숨은 모든 존재를 여는 열쇠이다.**"

> 고, 여섯 번째 것은 연꽃잎을 스치는 부처님 말씀을 듣기 시작하는 육십대 맛, 일곱 번째 것은 연꽃들이 다 지고 없는 연못의 황달든 연잎에 어린 불음(佛音)을 듣는 칠십대 맛이다. 그리고 여덟 번째 마시는 것은 '나 아무 말도 하지 않았느니라' 하고 말씀하신 부처님의 말씀을 알아듣는 팔십대 맛, 아홉 번째 것은 햇볕에 잘 바래진 모시같이 머릿속이 바래지는 구십대 맛이고, 열 번째 것은 사바세상과 아미타 세상을 넘나드는 맛이라고 내 은사 스님께서 그러시더라.[49]

위에서처럼, 열 번에 걸쳐 우려낸 차는 다선일미(茶禪一味), 다선일체(茶禪一體)를 보여준다는 것이다. 열 번에 걸쳐 우려내는 차는 선 수행 과정에서 온갖 번뇌 망상의 소멸과 함께 열반을 향한 전진 과정을 보여준다. 특히, 이 가운데 열 번째 차의 맛은 선의 최고의 단계인 열반에 다름 아닌 것으로 높이 평가하고 있다. 차를 통해 열반에까지 이를 수 있는 것은 앞서 언급했듯이, 산매를 통해 분별을 넘어섰기 때문이다. 내가 차를 마시는지, 차가 나를 마시는지가 구별할 수 없게 되고 나서 결국 나와 차가 '비 실체'(그림자)임에 자각하게 된다.

세월이 흐른 후 초의는 벽봉의 요청을 받들어 차를 마시는 온전한 전범인 『다신전(茶神傳)』을 쓰게 된다. 최고의 차향을 일러 '다신(茶神)'이라고 한다. 저자 한승원에 따르면, 차 주전자에 차를 넣고 맥박 뛰

49 한승원, 『초의』, 김영사, 2003, 109～110쪽. 여러 번에 걸쳐 우려낼수록 높은 경지의 맛에 도달하는 차처럼, 명상 또한 한 단계 한 단계 상승 과정을 밟아 올라간다. 깨달음(해탈)을 이룬 붓다의 명상법 사념처관(四念處觀)의 아홉 단계는 다음과 같다(정태혁, 『명상의 세계』, 정신세계사, 2004, 82～86쪽 참고). "초선(初禪) 〉 이선(二禪) 〉 삼선(三禪) 〉 사선(四禪) 〉 정무변처정(定無邊處定) 〉 식무변처정(識無邊處定) 〉 무소유처정(無所有處定) 〉 비상비비상정(非想非非想定) 〉 멸진정(滅盡定)"

는 속도로 아홉을 헤아리고 또다시 아홉을 헤아리면 애벌차가 나온다고 하는데 그 첫 번째 아홉을 헤아렸을 때 뚜껑을 살짝 열었을 때의 향이 바로 '다신'이라는 것이다. 갓난아기를 따스한 물에 멱을 감긴 다음 살갗에 코를 댔을 때 나는 배냇향과 같은 것이 다신인데, 우주를 생성시킨 은근하고 그윽한 기운이라고 한다.[50] 초의는 청나라의 모문환이 엮은 『만보전서(萬寶全書)』의 「다경채요(茶經採要)」를 참조해 『다신전』을 초록하면서 다음과 같은 깨달음에 도달한다.

> 차를 마실 때 그 향을 맡는 것은 그 생명력을 들이켜는 것이다. 선(禪)이란, 쉽게 말한다면 사람의 성정 속에 잠자고 있는 생명력을 활성화시키는 것이다.
>
> 차 마시기와 선은 둘이 아니다. 선은 물 흐르듯 꽃이 피듯 순리를 가르치는 것이다. 순리는 논리를 깨부시고 지름길로 나아가 진리에 단박 도달하기 아닌가. 경전 읽기라는 문을 통하지 않고도 이를 수 있는 것이 그것이다. 그러나 경전 읽기를 거친다면 더 확실하게 이를 수 있다. 선과 교는 둘이 아니다. 모든 법은 둘이 아니다. 부처와 중생이 둘이 아니고, 시와 그림이 둘이 아니고, 시와 선이 둘이 아니고, 시와 글씨가 둘이 아니고, 글씨와 선이 둘이 아니다.[51]

위에서처럼 '그 향'(배냇향)을 맡는 것과 선은 공히 생명력을 활성화한다고 한다. 따라서 그는 차 마시기와 선은 불이(不二)임을 단정 짓

50 한승원, 「작가의 말」, 위의 책, 11쪽.
51 위의 책, 261쪽.

는다. '논리'를 초월해 단박에 진리에 도달하는 선의 삼매와 차 마시기의 삼매는 일여하다는 것이다. 여기서 더 나아가 분별을 넘어서는 선의 관점에 따라 부처와 중생이 일여하다는 데까지 나아간다. 이와 함께 형식과 내용면에서 확연히 구별되는 시와 그림, 시와 선, 시와 글씨조차 불이임을 강조하고 있다. 초의는 차 마시기의 삼매 속에서 선의 삼매를 보았고, 이를 통해 차와 선의 삼매가 일여함을 자각한 것이다.

초의가 말하는 다선삼매(茶禪三昧)의 경계는 그가 남긴 『동다송(東茶頌)』의 다음 시에서 엿볼 수 있다. 이 시에서는 인간과 자연의 분별을 넘어선 물아일체의 경지가 잘 드러나 있다. 분별되는 인간의 이성과 문명은 찾아보기 힘들고 다만 찻물 끓이는 소리만이 그 흔적을 보여준다. 이조차 인위적인 소리가 아니라 자연의 소리 곧 솔바람 소리로 환치되고 있다. 바로 이러한 시적 공간에서 차의 삼매는 곧 선의 삼매와 매한가지인 것이다.[52]

밝은 달은 촛불이요 또 벗이라
흰 구름 자리삼고 병풍으로 삼았네.
솔바람소리 들리는 듯 찻물 끓는 소리에
맑고 서늘한 기운 영혼을 일깨우네.

---

52 소설 『초의』에서 추사 김정희 역시 다선삼매를 피력했다. 초의가 제주도 유배에서 풀려나 용산에 기거하는 김정희를 찾았을 때였다, 초의는 하룻밤을 묵고 이른 아침에 깨어나 가부좌를 한 채로 선에 들었다. 이 모습을 보고 김정희가 다음처럼 다선삼매의 경계를 노래했다(위의 책, 348쪽).
"고요히 앉아 있는 곳에서는 / 차 반쯤 우러났을 때의 배릿한 향기 피어나고 / 오묘하게 움직일 때는 / 물 흐르듯 꽃이 피듯[靜坐處 茶半香初 妙用時 水流花開]"

흰 구름, 밝은 달 두 벗만 허락하니

도인의 찻자리 이보다 좋으랴.[53]

이상, 소설 『초의』는 역사적 인물 초의의 일대기를 그리면서, 그의 다선일여(茶禪一如) 사상을 잘 형상화했다. 삼매 속에서 차(만들기, 마시기, 맛과 향)와 선이 서로 통하기 때문에 차와 선은 하나로 볼 수 있다. 초의는 차의 근원을 집착 없는 바라밀이라고 했다. 이는 분별된 현상계와 실존적 존재인 '나'가 거품이자 그림자라고 하며, 분별을 넘어서는 순간 곧 내 속의 불성을 자각해 열반에 도달할 수 있다는 선과 상통한다. 결국, 소설 『초의』는 삼매를 통해 차와 선이 하나가 된다는 것을 잘 보여주고 있다.

3. 소결 – 1990년대 긍정의 기약과 불교 미학적 천착

이상에서 1990~2000년대의 불교소설로 고은의 『화엄경』(1991), 한승원의 『초의』(2003)를 분석해 보았다. 전자는 '1980년대 이후'라는 시대 상황과 밀접한 관련이 있고, 후자는 시대 상황과 상관없는 작가의 불교 사상에 대한 미학적 천착을 엿볼 수 있다.

고은의 경우, '광장의 시대'인 1980년대가 끝나는 것과 함께 1991년

53 의순, 『동다송』, 한불전 10,876 中(박동춘, 앞의 책, 152쪽에서 재인용).

에 『화엄경』을 발표했다. 이는 그간 부정한 시대 현실 속에서 치열하게 현실 참여 활동을 벌이던 그가 1990년대를 '긍정의 시대'로 받아들였기 때문이다. 그는 이전의 시대와 달리 긍정의 실현을 기약할 수 있는 시대가 열렸음을 확신했음에 틀림없다. 이러한 내적 변화 속에서 발표된 것이 『화엄경』이다. 소설에서는 진정한 깨달음은 중생에 대한 무차별적인 존중과 이타 행을 전제할 때 비로소 가능하다는 것을 선재동자의 53명의 선지식과의 만남을 통해 보여주고 있다. 결국, 깨달음의 보살도는 '위로는 붓다의 깨달음을 추구하고 아래로는 중생을 교화한다(上求菩提 下化衆生)'라는 보살 사상에 의해 가능하다는 것이다.

한승원의 경우, 『초의』를 통해 초의의 일대기를 그리면서 다선일여(茶禪一如) 사상을 잘 드러내었다. 주지하듯이, 다선일여는 한국 불교사의 맥과 함께 하는 오래 전통을 가진 사상이다. 이 사상은 『초의』 이전의 불교소설에서는 찾아보기 힘든데, 2000년대에 이르러 한승원이라는 작가를 통해 비로소 장편 소설로 구현되었다. 초의는 차의 근원을 집착 없는 바라밀이라고 했는데, 이는 내 속의 불성을 자각해 열반에 도달할 수 있다는 선과 상통한다. 이와 마찬가지로, 『초의』는 삼매 속에서 차(만들기, 마시기, 맛과 향)와 선이 서로 통하기 때문에 차와 선은 하나임을 잘 보여주고 있다.

제6장

불교소설의 근·현대 소설사적 의의

본서는 1910년대에서부터 2000년대까지의 대표적인 불교소설을 대승불교 사상에 의거해 분석함으로써, 불교소설의 근·현대 소설사적 위상과 가치를 살펴보았다. 우리 근·현대소설사에는 불교 사상을 수제의식으로 선면화한 불교소설을 비롯해 불교 사상이 일부 개입되거나 불교(설화, 상징물)를 소재 및 배경으로 한 경우, 또한 불교 사상적 해석이 가능한 소설 그리고 불교 신앙 소설 등 불교 관련 소설이 수도 없이 많다. 본서는 연구 대상을 '불교소설'로 한정했으며, 그 가운데 문학사적으로 의미가 있는 불교소설을 분석해 불교소설의 근·현대 소설사적 위상과 가치를 고찰했다.

대승불교 사상은 우리 민족 고유의 전통 사상으로 현대에까지 그 명맥이 이어지고 있을 뿐만 아니라 그 위상이 전혀 위축되지 않는다. 본서는 대승불교 사상의 핵심에 해당하면서도 보편적인 것으로 보살(菩薩) 사상, 무아(無我) 사상, 선(禪) 사상을 연구방법론으로 선택했다. 첫 번째, 보살 사상은 출가자 개인의 해탈만을 고집하는 소승불교와 다른 한국 대승불교의 성격을 특징짓는 사상으로, 곧 '위로는 붓다의 깨달음을 추구하고 아래로는 중생을 교화한다[上求菩提 下化衆生]'라는 실천적 휴머니즘을 말한다. 두 번째, 무아 사상은 모든 존재가 시간적 선후 관계의 인과관계가 아니라 동시적으로 서로 의지하고 관계를 맺는 상의성(相依性)에 의해 생성, 소멸한다는 연기법에 근거해 주체적 자아가 무자성(無自性)한 것으로 본다. 이와 더불어, 십이연기(十二緣起)는 윤회하는 업보(業報)가 있을 뿐 업을 짓는 작자로서의 인간 주체는 없다고 본다. 세 번째, 선 사상은 모든 인간이 본래 내면에 갖추어진 본성[本來面目]으로서의 불성(佛性)을 자각해 깨달음(열반)에 이르는 것을 말한다.

이러한 세 측면의 대승불교 사상은 매 시기 불교소설에 잘 형상화되었다. 각 소설이 취한 소재의 특징과 함께 구체적인 대승불교 사상의 주제의식을 살펴보면 다음과 같다. 참고로, 본서는 주제 의식의 경우 도식적으로 해당 작품에 하나의 대승불교 사상을 대입하는 것을 피해, 해당 작품에서 가장 두드러진 대승불교 사상을 도출하고자 했다.

양건식의 「석사자상」 외 3편 : 현실적 소재(1편), 역사적 소재(3편) / 보살 사상, 선 사상

한용운의 『박명』 : 현실적 소재 / 보살 사상, 무아 사상

현진건의 『무영탑』 : 역사적 소재 / 보살 사상

이광수의 『원효대사』 : 역사적 소재 / 보살 사상, 선 사상

김동리의 「등신불」 외 5편 : 현실적 소재(4편), 설화적 소재(1편) / 무아 사상, 선 사상

조정래의 『대장경』 : 역사적 소재 / 보살 사상

김성동의 『만다라』 : 현실적 소재 / 선 사상

고은의 『화엄경』 : 경전적 소재 / 보살 사상

한승원의 『초의』 : 역사적 소재 / 선 사상

위와 같이 소재 면에서 볼 때, 역사를 소재로 한 경우 가장 많고, 그 다음 현실 소재, 설화와 경전 소재 순으로 이어진다. 구체적인 대승불교 사상의 면에서 볼 때, 보살 사상이 6개이고, 선 사상이 5개, 무아 사상이 2개이다. 주제의식의 경우 대부분 한 개의 사상이 결정되었으며, 두 가지 사상이 주제의식으로 나타난 경우는 『박명』과 『원효대사』 2편이다.

이상의 불교소설들은 불교소설사의 측면에서 볼 때, 크게 두 가지 계열로 나누어볼 수 있다. 물론, 두 가지 계열을 동시에 가지고 있는 불교소설이 있고, 또 두 가지 계열 중 어느 한 계열로 선뜻 분류하기 어려운 불교소설이 있다. 여기에서는 거칠게나마 불교소설을 당대 현실에서 벗어나 대승불교 사상에 대한 미학적 천착을 수행한 '미학적 불교소설'과 작가의 적극적인 현실 참여의지를 드러낸 '현실 참여적 불교소설' 두 계열로 나누어본다.[1]

'미학적 불교소설'로는 양건식(「한일월」, 「아의 종교」, 「오!」), 현진건, 이광수, 김동리(「등신불」 외 5편), 고은, 한승원에 의해 창작된 불교소설들을 들 수 있다. 양건식의 세 단편(「한일월」, 「아의 종교」, 「오!」)은 조사선의

1 유한근은 이와 유사한 개념을 사용하고 있다. 그는 은둔 성격의 문학을 '상구보리의 미학'으로, 참여 성격의 문학을 '하화중생의 미학'으로 나눈다(유한근, 「현대불교문학의 두 지평」, 박상률 편, 『불교문학평론선』, 민족사, 1990, 19~35쪽).

드높은 경지를 드러냈고, 현진건의 『무영탑』은 현상계를 초월한 육바라밀의 서원을 보여줬고, 이광수의 『원효대사』는 선에 기반한 무애행을 보여주었다. 또한 김동리의 작품들은 선 사상과 공 사상을 드러냈고, 고은의 『화엄경』은 보살 사상을 보여주었으며, 한승원의 『초의』는 다선일여의 선 사상을 드러냈다는 점을 들 수 있다.

'현실 참여적 불교소설'로는 양건식(「석사자상」), 한용운, 조정래에 의해 창작된 불교소설을 들 수 있다. 양건식의 「석사자상」은 양육강식, 적자생존의 서구 사조에 맞서 불교적 가치(불성)를 옹호했고, 한용운의 『박명』은 자유연애 세태에 대한 비판과 보살 사상을 제시했으며, 조정래의 『대장경』은 저자의 군사 독재 정권에 대한 비판의 암유를 내포한 것으로 볼 수 있고, 김성동의 『만다라』는 사회 현실과 제도권 불교 비판을 보여주고 있다는 점을 들 수 있다.

이상으로 살펴본 근 · 현대 불교소설은 소설사에서 그 의미와 가치가 크게 평가절하 되어왔다. 서구에서 유입된 리얼리즘과 모더니즘의 소설을 중심에 놓고, 불교소설을 주변으로 타자화 했기 때문이다. 불교소설은 무지몽매의 '전근대성', 시대와 불화하는 '전통성'의 오명을 벗기 힘들었다. 하지만 본서의 연구 결과를 토대로 할 때 불교소설은 리얼리즘, 모더니즘 소설과 다른 근 · 현대 소설사적 의의를 가지고 있음을 확인할 수 있었다. 첫 번째 전통의 측면, 두 번째 종교적 · 영성적인 측면, 세 번째 대승불교 사상의 측면, 네 번째 아시아 불교소설 문학의 측면에서 살펴볼 수 있다.

첫째, 불교소설은 조선시대에서부터 내려오는 전통을 자랑한다. 1,700년의 역사를 자랑하는 대승불교 사상에 토대를 둔 불교소설은 조선시대에 다양한 내용을 담고 창작되었다. 대승불교 사상을 전면화한 불교소설을 포함하는 불교계 소설의 경우, '조선 초기 중·단편 불교계 소설', 불경에 근거한 '불전계 소설', 승려 전기물인 '불교 전기계 소설', 작가가 알려진 '창작계 불교소설', '불교 설화계 불교소설'을 들 수 있다. 이 가운데 불교소설은 조선시대를 지나 근·현대에까지 그 명맥을 이어오고 있다. 이 과정에서 『구운몽』과 같이 조선시대에 자족적으로 서사성을 구축한 불교 장편 소설은 개화기 이후, 서구의 소설 양식을 수용함으로써 근대적 소설 양식을 갖춘 불교소설로 거듭날 수 있었다. 결국, 불교소설의 역사는 곧 우리 민족 정신사를 대변한다고 볼 수 있다.

둘째, 불교소설은 리얼리즘, 모더니즘 소설이 다루지 못하는 종교·영성적인 소재와 주제를 다룰 수 있다. 주지하듯이 리얼리즘과 모더니즘은 서구 이성중심주의에 기반하고 있기 때문에, 한국인의 삶에서 떼래야 뗄 수 없는 종교적이며 영성적인 문제를 다루는 데 한계가 있다.[2] 이 문제에 천착해 다양한 종교 소설을 발표한 김동리는 리얼리즘과 모더니즘 양자의 비판을 면하기 어려웠다. 하지만 이제는 근대 이성 중심주의에 대한 반성의 흐름과 함께 김동리의 '초근대성'이 재조명을 받고 있다.[3] 특히, 불교가 한국인의 종교 가운데 큰

---

2 통계청 종교 인구 조사에 따르면, 1985년에서 2005년까지 우리나라 총 인구 중 종교 인구 비율이 꾸준히 증가해왔다. 1985년에는 42.6%, 1995년에는 50.7%, 2005년에는 53.1%이다. 세 해에 걸쳐 불교 인구가 타종교 인구에 비해 가장 많게 조사되었다. 2005년의 경우, 전체 인구(4,727만 8천 952명) 가운데 종교를 가진 인구는 전체인구의 53.1%인 2,497만 명으로 10년 전보다 249만 명 증가했다. 3대종교 중 가장 신자가 많은 종교는 불교로 1,073만여 명이었고, 그 다음은 개신교, 천주교 순으로 나타났다(류성민, 「한국 종교인구 분포 비율의 변화 그 특징」, 『종교연구』 56권, 한국종교학회, 2009, 25~66쪽).

3 김윤식은 이러한 측면의 김동리 문학에 대해 "반근대 또는 반근대주의 쪽이 아니라 초근대의

비중을 차지한다는 점에서, 불교소설은 한국인의 종교·영성적인 소재와 주제를 형상화하는 데 필수불가결한 소설이라고 볼 수 있다.

셋째, 불교소설이 기반한 대승불교 사상은 현대적 가치를 가지고 있다. 대승불교 사상이 시대에 뒤떨어지기는커녕 오히려 시대에 앞선다는 점은 연기(緣起)와 아뢰야식(阿賴耶識)이 각각 데리다의 차연(差延), 프로이트의 '무의식'과의 유사성을 갖고 있다는 점에서 확인할 수 있다. 이와 더불어 대승불교 사상이 현실 도피적인 사상이 아니라 현실을 적극적으로 끌어안는다는 사상이라는 점은 두 가지로 입증된다. 첫째, 대승불교 사상의 '위로는 붓다의 깨달음을 추구하고 아래로는 중생을 교화한다[上求菩提 下化衆生]'라는 보살 사상이 현대 지식인(작가)의 사회적 책임과 실천의 당위성을 부여하는 논리가 된다는 점이다. 둘째, 선(禪)은 본래 내면에 갖추어진 본성으로서의 불성을 자각함으로써 열반에 이를 수 있다는 견성성불(見性成佛)을 내세우는데, 이는 현대 동양의 휴머니즘 사상이 될 수 있다는 점이다. 이러한 대승불교 사상은 국내에 한정하지 않고 전 지구적으로 여전히 그 효용성을 인정받을 수 있다고 본다.

넷째, 불교소설은 탈식민주의적 관점에서 불교 문화권의 '아시아 불교소설 문학'을 정초할 수 있다. 주지하듯이 아시아의 근·현대문학은 서구 중심주의에 입각해 전통 불교소설을 타자화하고 서구(세계) 문학에의 편입을 목표로 해왔다. 하지만 최근, 탈식민주의 관점에 따라 이에 대한 반성으로 제국의 세계 명작에 대한 추종에서 벗어나 자국의 자생적이며 전통적인 문학에 대한 재조명이 이루어지고 있

세계"로 본다(김윤식, 『한국 문학의 근대성 비판』, 문예출판사, 1993, 63~64쪽).

다. 이러한 상황에서 불교소설은 고대의 전통과 단절된 기존 아시아의 근 · 현대소설사의 맹점을 극복할 수 있는 버팀목이 될 것이다. 또한, 이로써 21세기 아시아 불교소설 문학의 새로운 지평을 열어갈 수 있을 것이다.

제7장

'아시아 불교소설 문학'의 새로운 지평을 위하여

본서는 일제강점기에서 현대에 이르기까지의 중요한 불교소설들의 대승불교 사상을 분석함으로써, 불교소설의 근·현대 소설사적 위상과 가지를 고찰해보았나. 유교와 달리 불교는 여러 작가에 의해 매시기에 다양한 소설이 창작되어왔다. 전통 문학 사상으로서의 불교 사상을 주제화한 불교소설은 수 천 년 이어져온 우리 민족 정신사의 지표임에 틀림없다. 그런데도 불교소설은 우리 문학사에서 리얼리즘과 모더니즘의 소설에 비해 평가절하가 된 게 사실이다.

사실, 대승불교 사상이 종교 사상이라는 점에서 일정한 한계를 내포한 것은 사실이지만 그렇다고 전적으로 용도폐기시하는 것은 착오다. 본서는 현대적 가치가 있는 네 가지 사상을 주목해 보았다. 첫째, '연기(緣起)'는 데리다의 차연(差延)과 유사성을 가지고 있다는 점. 둘째, 유식(唯識)의 제8식인 아뢰야식(阿賴耶識)은 2,000년 전에 프로이트의 '무의식'을 설정했다는 점. 셋째, 대승불교 사상의 '위로는 붓다의 깨달음을 추구하고 아래로는 중생을 교화한다(上求菩提 下化衆生)'라는 보살 사상이 현대 지식인의 사회적 책임과 실천의 당위성을 부여하는 논리가 된다는 점. 넷째, 선(禪)은 본래 내면에 갖추어진 본성으로서의 불성(佛性)을 자각함으로써 열반에 이를 수 있다는 견성성불(見性成佛)을 내세우는데, 이는 현대 동양의 휴머니즘 사상이 될 수 있다는 점. 이러한 네 가지 외에도 대승불교 사상에는 발전적으로 재해석할 수 있는 사상이 적지 않다.

본서는 이러한 대승불교 사상을 바탕으로 해 통시적으로 근·현대 불교소설을 분석했다. 1910년대의 최초 불교소설에서부터 2000년대의 불교소설 가운데 대표적인 작품을 살펴보았다. 불교계의 종교적인 '불교 신앙 소설'은 배제하면서도 문학사적으로 큰 위상을 가지고 있는 작품들을 중심으로 분석했다. 이 과정에서 한 작가 당 한 편의 장편소설을 중심적으로 연구 대상으로 삼는 것과 함께 불교소설사에서 큰 비중을 차지하는 소설가가 남긴 다수의 중·단편 소설들을 포함시켰다. 이에 해당하는 불교 중·단편 작가는 양건식과 김동리다. 양건식은 최초의 근대 불교소설가라는 점에서, 김동리는 다수 불교소설을 남긴 것과 함께 결코 불교소설사에서 배제할 수 없는 위치를 차지하고 있다는 점에서 추가 되었다. 이렇게 해서 본서의 연구 대상 작품은 순서대로 양건식의 「석자자상」 외 3편, 한용운의 『박명』, 현진건의 『무영탑』, 이광수의 『원효대사』, 김동리의 「등신불」 외 5편, 조정래의 『대장경』, 김성동의 『만다라』, 고은의 『화엄경』, 한승원의 『초의』로 결정되었다.

2장에서는 연구 방법론으로서의 대승불교 사상에 대해 고찰해 보았다. 본서에서는 대승불교 사상을 보살(菩薩) 사상, 무아(無我) 사상, 선(禪) 사상의 세 가지 측면에서 살펴보았다. 보살(菩薩) 사상은 성문승의 소승불교와 다른 한국 대승불교의 성격을 특징짓는 사상이다. 먼저, 보살(菩薩) 사상을 살펴보면 '보살'은 '위로는 깨달음을 추구하고[上求菩提] 아래로는 중생을 구제[下化衆生]하고자 노력하는 이'로 정의할 수 있다. 이러한 보살 사상이 출가자 개인의 해탈만을 고집하는 소승불교와 다른 대승불교의 고유성이다. 보살 사상에서 위로 추구하는 깨달음(열반)은 곧 궁극의 깨달음인 아뇩다라삼먁삼보리(阿耨多羅三藐三菩提)을 말하는데, '아뇩다라'는 '무상(無上)', '삼먁삼보리'는 '정등정각(正等正覺)'으로 '무상정등정각(無上正等正覺)'이라 한다. 이는 '더 이상 위가 없으며, 바르고 평등하며 완벽한 깨달음'을 뜻하는 것으로 붓다의 깨달음을 말한다. 이와 함께 보살 사상에서 중생 구제의 지향은 곧 실천적 휴머니즘의 추구로 볼 수 있는데, 이는 이타적 실천윤 '6바라밀(波羅蜜)'로 요약된다. 6바라밀은 보시(布施)바라밀, 지계(持戒)바라밀, 인욕(忍辱)바라밀, 정진(精進)바라밀, 선정(禪定) 바라밀, 반야(般若) 바라밀을 말한다. 다음, 무아(無我) 사상은 모든 존재가 시간적 선후관계의 인과관계가 아니라 동시적으로 서로 의지하고 관계를 맺는 상의성(相依性)에 의해 생성, 소멸한다는 연기법에 근거해 주체적 자아가 무자성(無自性)한 것으로 본다. 붓다가 보리수 밑에서 발견한 진리인 법(法, Dharma), 연기법을 바탕으로 해서 만들어진 연기의 형식이 '십이연기(十二緣起)', 달리 표현해 십이인연(十二因緣)이다. 십이연기 또한 윤회하는 업보(業報)가 있을 뿐 업을 짓는 작자로서의 인간 주체는 없다고 본다. 선(禪) 사상은 중국에 전래된 불교가 조사(祖師)들에 의해 새롭게 조사선(祖師禪)이 완성됨으로써 만들어졌다. 조사선 곧 선불교의 근본 목적은 견성성불(見性成佛)로서, 모든 인간이 본래 내면에 갖추어진 본성[本來面目] 곧, 불성(佛性)을 선 수행을 통해 자각하여 깨달음(열반)에 이르는 것이다. 선불교의 간화선은 조사들의 선문답인 '공안'을 살펴서 본래 심[佛性]을 깨닫게 하는 수행법이다. 간화선은 공안에 대한 '의심'을 통해 알음알이[知解], 분별심 곧 『금강경』에서 말한 아상, 인상, 중생상, 수자상 네 가지의 상(相)을 떨쳐내어 본래 마음을 자각할 수 있다.

3장에서는 일제강점기의 불교소설에 대해 분석해 보았다. 이 시기의 불교소설로는 양건식의 「석사자상」 외 3편, 한용운의 『박명』, 현진건의 『무영탑』, 이광수의 『원효대사』가 있다. 1910년대의 양건식은 「석사자상」, 「한일월」, 「아의 종교」, 「오!」를 발표했다. 「석사자상」의 경우 서구의 사회진화론이 팽배한 시대 상황 속에서 김재창이 걸인에게 베푸는 물질적 베풂, 보시는 우리 인간 곧, 보살(bodhisattva : bodhisatta)이 마땅히 수행해야할 중생구제[下化衆生]의 실천 윤리를 잘 대변하고 있다. 「한일월」, 「아의 종교」, 「오!」는 중국 선종 계보의 선사를 다루고 있다. 앞의 두 소설은 두 선사의 선문답을 통해, 마지막 소설은 선 수행 끝에 도달한 득도(열반)을 통해 본래면목, 나 자신의 속의 불성을 강조하고 있다. 양건식의 불교소설은 전통 불교 사상을 옹호했는데, 특히 「석사자상」은 근대에 여전히 전통 사상으로서의 불교의 가치가 유효함을 보여주고 있다. 1930년대의 한용운은 자유연애의 열풍에 대한 비판으로 『박명』을 발표했다. 순영의 사랑을 통해 보편 불변의 도덕률로서의 보살행의 근본인 육바라밀의 실천을 잘 보여주는 것과 함께, 삼라만상의 연기법과 무아 사상이 잘 형상화했다. 이 소설은 1930년대에 불교의 보살행 곧 육바라밀의 실천을 소설의 주제 의식으로 내세웠다. 현진건은 1930년대 '역사 소설의 시대'에 『무영탑』을 발표했다. 『무영탑』의 불교 사상적 주제 의식은 현상계의 예술과 사랑, 생명의 초월로서의 육바라밀의 서원이다. 이와 더불어 역사 소설 『무영탑』에는 당학파의 외세에 맞서 민족정신을 수호하려는 국선를 통해, 저자의 '민족혼 강조'가 형상화되어 있다. 1940년대에 이광수가 발표한 『원효대사』(1942)는 넓게 보면 '역사소설의 시대'의 소설로 묶을 수 있다. 그는 창씨개명을 하고 조선문인협회를 결성하는 등 대일 협력에 적극적으로 가담했다. 하지만 『원효대사』에 고신도(古神道)와 신라어를 통해 그의 민족의식이 드러나 있음을 간과해서는 안 된다. 소설의 원효는 방울 스님에게서 선을 배움으로써 아상, 인상, 중생상, 수자상의 네 가지 상을 지워버릴 수 있었으며, 이를 통해 그 어디에도 머무는 바 없는 보시를 실천했다. 따라서 『원효대사』에서는 '선과 무주상보시의 무애행'의 불교 사상이 잘 구현되었다.

4장에서는 1960~1970년대의 불교소설에 대해 분석해 보았다. 이 시기의 불교소설로는 김동리의 「등신불」 외 5편과 조정래의 『대장경』, 김성동의 『만다라』가 있다. 김동리의 경우, 「등신불」, 「극락조」, 「미륵랑」, 「눈 오는 오후」, 「저승새」, 「호원사기」에서 잘 드러나듯이 그의 반근대적인 창작 세계관에 따라 현실의 적극적인 반영을 찾아볼 수 없다. 「등신불」, 「극락조」, 「미륵랑」의 경우 사람(俗)과 부처(僧)는 본래 별개가 아닌 것 곧 승속일여의 선 사상을 나타내고 있다. 첫 번째 작품은 내가 부처님의 깨달음[佛恩]으로 나아가고자 식지를 깨문 것과 만적이 깨달음을 추구하는 수행의 연장선상에서 소신공양을 한 것은 동일함을 보여주고 있다. 두 번째 작품은 세속을 떠난 비구니와 정우가 가정을 꾸릴 수 있었던 것은 『법화경』 제1권 「방편품」에 '일체 중생이 모두 성불할 것임에 의심이 없다'고 했듯이, 속과 승은 하나라는 선 사상에 의해 가능했다. 세 번째 작품은 미륵 곧 승의 세계가 현실의 화랑도 곧 속의 세계에 잘 구현될 수 있음을 보여주었다. 「눈 오는 오후」, 「저승새」, 「호원사기」의 경우 업보로서의 윤회 사상을 나타내고 있다. 첫 번째 작품은 윤회하여 금생에 태어난 한 소녀의 이야기이고, 두 번째 작품은 업보에 의해 '저승새'로 환생한 어느 여인의 이야기이고, 세 번째 작품은 한 여인이 사랑하는 남자를 위한 자신의 목숨을 바치면서 사찰이나 탑을 세워달라는 마지막 소원을 남기는 것을 통해, 현실의 업보에 의한 윤회의 믿음을 보여주고 있다. 조정래의 경우, 『대장경』에 드러난 수기대사의 지배 정권에 대한 비판은 그의 사회·역사의식에 기반에 창작 정신에 비추어볼 때, 1970년대의 엄혹한 군사 독재 정권에 대한 비판의 암유로 볼 수 있다. 또한, 수기 대사의 호국 정신은 군사 독재를 극복해 민주주의 사회를 건설함으로써 국태민안을 실현하고자하는 강렬한 염원으로 읽을 수 있다. 결국, 『대장경』의 수기대사를 통해 사회·역사의식과 상구보리 하화중생을 지향하는 보살 사상의 회통이 잘 드러났음을 확인할 수 있다. 김성동의 경우, 시대 상황을 소설에 껴안으면서 그만의 주제의식을 『만다라』에 형상화했다. 김성동은 기본적으로 문학의 현실 참여를 옹호하는 창작 세계관을 갖고 있었다. 때문에

『만다라』는 현실 사회와 제도권 불교계에 대한 날선 비판을 피할 수 없었다. 하지만 소설을 관통하는 주제 의식은 계율의 분별을 넘어서는 선에 의해 화두 '병 속의 새'를 깨치는 열반이 가능하다는 것이다.

5장에서는 1990～2000년대의 불교소설을 살펴보았다. 이 시기의 불교소설로 고은의 『화엄경』(1991), 한승원의 『초의』(2003)가 있다. 고은의 경우, '광장의 시대'인 1980년대가 끝나는 것과 함께 1991년에 『화엄경』을 발표했다. 이는 그간 부정한 시대 현실 속에서 치열하게 현실 참여 활동을 벌이던 그가 1990년대를 '긍정의 시대'로 받아들였기 때문이다. 그는 이전의 시대와 달리 긍정의 실현을 기약할 수 있는 시대가 열렸음을 확신했음에 틀림없다. 이러한 내적 변화 속에서 발표된 것이 『화엄경』이다. 소설에서는 진정한 깨달음은 중생에 대한 무차별적인 존중과 이타 행을 전제할 때 비로소 가능하다는 것을 선재동자의 53명의 선지식과의 만남을 통해 보여주고 있다. 결국, 깨달음의 보살도는 '위로는 붓다의 깨달음을 추구하고 아래로는 중생을 교화한다[上求菩提 下化衆生]'라는 보살 사상에 의해 가능하다는 것이다. 한승원의 경우, 『초의』를 통해 초의의 일대기를 그리면서 다선일여(茶禪一如) 사상을 잘 드러내었다. 다선일여(茶禪一如)는 한국 불교사의 맥과 함께 하는 오래 전통을 가진 사상이다. 이 사상은 『초의』 이전의 불교소설에서는 찾아보기 힘든데, 2000년대에 이르러 한승원이라는 작가를 통해 비로소 장편 소설로 구현되었다. 초의는 차의 근원을 집착 없는 바라밀이라고 했는데, 이는 내 속의 불성을 자각해 열반에 도달할 수 있다는 선과 상통한다. 이와 마찬가지로, 『초의』는 삼매 속에서 차(만들기, 마시기, 맛과 향)와 선이 서로 통하기 때문에 차와 선은 하나임을 잘 보여주고 있다.

6장에서는 불교소설의 근・현대 소설사적 의의를 살펴보았다. 근・현대 불교소설을 소재 면에서 볼 때, 역사를 소재로 한 경우 가장 많고, 그 다음 현실 소재, 설화와 경전 소재 순으로 이어진다. 구체적인 대승불교 사상의 면에서 볼 때, 보살 사상이 6개이고, 선 사상이 5개, 무아 사상이 2개이다. 주제의식의 경우 대부분 한 개의 사상이 결정되었으며, 두 가지 사상이 주제의식으로 나타난 경우는 『박명』과 『원효대사』 2편이다. 또한, 불교소설을 거칠게나마 당대 현실에서 벗어나 대승불교 사상에 대한 미학적 천착을 수행한 '미학적 불교소설'과 작가의 적극적인 현실 참여의지를 드러낸 '현실 참여적 불교소설' 두 계열로 나누어보았다. '미학적 불교소설'로는 양건식(「한일월」, 「아의 종교」, 「오!」), 현진건, 이광수, 김동리(「등신불」외 5편), 고은, 한승원에 의해 창작된 불교소설들을 들 수 있다. '현실 참여적 불교소설'로는 양건식(「석사자상」), 한용운, 조정래에 의해 창작된 불교소설을 들 수 있다. 이러한 불교소설이 리얼리즘, 모더니즘 소설과 다른 근・현대 소설사적 의의는 세 가지로 요약되었다. 첫째, 불교소설은 조선시대에서부터 내려오는 전통을 자랑한다는 점이다. 1,700년의 역사를 자랑하는 대승불교 사상에 토대를 둔 불교소설은 조선시대 이후 근・현대에까지 그 명맥을 이어오고 있다. 따라서 불교소설의 역사는 곧 우리 민족 정신사에 다름 아니니다. 둘째, 불교소설은 리얼리즘, 모더니즘 소설이 다루지 못하는 종교・영성적인 소재와 주제를 다룰 수 있다는 점이다. 리얼리즘과 모더니즘은 서구 이성중심주의에 기반하고 있기 때문에, 한국인의 삶에서 떼려야 땔 수 없는 종교적이며 영성적인 문제를 다루는 데 한계가 있다. 불교소설은 한국인의 종교·영성적인 소재와 주제를 형상화하는 데 필수불가결한 소설이라고 볼 수 있다. 셋째, 불교소설이 기반한 대승불교 사상은 현대적 가치를 가지고 있다는 점이다. 대승불교 사상은 시대에 뒤떨어지기는 커녕 오히려 시대에 앞선다는 점은 연기(緣起)와 아뢰야식(阿賴耶識)이 각각 데리다의 차연(差延), 프로이트의 '무의식'과의 유사성을 갖고 있다. 이와 더불어 대승불교 사상이 현실 도피적인 사상이 아니라 현실을 적극적으로 끌어안는다는 사상이라는 점은 두 가지로 입증된다. '위로는 붓다의 깨달음을 추구하고 아래로는 중생을 교화한다(上求菩提 下化衆生)'라는 보살 사상은 현대 지식인(작가)의 사회적 책임과 실천의 당위성을 부여하는 논리가 된다는 점이다. 또한, 선(禪)은 본래 내면에 갖추어진 본성으로서의 불성(佛性)을 자각함으로써 열반에 이를 수 있다는 견성성불(見性成佛)을 내세우는데, 이는 현대 동양의 휴머니즘 사상이 될 수 있다는 점이다. 넷째, 불교소설은 탈식민주의적 관점에서 불교 문화권의 '아시아 불교소설 문학'을 정초할 수 있다. 불교소설은 서구중심주의에서 벗어나 고대의 전통과 단절된 기존 아시아의 근·현대소설사의 맹점을 극복할 수 있다. 또한, 이로써 21세기 아시아 소설 문학의 새로운 지평을 열수 있을 것이다.

이상으로 본서는 불교소설을 대승불교 사상에 입각해 사적으로 고찰함으로써, 불교소설의 근·현대 소설사적 위상과 가치를 살펴보았다. 한 세기 동안의 수많은 불교소설을 분석하는 과정에서, 일부 누락된 작품이 생길 우려가 없지 않다. 본서는 백과사전식으로 모든 불교소설을 망라해 소개하는 것을 피했다. 시기 순대로 문학사적으로 주목할 만한 불교 장편 소설과 불교소설사에서 큰 비중을 차지하는 양건식과 김동리의 소설을 밀도 있게 분석했다. 사실, 불교소설의 경우 평단에서 인정하지 않는 '신앙소설'과 통속 대중 소설과 겹치는 예가 많아서 연구 대상 선정 과정이 쉽지 않았다. 본서는 명확하게 불교계에서 인정하는 '신앙소설'과 통속 대중 불교소설을 배제해 문학사적으로 의미를 갖고 있는 불교소설만을 다루었다. 향후, 보다 넓은 관점에서 '신앙소설'과 통속 대중소설을 모두 아우르는 불교소설에 대한 후속 연구가 이어질 수 있을 것으로 본다.

참고문헌

1. 기본 자료

1) 연구 대상 작가의 소설과 비소설 및 자료

고 은, 『화엄경』, 민음사, 1991.
______, 『고은 자전소설 나, 고은』 1・2・3, 민음사, 1994.
______, 『선』 1・2, 창작과비평사, 1995.
고은 외, 『고은문학앨범』, 웅진출판, 1993.
______, 『두 세기의 달빛－시인 고은과의 대화』, 한길사, 2012.
김성동, 『만다라』, 한국문학사, 1979.
______, 『미륵의 세상 꿈의 나라』, 민족사, 1993.
김동리, 「극락조」, 『중앙일보』, 1968.3.9~6.17.
______, 『꽃과 소녀와 달과』, 제삼기획, 1994.
______, 『김동리 전집』 3(등신불・까치소리), 민음사, 1995.
______, 『김동리 전집』 4(저승새・만자동경), 민음사, 1995.
______, 『김동리 전집』 7(문학과 인간), 민음사, 1997.
______, 『김동리 전집』 8(나를 찾아서), 민음사, 1997.
박재연, 김영복 편, 『양백화 문집』 1, 지양사, 1988.
양건식, 「한일월(閑日月)」, 『조선불교계』 1호, 1916.4.
______, 「아의 종교」, 『조선불교계』 3호, 1916.6.
______, 「오!」, 『유심』 1・2호, 1918.9~10.
이광수, 『이광수 전집』 4・5・6・7・8, 우신사, 1979.
조정래, 『대장경』, 해냄, 1999.
______, 『황홀한 글 감옥－조정래 작가 생활 사십년 자전 에세이』, 시사인북, 2009.
______, 「소설가 조정래 문학과 삶 강연 전문」, 불교닷컴(http://www.bulkyo21.com), 2010.12.8.
한승원, 『아제아제바라아제』, 삼성출판사, 1985.
______, 『초의』, 김영사, 2003.
______, 『소설 원효』, 비채, 2006.
한용운, 『한용운전집』 5・6, 신구문화사, 1973.
현길언 편, 『현진건 산문집』, 한양대 출판부, 2003.

현진건, 『무영탑 외』, 동아출판사, 1996.

2) 연구 대상 외 작가의 소설과 비소설

김기동 외편, 『안락국전 유충렬전 음양삼태성－한국고전문학』 6, 서문당, 1994.
김만중, 송성욱 역, 『구운몽』, 민음사, 2009.
김시습, 이지하 역, 『금오신화』, 민음사, 2009.
김영민 외, 『근대계몽기 단형서사문학 자료전집』 상, 소명출판, 2003.
남지심, 『우담바라』 1 · 2, 고려원, 1987.
______, 『우담바라』 3, 고려원, 1988.
______, 『우담바라』 4, 고려원, 1992.
박상륭, 『죽음의 한 연구』, 문학과지성사, 1986.
성낙주, 『차크라바르틴』 1 · 2, 살림, 1995.
이문구, 『매월당 김시습』, 문이당, 1992.
이문열, 『사람의 아들』, 민음사, 1979.
이인직, 『신소설』, 동아출판사, 1995.
인권환 외편, 『한국고소설선』, 태학사, 1995.
정찬주, 『만행』, 민음사, 1999.
______, 『나를 깨우는 108배』, 김영사, 2008.
정하영 역주, 『심청전－한국고전문학전집』 13, 고려대민족문화연구소, 1995.
최인호, 『길 없는 길』(전4권), 샘터, 1993.
______, 『할』, 여백미디어, 2013.
한승원 외, 『극락산』, 문학아카데미, 1989.

3) 불교 관련 인터넷 자료

대한불교조계종(http://www.buddhism.or.kr)
『한글대장경』, 동국대 전자불전문화재콘텐츠연구소 (http://ebtc.dongguk.ac.kr)
만해 기념관(http://www.manhae.or.kr)
원효학 연구원(http://www.wonhyo.or.kr)

2. 논문

강기선, 「『화엄경』 「입법계품」의 문학성 연구」, 동국대 박사논문, 2010.
강석근, 「무영탑 전설의 전승과 변이 과정에 대한 연구」, 『신라문화』 37호, 동국대 신라문화연구소, 2011.
고송석, 「이광수 소설의 대승불교 사상 연구」, 『문학과 종교』 제17권 2호, 한국문학과 종교학회, 2012.
고영섭, 「불교의 말법론」, 『민족과 문화』, 한양대 민족학연구소, 1999.
고재석, 「1910년대의 불교근대화운동과 그 문학사적 의의」『한국문학연구』 10호, 동국대 한국문학연구소, 1987.
______, 「한국 근대문학의 불교지성적 배경연구」, 동국대 박사논문, 1989.
______, 「신국문학사상의 대립과 교체 – 이광수와 양건식의 소설론 비교를 중심으로」, 『한국문학연구』, 동국대한국문학연구소, 1993.
______, 「한국 현대문학사와 불교소설」, 『한국문학연구』 19호, 동국대한국문학연구소, 1997.
고재석 외, 「양건식 문학연구」, 『민족문화연구』, 1991.
공임순, 「한국 근대역사소설의 장르론적 연구」, 서강대 박사논문, 2000.
곽 근, 「백화 양건식 소설 연구」, 『논문집』 8호, 동국대, 1989.
권보드래, 「연애열의 시대와 한용운의 '님'」, 『만해학보』 4호, 만해학회, 2002.
김동길, 「만해 소설 연구」, 한양대 석사논문, 1984.
김 령, 「한국 근・현대소설에 수용된 불교 사상 연구」, 동덕여대 박사논문, 2007.
김무숙, 「한국 현대소설의 '화엄경' 수용 양상 연구」, 동아대 박사논문, 1999.
김봉근, 「춘원문학에 나타난 종교의식」, 『논문집』 1집, 성심여대, 1978.
김우창, 「한용운의 소설」, 『문학과 지성』 17호, 문학과지성사, 1974.
김종업, 「삼일신고(三一神誥)의 수련 원리에 대한 현대적 해석과 방법론 이해」, 명지대 박사논문, 2004.
김주현, 「1960년대의 소설의 전통 인식 문제」, 중앙대 박사논문, 2006.
김진국, 「한국 현대 불교소설의 성취와 한계」, 『한국언어문학』 36호, 한국언어문학회, 1996.
김형순, 「김성동 소설 '만다라'에 나타난 갈등의 인과성」, 충북대 석사논문, 2007.
남인현, 「원효대사 연구」, 동국대 석사논문, 2003.
남정희, 「불교의 인과율로 본 한용운 문학의 존재 양상」, 『우리문학연구』 31집, 우리어문학회, 2010.
류성민, 「한국 종교인구 분포 비율의 변화 그 특징」, 『종교연구』 56권, 한국종교학회, 2009.
방민호, 「이광수 장편 소설 『원효대사』를 어떻게 읽을 것인가」, 『불교문예』 52호, 불교문예출판사, 2011.
설란희, 「김동리 소설에 나타난 불교적 세계관」, 성균관대 석사논문, 2004.
신용하, 「구한말 한국민족주의와 사회진화론」, 『인문과학연구』 제1호, 동덕여대, 1995.

엄태웅, 「회동서관의 활자본 고전소설 간행 양상」, 『고소설연구』 29집, 한국고소설학회, 2010.
오성칠, 「한용운 소설 문학 연구」, 중앙대 석사논문, 1999.
오희정, 「김일엽 소설 속 여성성 연구」, 영남대 석사논문, 2010.
윤종갑, 「원효사상의 철학적 체계」, 『밀교학보』 제7호, 위덕대 밀교문화연구원, 2005.
이동하, 「김동리의 극락조에 대하여」, 『전농어문연구』 1, 서울시립대 국어국문학과, 1988.
이명재, 「만해 소설고」, 『국어국문학』 70호, 국어국문학회, 1976.
이영희, 「김동리 소설의 사상적 배경 연구」, 성신여대 박사논문, 1998.
이은수, 「한국호국불교의 성격 연구」, 동국대 석사논문, 2012.
이태동, 「선과 실시구시의 만남」, 『서평문화』 51집, 한국간행물윤리위원회, 2003.
이행선, 「1930년대 김동리와 이광수 문학에 나타난 '구원'과 불교의 문제」, 성균관대 석사논문, 2011.
이화형, 「춘원 소설에 나타난 불교 사상」, 『어문논집』 제1집, 안암어문학회, 1967.
일　문, 「80년대 민중불교운동에 대한 고찰」, 『석림』, 동국대 석림회, 1991.
임영봉, 「김동리 소설의 구도적 성격」, 『우리어문연구』 24호, 우리어문학회, 2008.
______, 「김동리 소설과 불교」, 『불교어문논집』 12호, 한국불교문학사연구회, 2008.
장사선, 「한일 문학사 형성과정에서의 오류와 극복」, 『한국현대문학연구』 32호, 한국현대문학회, 2010.
장영우, 「현대소설에 나타난 승려상」, 『불교문예』 50호, 불교문예출판사, 2010.
______, 「김동리 소설과 불교」, 『불교어문논집』 6호, 한국불교문학사연구회, 2001.
정진원, 「춘원 이광수 소설 '사랑'의 불교적 상호텍스트성」, 『텍스트언어학』 20호, 한국텍스트언어학회, 2006.
정호웅, 「한국 현대소설과 불교 설화」, 『우리말글』 45호, 우리말글학회, 2009.
조용호, 「개화기 한문소설의 주제의식」, 『한국문학이론과 비평』 17집, 한국문학이론과 비평학회, 2002.
최정석, 「춘원의 대승불교 사상연구」, 동국대 박사논문, 1974.
한명환, 「시승의 소설 쓰기에 나타난 탈식민주의적 의미」, 『만해학보』 10호, 만해학회, 2010.
한승옥, 「춘원 이광수의 원효대사 연구」, 『한중인문학연구』 9호, 한중인문학회, 2002.
허련화, 「김동리 불교소설 연구」, 『한국현대문학연구』 25호, 한국현대문학회, 2008.
황양미, 「한국 현대소설에 미친 불교설화의 영향」, 서울대 박사논문, 1986.
황종연, 「한국 근대소설에 나타난 신라－현진건의 『무영탑』과 이광수의 『원효대사』를 중심으로」, 『동방학지』 137호, 연세대 출판부, 2007.

3. 단행본

강영심, 『일제시기 근대적 일상과 식민지 문화』, 이화여대 출판부, 2008.

고재석, 『한국 근대문학지성사』, 깊은샘, 1991.

______, 『숨어있는 황금의 꽃』, 동국대 출판부, 2000.

구인환, 『이광수소설연구』, 삼영사, 1987.

______, 『한국 근대문학의 비평적 탐구』, 삼지사, 1997.

권순긍, 『활자본 고전소설의 편폭과 지향』, 보고사, 2000.

권영민, 『한국 현대문학사』 1・2, 민음사, 1993.

______, 『문학사와 문학비평』, 문학동네, 2009.

김광식, 『우리가 살아온 한국 불교 백년』, 민족사, 2000.

______, 『한용운 연구』, 동국대 출판부, 2011.

김방룡, 『불교수행법』, 민족사, 2009.

김봉희, 『한국 개화기 서적문화연구』, 이화여대 출판부, 1999.

김성철, 『중관사상』, 민족사, 2006.

김순석, 『일제시대 조선총독부의 불교정책과 불교계의 대응』, 경인문화사, 2003.

김영효, 『데리다의 해체철학』, 민음사, 1993.

______, 『데리다와 노장의 독법』, 한국정신문화연구원, 1994.

______, 『하이데거와 화엄의 사유』, 청계, 2002.

김옥성, 「한국 현대시의 불교적 시학 연구—한용운, 조지훈, 서정주 시를 중심으로」, 서울대 박사논문, 2005.

김용옥, 『금강경 강해』, 통나무, 1999.

김용직, 『한국 근대시사』, 학연사, 1994.

김윤식, 『한국 문학의 근대성 비판』, 문예출판사, 1993.

______, 『이광수와 그의 시대』 1・2, 솔, 1999.

______, 『한국 현대문학사』, 현대문학, 2002.

김윤식 외, 『한국문학사』, 민음사, 1973.

________, 『한국소설사』, 예하, 1993.

김윤식 외편, 『한국 현대소설 소설어 사전』, 고려대 출판부, 1998.

김재홍, 『한용운 문학 연구』, 일지사, 1982.

김홍우, 『한국의 놀이와 축제』, 집문당, 2002.

동국대 부설 한국문학연구소, 『이광수 연구』, 태학사, 1980.

동국대 불교문화대학 불교교재편찬위원회, 『불교사상의 이해』, 불교시대사, 2011.

문화재청 편, 『옛사람들의 삶과 꿈』, 눌와, 2010.
민족작가회의 비평분과위원회, 『한국 현대작가와 불교』, 예옥, 2007.
박계주 · 곽학송, 『춘원 이광수』, 삼중당, 1964.
박경식, 안장헌, 『석조미술의 꽃 석가탑과 다보탑』, 한길아트, 2003.
박동춘, 『초의선사의 차문화 연구』, 일지사, 2010.
박상률 편, 『불교문학평론선』, 민족사, 1990.
박상진, 『나무에 새겨진 팔만대장경의 비밀』, 김영사, 2007.
방민화, 『현대소설과 종교적 상상력』, 학고방, 2011.
법　륜, 『인간 붓다 그 위대한 삶과 사상』, 정토출판, 2010.
법　상, 『반야심경과 마음공부』, 무한, 2010.
불교사학회 편, 『근대한국불교사론』, 민족사, 1988.
사재동, 『불교계 국문소설의 연구』, 국학자료원, 1994.
성열 편역, 『부처님 말씀』, 현암사, 1995.
송기한, 『고은』, 건국대 출판부, 2003.
신경림, 백낙청 편, 『고은 문학의 세계』, 창작과비평사, 1993.
신동욱 편, 『한용운』, 문학세계사, 1993.
________, 『한국 현대문학사』, 집문당, 2004.
신영훈 · 김대벽, 『토함산에 이룬 이상세계 불국사』, 조선일보사, 2004.
안성두 편, 『대승불교의 보살』, 씨 · 아이 · 알, 2008.
오강남, 『또 다른 예수－비교종교학자 오강남 교수의 『도마복음』 풀이』, 예담, 2009.
유임하, 『한국문학과 불교 문화』, 역락, 2005.
이기영, 『원효사상연구』 1, 한국불교연구원, 1994.
이동하, 『현대소설의 정신사적 연구』, 일지사, 1989.
______, 『한국 현대소설과 종교의 관련 양상』, 푸른사상, 2005.
이민희, 『조선의 베스트셀러－조선 후기 세책업의 발달과 소설의 유행』, 프로네시스, 2007.
이승훈, 『포스트모더니즘 시론』, 세계사, 1991.
______, 『모더니즘 시론』, 문예출판사, 1995.
______, 『정신분석 시론』, 문예출판사, 2007.
______, 『아방가르드는 없다－아방가르드 예술의 선불교적 읽기』, 태학사, 2009.
______, 『선과 하이데거』, 황금알, 2011.
______, 『영도의 시쓰기』, 푸른사상, 2012.
이운허, 『불교사전』, 동국대 역경원, 1998.

이운허 역, 『법화경』, 동국대 역경원, 1990.
이재선, 『한국소설사』, 민음사, 2000.
이정화, 『아버님 춘원』, 광영사, 1956.
이중표, 『현대와 불교사상』, 전남대 출판부, 2010.
인권환, 『한국불교문학연구』, 고려대 출판부, 1999.
임철우 외편, 『한승원 삶과 문학』, 문이당, 2000.
장병길, 『한국종교와 종교학』, 청년사, 2003.
장사선, 『한국리얼리즘 문학론』, 새문사, 1988.
정성본, 『선의 역사와 사상』, 불교시대사, 2000.
______, 『간화선의 이론과 실제』, 동국대 출판부, 2005.
정태혁, 『명상의 세계』, 정신세계사, 2004.
정호웅, 『한국의 역사 소설』, 역락, 2006.
조남현, 『소설원론』, 고려원, 1982.
______, 『소설신론』, 서울대 출판부, 2004.
______, 『한국 현대소설사』 1, 문학과지성사, 2012.
조숙환, 『촘스키 & 스키너―마음의 재구성』, 김영사, 2009.
조연현, 『한국 현대작가론』, 문명사, 1970.
최남선, 『조선상식문답』, 기파랑, 2011.
최연자, 「아뢰야식과 무의식에 관한 연구」, 『범한철학』 20호, 범한철학회, 1999.
최정석, 『춘원의 대승불교사상연구』, 학문사, 1978.
평천장 외, 정승석 역, 『대승불교개설』, 김영사, 2001.
한승옥, 『이광수 장편소설연구』, 박문사, 2009.
한자경, 『불교의 무아론』, 이화여대 출판부, 2006.
______, 『명상의 철학적 기초』, 이화여대 출판부, 2008.
______, 『한국철학의 맥』, 이화여대 출판부, 2008.
현길언, 『문학과 사랑과 이데올로기』, 태학사, 2000.
홍기삼, 『불교문학연구』, 집문당, 1997.
황태연, 『실증 주역』, 청계, 2008.
______, 『공자와 세계』(전5권), 청계, 2011.

간디, 릴라, 이영옥 역, 『포스트식민주의란 무엇인가』, 현실문화연구, 2000.
다케무라, 정승석 역, 『유식의 구조』, 민족사, 1989.

뒤랑, 질베르, 진형준 역, 『상상계의 인류학적 구조들』, 문학동네, 2007.
루카치, 게오르크, 백영옥 역, 『역사소설론』, 거름, 1987.
마스타니 후미오, 이원섭 역, 『불교개론』, 현암사, 2001.
무라키 히로마사, 류정훈 역, 『석존의 호흡법』, 경서원, 1988.
미요시 유키오, 정선태 역, 『일본문학의 근대와 반근대』, 소명출판, 2002.
방립천, 류영희 역, 『불교철학개론』, 민족사, 1989.
부르뇌프, 롤랑・월레, 레알, 김화영 역, 『현대소설론』, 현대문학, 1996.
사사끼 겐쥰・마스다니 후미오, 이태영 역, 『업사상』, 대원사, 1990.
스즈끼 다이세쓰, 신현숙 역, 『선이란 무엇인가』, 을유문화사, 1984.
______________, 김호성 역, 『선심초심』, 해뜸, 1986.
암베카르, 빔라오 람지, 박희준 역, 『붓다와 그 가르침』, 민족사, 1991.
우스펜스키, 보리스, 김경수 역, 『소설 구성의 시학』, 현대소설사, 1992.
위잉스, 김병환 역, 『동양적 가치의 재발견』, 동아시아, 2007.
융, 칼 구스타프, 조성기 역, 『카를 융 기억 꿈 사상』, 김영사, 2007.
촘스키, 노암, 이선우 역, 『언어에 대한 지식』, 민음사, 1990.
카프라, 프리초프, 김용정・이성범 역, 『현대물리학과 동양사상』, 범양사, 2006.
크리스천, 데이비드 외, 조지형 역, 『빅 히스토리』, 해나무, 2013.
프라이, 노스럽, 임철규 역, 『비평의 해부』, 한길사, 2000.
프롬, 에리히, 김용정 역, 『선과 정신분석』, 원음사, 1999.
헴펠, 한스 페터, 이기상 외역, 『하이데거와 선』, 민음사, 1995.

石井修道, 『宋代禪宗史の硏究』, 大東出版社, 1987.

보론

이광수 소설의 대승불교 사상 연구*

1. 서론–춘원의 불교 사상적 기원과 그 연속성

춘원 이광수의 소설을 지배하는 종교사상은 크게 기독교(톨스토이주의)와 불교로 대별할 수 있다.[1] 한국 문학사에서 이광수의 작품을 대표

* 『문학과 종교』 제17권 2호(한국문학과 종교학회, 2012.8.31)에 게재됨.

1 기본적으로 이광수는 기독교와 불교를 아우르는 범종교적인 태도를 가지고 있었다. 때문에 그의 초기작 『무정』에서는 '에텔'로 표상되는 이형식의 우주론을 통해 불교적 사유를 추적할 수 있다(김윤식, 『이광수와 그의 시대』 2, 한길사, 1986, 550~553쪽). 이와 함께 불교소설을 본격적으로 창작하던 1930년대 후반에는 여전히 기독교를 견지하고 있음을 다음 글을 통해 확인할 수 있다(「이광수 선생에게 문학・연애・종교를 묻는 여류문사의 모임」, 『삼천리』, 1939.7. 이광수, 『이광수전집』 8, 우신사, 1979, 631쪽에서 재인용).
"김동환 : 선생은 전날에는 기독을 사모하시더니 지금은 불교에 귀의하셨어요?
춘원 : 진리 있는 곳에 基, 佛의 차가 있으리까.
모윤숙 : 지금도 그리스도의 정신을 높이 보십니까?
춘원 : 무론이외다. 인류를 건지신 분으로요. 다만 나는 예전에 기독교 문으로부터 파문당한 몸이외다. 時體 조선 사람들이 믿는 그리스도와는 지금도 나는 좀 다를 것이외다마는, 나는 나대로 그 인격과 그 「애의 종교」에 진심으로 머리 숙이고 그의 만분의 일이라고 저도 실천하려고 노력합니다."

적으로 특징짓는 것은 주지하듯이 기독교에 영향을 받은 톨스토이 사상이다. 이에 비해 이광수의 불교 사상은 그 작품의 양과 질의 면에 비해 크게 도외시 되어 제대로 된 평가를 받지 못한 게 현실이다. 그의 불교 사상을 전면적으로 내세운 작품 수를 살펴보면 장편 네 편, 중·단편 네 편이다. 장편의 경우 『이차돈의 사』(1935), 『사랑』(1938), 『세조대왕』(1940), 『원효대사』(1942)가 있으며, 중·단편의 경우 「무명(無明)」(1939), 「꿈」(1939), 「죽장기(鬻庄記)」(1939), 「난제오(亂啼烏)」(1940)가 있다. 이외에도 그는 불교 사상을 나타내는 시집(『사랑』, 1955)과 시조집(『춘원시가집』, 1940)을 남겼다. 그 질적인 면을 보면 '불교소설사'에서 김동리의 불교소설보다 더 우수한 작품을 찾아볼 수 있다. 실제로 「무명」은 김동리의 「등신불」 수준을 훨씬 뛰어 넘을 뿐만 아니라 한국 불교 단편소설에서 가장 뛰어난 작품이다.[2]

하지만 기존의 연구는 이광수의 『원효대사』, 『사랑』, 「죽장기」 등 몇몇 작품에 한정되어 이광수의 불교소설을 전체적으로 조명하지 못했다. 이광수의 '불교소설'(명백하게 불교 사상을 전면화한 소설)에 한하면서 대다수 불교소설을 대상으로 한 연구로는 이화행의 논문이 있다. 이 논문은 『사랑』, 「육장기」, 「무명」, 『세조대왕』, 『원효대사』를 다루었는데 이외에는 빠졌다. 이외에 김봉근은 춘원의 종교의식으로 동학, 기독교와 함께 불교를 다루면서 춘원의 불교소설을 개관하고, 간략하게 해당 작품을 소개하고 있다. 여기에는 불교소설 「난제오」

2 주요한의 「작품 해설－무명과 죽장기」에 다음과 같은 글이 있다(이광수, 위의 책, 662쪽). "春園傳에 의하면 그는 「無明」을 쓰고 나서 "나는 비로소 소설다운 소설을 썼다"고 모씨에게 말하였다 하며, 이를 발표할 때에 "나로서는 오늘까지 쓴 작품 중에서 가장 자신있는 작품이오" 하였다 한다. 오늘 와서 보면 「無明」은 춘원의 작품 중에서 가장 무게 나가는 것의 하나라고 인정될 뿐만 아니라, 또한 다른 단편에서 볼 수 없는 독특한 성격을 지녔다고 생각한다."

(1940)가 빠졌고, 불교적 해석이 가능한 「늙은 절도범」(1939, 미완성 작품)이 포함되었다. 이 논문은 춘원의 불교소설에 한한 논문에 해당되지 못한다. 참고로 최정석의 박사논문은 불교소설과 불교 시가를 다루고 있는데, 소설의 경우 『사랑』, 『원효대사』, 『이차돈의 사』만 다루고 있다. 때문에 이 글은 이광수 연구 최초로 그의 불교소설에 한정해 그 전체에 나타난 불교 사상을 심도 있게 고찰하고자 한다.

사실, 이광수는 유아기에 이미 집안의 불교 영향을 받은 것은 물론 이로 인해 지속적으로 내면에서 불교 사상에 대한 관심을 키웠다. 그는 유아기에 불교 신앙을 가진 집안의 영향을 받아 불교적 감수성을 키울 수 있었는데, 이는 소년기를 지나 성인이 될 때까지 지속적인 불교에 대한 관심으로 이어진다. 이에 대해 그의 자전적 기록을 통해 확인하면 다음과 같다.[3]

> ① 아들이 늦는다고 해서 우리 집에서 매우 걱정이었더라는데, 그래서 대대로 다니는 T라는 절에 많이 불공을 드렸다고 한다. 조부의 일기를 보면 아무 달 아무 날 T절에 불공이라는 것이 많이 적혀 있음을 본다. T절이란 것은 조그만한 절이나 덕이 높은 중이 있기로 그때에 유명하였고, 또 그 중은 후일에 내게 깊은 인상을 주기로 기억이 그리운 절이다. 그 이야기는 다시 나올 때도 있을 것이다.
>
> 내 아버지가 어느 여름 초저녁에 평상에 누워 잠이 들었을 때에 어떤 노승이 와서 학슬 안경 하나를 주고 가는 꿈을 꾸고 나를 보았다 하여 내 애명

3 자전적 기록으로 인용된 ①, ②의 글의 경우 '자전 소설'로 분류되고 있는데, 불교 관련 사항을 통해 충분히 실제 이광수의 어린 시절을 추론할 수 있다.

을 수경이라고 지었다. 목숨 수자, 거울 경자다.[4]

② 나는 W선생을 대할 때마다 내가 어려서 가끔 가던 T절의 노장을 생각하였다. 나는 이 노인의 이름을 모른다. 아버지가 그를 '방주'하고 부르던 것만 기억한다. 이 노장이 W선생과 같이 낯은 불과하고 머리는 허옇고, 그리고 말이 없고, 그러면서도 인자하고 겸손하고 정이 들었다. 그 노장은 나를 볼 때마다 합장하고 허리를 굽히고는 한번 빙그레 웃는 버릇이 있었다. 나 같은 어린애를 대할 때에도 농담도 없고 꼭 점잖은 어른을 대하는 듯하였다. 나는 사 오세부터 이 노장을 숭배하였다. 내가 절에 가고 싶어 하는 것은 이 노장을 보려하는 것이 주장 목적이었다. 나는 이 노장이 먹물 들인 장삼에 주 홍 가사를 메고 까맣게 때 묻은 목탁을 두드리면서 부처님 앞에 수없이 내 복을 빌어서 절하던 것을 기억한다. 우리 집에서 불공을 가면 반드시 새벽에 하였다. 환하게 법당에 촛불을 켜 놓고 이 노장이 축원을 하는 것을 볼 때에 나는 가장 엄숙한 감정을 경험할 수가 있었다. 나는 이 노장에게 절을 하 고 싶었으나, 아버지가 그것을 금하는 것을 불만하게 생각하던 것을 기억한다.

(…중략…)

나는 이제 W선생을 대할 때에 이 노장을 생각하게 된 것이다. 이름도 모르는 노장, 조그만한 절에서 혼자 살다가 돌아간 노장은 좋은 집에 행복된 가정에 어른으로 있는 W선생보다 더 높은 데가 있는 것 같았다.[5]

4 이광수, 「그의 자서전(自敍傳)」, 『이광수 전집』 6, 우신사, 1979, 229~230쪽. 이하 『이광수 전집』은 『전집』으로 표기한다.

5 위의 책, 328~329쪽.

③ 나는 시당 여선생께 수호지를 배우고 능엄경을 배웠다. 그는 불서에도 아는 것이 많은 모양이 거니와, 그의 명리에 염담하고 사물에 애체 없는 품이 지금에 생각하면 선승에 통함이 있었다.[6]

④ T교수는 '色卽是空 空卽是色'이란 말을 가장 사랑하는 모양이어서, 그는 한 시간에도 여러 번씩 이 문자를 쓰고 또 언제나 이 문제를 아니 꺼내는 때가 없었다. 지금 생각하면 이 T교수는 『반야경』을 애독하였던 모양이다. 사실상 T교수는 인과론 같은 것은 별로 말하지 아니하였다. 다만 불교의 내용을 말할 때에 지나가는 말같이 불교에서 인과업보라는 것을 믿어서 제가 받는 것을 다 제가 전 에 한 업의 갚음이라고 생각하느니라고 말하였을 뿐인데. 이 말이 내 머리에 깊이깊이 박힌 것이다.

하나님이라는 이적적 신의 존재에 의심을 품게 된 나는 인과 윤이라는 이성적 법칙을 더 만족하게 생각한 것은 당연한 일이다.[7]

---

6 이광수, 「나의 고백」, 『전집』 7, 233쪽.

7 위의 책, 428쪽 이광수의 나이 25세 때의 이차 동경 유학 시절이다. 이때 쓴 신변소설 단편 「방황(彷徨)」에도 다음처럼 불교에 대한 애착이 그려지고 있다.(『전집』 8, 95쪽)
"'중이 되고 싶다' 하였다. 년전에 어떤 관상가가 나를 보고 "그대는 승려의 상이 있다" 하던 것을 생각하였다. 그때에는 우습게 듣고 지내었거니와 지금은 그 말에 깊은 뜻이 있는 듯하다. 내 운명의 예시가 있는 듯하다. 산곡간 폭포 있고 청천 있는 조그마한 암자에서 아침저녁 목어를 두드리고 송경하는 장삼 입은 중의 모양! 년전 어느 가을에 도봉서 밥을 지낼 새 새벽에 꿍꿍 울려오는 종소리와 그 종을 치던 노승을 생각한다. 지상의 쓰고 달고 덥고 추운 것을 잊어버리고 일생을 심산의 조그마한 암자에서 보내는 것이 나에게 적합한 생활인 듯하다. (…중략…) 나는 그 고모 **비구니**가 정다운 듯도 하고 나의 선각자인 듯도 하다. 나는 내가 머리를 박박 밀고 하얀 고깔에 칡베 장삼을 입고 그 고모께 뵈는 모양을 상상하였다."(강조는 인용자)
이에 대해 조연현은 이렇게 밝히고 있다.
"그러나 春園에게 있어 그의 佛敎的인 人生觀이나 理想은 急激히 나타난 것이 아니라 오래 전부터 그의 潛在的인 意識이 되어 있었던 것임을 알 수 있다. 그것은 그의 가장 初期의 作品의 하나인 「彷徨」에서 이미 그 片貌를 엿볼 수 있기 때문이다."(조연현, 『한국 현대작가론』, 문명사, 1952, 291쪽)

①의 글(「그의 自敍傳」)을 보면 집안에서 불공을 다니는 것은 물론(유아기의 춘원이 불공에 참가한 것은 ②의 글에 나타나 있다), 이광수의 아명 수경[8] 또한 아버지의 꿈에 나타난 노승의 영향으로 지어진 것을 보면 유아기의 이광수에게 끼친 불교의 영향이 적지 않음을 추측할 수 있다. 그 영향이 어느 정도였는지는 ②의 글(「그의 자서전」)을 보면 알 수 있다. ②의 글을 보면, 일차 동경 유학 시절(나이 14세)의 춘원은 미션 스쿨 M학교에서 알게 된 기독교 신앙의 W선생님을 보면서 불교를 상징하는 노장에 대한 기억을 떠올리고 있다. 그는 W선생을 "진실로 예수를 믿고 예수의 말씀대로 행하는 것 같아서" 숭배했으며, "그에게 배운 「바이블 스토리」에 대한 기억은 없어도 그의 화평한 태도, 자비스러운 표정을 잊을 수 없다"며 무척이나 존경했다.[9] 그런데 자신이 사오 세부터 "숭배"했던 노장은 "W선생보다 더 높은 데가 있는 것 같았다."고 토로하는 것에서처럼, 춘원은 분명하게 불교에 대한 애착을 드러내고 있다.

여기서 더 나아가 춘원은 적극적으로 불교 서적을 독서하면서 사상적으로 불교를 수용한다. ③의 글(「나의 고백」)을 보면 그는 1910년 그의 나이 19세에 오산학교 교원으로 재직하기 시작했는데, 이곳에서 당시 교사로 있던 시당 여준(時堂 呂準)에게 『능엄경(楞嚴經)』을 배웠다는 것을 알 수 있다. 『능엄경』은 후술하겠지만 그의 장편 『세조대왕』에서 많이 인용되고 있을 만큼 그에게 깊은 영향을 끼쳤음을 알 수 있다.[10] 이와 함께 이광수는 이차 동경 유학 시절에 신앙으로서의 기독

8 이광수의 실제 아명은 보경(寶鏡)이다.

9 이광수, 「그의 자서전」, 『전집』 6, 328쪽.

10 그의 불교 경전에 대한 독서 이력을 간략하게 밝힌 고백체 신변소설인 단편 「육장기(鬻庄記)」

교를 상실하고 사상적 번민을 한다.[11] 이때 그는 조도전대학 철학과에 입학한 후, 다윈의 진화론, 마키아벨리, 트로츠키의 정치론, 니체 등 다양한 철학과 사상 그리고 천문학을 접했다. 이 가운데 특히 천문학적 지식은[12] 기독교의 우주관을 부정하게 만들었고, 그로 하여금 기독교에서 오직 윤리, 도덕만 취하게 했다. 이러한 우주관을 수용한 그는 「나의 고백」에서 "나는 이러한 내 우주관이 곧 불교적 우주관이었음을 훨씬 나중에야 알았"다고 밝히고 있다.[13] 이렇게 해서 그는 ④

(1939)에는 삼십 세 무렵에 『화엄경』, 『법화경』을 읽고 사십삼 세 무렵(1934년 자하문 밖 홍지동 산장을 짓던 해)에, 『금강경』, 『원각경』을 차례대로 독서했다고 밝히고 있다. 소설에서는 이광수가 『법화경』을 집중적으로 독서하는 것으로 그려지고 있다(「육장기(鬻庄記)」, 『전집』 8, 42쪽). 「육장기(鬻庄記)」에서 언급한대로 그가 금강산 순례길(1921, 그의 나이 30세)에서 『화엄경』을 읽은 것은 사실이다. 이에 대해서는 그의 「금강산유기」(『전집 9』, 74쪽.)에 다음과 같이 잘 나타나 있다. "나는 불단 위에 있는 『화엄경』을 내려 되는 대로 읽었읍니다. 마침 손에 잡힌 곳이 십지품입니다." 이외에는 사실 확인이 어렵다. 결국, 「육장기(鬻庄記)」는 소설이기 때문에 이보다는 앞의 자전 기록 「나의 고백」 인용문 ③이 사실로서 가치가 높다고 봐야한다. 따라서 그의 불교 경전(『능엄경』) 최초의 독서는 19세에 이뤄졌다고 보는 게 타당하다.

11 이광수는 「그의 자서전」에서 이렇게 말한다. "나의 둘째 번 동경 생활은 일언이폐지하면 사상적 고민 생활이요, 방황 생활이었다. 나는 중학교 시대에서부터 지켜오던 예수의 가르침에 대한 신앙을 잃어버렸다. 그것이 싫어서 내버린 것이 아니라, 아니 버리리라, 아니 떠나리라 하고 애를 쓰면서도 점점 멀어 간 것이다."(「그의 자서전」, 『전집』 6, 421쪽.)

12 "지구는 결코 우주의 중심이 아닐뿐더러 태양계 그 물건도 은하계의 한 티끌에 지나지 못하고, 은하계 그것도 또 그보다 더 큰 어떤 가족의 일원에 불과하고 (…중략…) 또 다른 편으로 보아서 오늘날의 현미경으로도 한 방울 물이나 한 티끌에서 수만의 미생물이 산다고 하니 허공 중의 우리 눈에는 보이지도 아니하는 잔 티끌도 수없는 생물이 붙어사는 세계가 아닌가. (…중략…) 만일 지구의 생물만을 표준으로 다른 별 또는 허공에는 생물이 살지 못하리라 함은 마치 유대인이 하나님을 지구만의 하나님으로 아는 것과 다름이 없을 것이 아닌가."(「나의 고백」, 『전집』 7, 428~429쪽)
이러한 춘원의 우주적 사유는 불교의 우주관과 일맥상통한다. "반야부의 결경(結經)인 『인왕경(仁王經)』에 "대왕이 지금 자기가 변신하는 1백억 개의 수미(須彌)가 있고, 1백억 개의 태양과 달, 그리고 열한 개의 수미에 네 개의 천하가 있으며, 그 남(南)염부제에 열여섯 개의 대국과 5백 개의 중국, 그리고 1만개의 소국이 있으며 ……"라고 되어 있는 것처럼 태양과 달과 지구 등을 합친 세계가 단 하나뿐이 아니라 1백억 개나 있다고 설해진 각각의 세계 가운데에 사람이 산다고 하는 남염부 제가 있으며, 거기에는 나라도 형성되어 있다는 것이다."(김용정, 「불교의 우주관」, 『과학과 불교』, 석림출판사, 1996, 30쪽)

13 이광수, 「나의 고백」, 『전집』 7, 429쪽.

의 글(「나의 고백」)에서처럼 이차 동경 유학 시절에 『반야심경』을 접하는 것은 물론 "이성적 법칙"인 '업(業) 사상'을 수용하게 된다. 이후, 그는 불교 관련 글을 발표하면서 지속적으로 불교 사상에 대한 관심을 견지해갔다.[14]

이광수는 『화엄경』, 『법화경』, 『금강경』, 『원각경』, 『반야심경』, 『능엄경』 등 수많은 대승 경전을 독서했다. 이와 함께 8촌 동생 운허법사(이학수)에게서 불교 영향을 받는 것과 함께 나름대로의 불교 수행 생활을 해나갔다. 따라서 이광수의 소설에 나타난 불교 사상은 특정 경전과 특정 불교 사상에 한정되지 않고 대승불교[15] 사상 전반을 아우른다고 볼 수 있다. 이 글에서는 보살의 실천 덕목으로서의 육바라밀(六波羅蜜), 존재의 상의성의 법칙인 연기법(緣起法), 수행법, 업사상의 측면에서 이광수 소설의 대승불교 사상을 살펴보겠다.

---

14 최초의 불교소설 『이차돈의 사』가 발표된 1935년 이전의 글은 다음과 같다. 수필의 경우 「선파(禪婆)」(1926), 「보살의 병」(1928), 「신비의 세계」(1930) 등이며 묵상록의 경우 「인욕(忍辱)」(1931)이 있다. 『이차돈의 사』가 발표된 1935년부터는 불교 관련 글이 더 증가되었다. 수필의 경우 「학창독어」(1935), 「인과의 리」(1940), 「생재(生齋)참관기」(1945) 등이며, 묵상록의 경우 「불정고토(佛淨固土)」(1935), 미발표작 「오부작」 등이며, 인물론의 경우 「대성석가—석가여래의 가르침」(1939) 등이 있다(『전집』 6; 『전집』 8).

15 대승(大乘 : 큰 수레) 불교의 특징은 다섯 가지로 요약할 수 있다. 첫째, 소승(부파불교)이 자신의 구제에만 전념하는 것과 달리 자리이타(自利利他)의 교리를 가지고 있고 둘째, 재가자를 배제하지 않고 재가(在家)와 출가(出家)를 모두 포용하며 셋째, 현명한 사람이나 어리석은 사람, 또 선한 사람이나 악한 사람 모두를 구제하려는 폭넓은 입장(難行道와 易行道)을 가지고 있고, 넷째 구제자로서의 붓다에 대한 이론적 근거인 불신론(佛身論)이 있으며, 다섯째 모든 사람이 보살(菩薩)이 될 수 있다는 입장을 가지고 있다(평천장 외, 『대승불교개설』, 김영사, 2001, 14~22쪽).

2. 보살행의 근본, 육바라밀(六波羅蜜)

—『이차돈의 사』, 『사랑』, 『원효대사』

보살[16]은 '이타(利他)의 서원(誓願)'을 세운 후 반드시 육바라밀[17]을 실천해야 궁극의 깨달음(아뇩다라삼먁삼보리, 阿耨多羅三藐三菩提)[18]을 얻을 수 있다. 바라밀(波羅蜜)은 '파라밀다(波羅蜜多)'라고 쓰는데 '도피안(到彼岸)'으로 풀이된다. 자기만의 구제를 위해 은둔적인 수행을 하는 성문승(聲聞僧)의 엘리트주의적 소승 불교와 달리 대승불교의 보살은 중생의 삶속에서 지혜와 자비의 완성을 추구한다. 육바라밀의 중요성은 다음에서 잘 알 수 있다.[19]

모든 보살 마하살이 궁극의 깨달음을 얻고자 한다면 마땅히 6바라밀을

16 보살은 보리살타(菩提薩陀 : bodhisattva)의 준말로 성불하기 위해 힘쓰는 이의 총칭이다. (운허 용하, 『불교사전』, 동국대 역경원, 1998, 298쪽) 『불교사전』의 "보데살타"에서 '보데'를 본 글에서는 흔한 표현인 '보리'로 표기한다. 보제(菩提)는 '깨달음'이고, 살타는 '유정(有情) 또는 중생'으로 '깨달음을 얻는 유정' 혹은 '깨달음을 추구하는 유정'으로 풀이된다(동국대 불교문화대학 불교교재편찬위원회, 『불교사상의 이해』, 불교시대사, 2011, 131쪽).

17 ① 보시(布施)바라밀 : 베푸는 것을 말하는데 '베푸는 나', '베푸는 물건', '베풂을 받는 사람' 세 가지가 청정(집착이 없는 상태)한 보시를 '무주상(無住相)보시'라 한다. ② 지계(持戒) 바라밀 : 산목숨을 죽이지 마라, 남의 것을 훔치지 마라, 사음하지 마라 등의 계를 지키는 것을 말한다. ③ 인욕(忍辱)바라밀 : 참고 용서하는 것을 말한다. ④ 정진(精進)바라밀 : 나약함이 없는 부동심의 실천이며 불퇴전이 노력이다. ⑤ 선정(禪定) 바라밀 : 산란한 마음을 가라앉히고 고요한 상태에 이르는 것을 말한다. ⑥ 반야(般若) 바라밀 : 사유분별의 망상을 떠난 지혜를 말한다(위의책, 131쪽; 법상, 『반야심경과 마음공부』, 무한, 2010, 97쪽). 이러한 육바라밀의 근간은 바로 중생에 대한 대자대비(大慈大悲)이다(안성두 편, 「6바라밀의실천」, 『대승불교의보살』, 씨 · 아이 · 알, 2008, 133~235쪽).

18 이것은 무상정등각(無上正等覺) 곧 위가 없는 바른 깨달음으로 부처의 깨달음을 말한다(운허 용하, 앞의 책, 548쪽).

19 동국대 불교문화대학 불교교재편찬위원회, 앞의 책, 143~144쪽.

> 닦아야 한다. 왜냐하면 아나다여, 6바라밀은 보살 마하살의 어머니로서 모든 보살을 낳기 때문이다. 아난다여, 만약 보살 마하살이 6바라밀을 닦는다면 모두 궁극의 깨달음을 얻으리라.
>
> —『대품반야경』「누교품(累教品)」

이처럼 육바라밀은 대단히 중요한 것으로 과거, 현재, 미래의 모든 부처님이 육바라밀을 닦음으로써 궁극의 깨달음을 얻었다. 이와 더불어 과거, 현재, 미래의 모든 불제자들 역시 육바라밀을 통해서 열반에 이를 수 있다. 이광수는 육바라밀의 하나인 인욕(忍辱)바라밀을 묵상록 「인욕」(1931)에, 육바라밀 전체를 인물론 「대성석가(大聖釋迦)—석가여래의 가르침」(1939)에 잘 소개하면서 그 중요성을 강조하고 있다. 특히, 그는 「대성석가—석가여래의 가르침」에서 『법화경』의 「서품」의 글을 인용하면서 '보살'의 의미를 살펴보는 것과 함께,[20] 보살이 육바라밀을 실천하는 '보살행'을 잘 설명하고 있다.

『이차돈의 사』는 이차돈의 순교에 대한 역사적 사실을 형상화한 역사소설이다. 고구려에서 불법을 전수받은 이차돈은 불법을 전파하고자 신라로 돌아오지만 애초의 뜻과 달리 공주와 부부가 되기로 약속하고 대궐에서 기거한다. 그러던 그가 우연히 거리에서 대중을 향한 설법을 하다가 임금을 속이고 임금을 해치려한다는 모함을 받

---

20 원래 「대성석가—석가여래의 가르침」에는 원문(한문)으로 된 것을 여기에는 한글 번역으로 대신한다(이운허, 『법화경』, 동국대 역경원, 1990, 18쪽).
"또 보살마하살 8만이 있었으니, 다 아뇩다라삼막삼보리에서 물러나지 아니하며, 다라니와 말 잘하는 변재를 얻어서 물러나지 않는 법륜을 굴리며, (…중략…) 자비로서 몸을 닦아 부처님의 지혜에 잘 들었으며, 큰 지혜를 통달하여 피안에 이르렀고, 그 이름이 한량없는 세계에 널리 들리어 무수한 백천의 중생을 제도하는 이들이었다."

고 돌팔매에 이마를 맞고 피를 흘린다. 이때, 그에게 깨달음이 찾아 온다.

> 많은 중생을 향하여 법을 설하여 그들의 속의 불연(부처의 길의 인연)의 씨를 삼는 일을 한 것만도 기쁘려든 하물며 부처의 길을 위하여 매를 맞고 피를 흘림이랴. 만일 제가 모둠 매를 맞아 그 자리에 거꾸러져 죽었다 하면 얼마나 기쁜 일이랴?
>
> 부처의 가르침을 위하여 목숨을 아끼지 말라[護法不惜身命]는 경의 글귀를 생각하고 이차돈은 처음으로, 실로 일생에 처음으로 진리를 위하여 제가 믿는 바를 위하여 몸을 희생하는 기쁨을 체험하였다.[21]

이런 계기로 그는 중생을 불쌍히 여기는 자비심으로, 중생을 악한 길에서 건져 내어 바른 길로 인도하고자 생명이 끝나는 날까지 법을 설하고자 한다. 결국, 그는 "이 몸이 죽어서 신라에 불법이 홍할진댄"[22] 하고 순교에 대한 의지를 굳힌다. 이후, 그가 죽임을 당하고 나서야 신라에는 불법이 자유롭게 전해질 수 있었다. 이처럼 이차돈에게서는 육바라밀을 실천하는 보살행을 확인할 수 있다. 그는 불법을 베풀고자하는 '보시 바라밀'[23]과 함께 육체적, 정신적 고통을 참고 또 용서하는 '인욕 바라밀'과 불퇴전(不退轉)의 노력인 '정진 바라밀'을 실천하고 있다. 궁극적으로 『이차돈의 사』는 이차돈 자신의 목숨마저 바치는

21 이광수, 『전집』 5, 137쪽.

22 위의 책, 142쪽.

23 '베풂'을 뜻하는 보시(布施)는 세 가지로 나누어진다. 물질적 베풂인 '재시(財施)', 진리의 말씀을 전하는 '법시(法施)', 두려움과 근심을 함께 하고 도와주는 '무외시(無畏施)'.

보살행의 극치를 보여주고 있다.

『사랑』은 석순옥이라는 여성이 온갖 모함과 고난 속에서도 지고의 사랑 즉 자비를 몸소 실천하는 이야기를 그리고 있다. 이광수는 『사랑』의 자서(自序)에서 "완전히 '나를 위하여'라는 욕심을 떠나고 '오직 그를 위하여' 사랑할 때에 그것이 비로소 '자비심'의 황금색을 띤 사랑이 되는 것이다"[24]라고 밝히고 있다. 이러한 자비심은 고스란히 석순옥을 통해 작품 속에서 구현되고 있다. 석순옥은 자신이 정신적으로 흠모하는 안빈의 바람에 따라, 사랑하지 않는 허영과 결혼하고 또 시어머니의 학대를 참아낼 뿐만 아니라 허영이 다른 여자에게서 낳은 자식을 직접 기르기까지 한다. 이러한 석순옥에게 정신적 스승인 안빈은 자비의 논리를 『법화경』에 의지해 이렇게 말한다.

> 어머니가 어린 자식에게 대해서 참는 모양으로 모든 것을 순순히 참는단 말이요. 그러기에 주인욕지(住忍辱地)하여 유화선순하는 것을 석가여래께서 보살의 안락행의 첫 허두에 말씀하셨소. 주인 욕지－욕을 참는 자리를 떠나지 말고서, 그 말이오. 유화선순이란 것은 부드럽게 화평하게 선하게 순하게 한 말요. 그러니까 중생을 바른 길로 인도하는 첫 비결이 참는 것이란 말이요.[25]

이 『법화경』처럼 순옥은 매순간 찾아오는 고난을 잘 참아내며, 자

24 이광수, 『전집』 6, 588쪽. 여기에 실린 주요한의 작품해설의 글을 재인용.

25 위의 책, 240쪽. "주인욕지(住忍辱地)하여 유화선순(柔和善順)"은 『법화경』 「안락행품」의 글이다(이운허, 『법화경』, 동국대 역경원, 1990, 259 쪽). "만일 보살마하살이 **인욕의 지위에 머물러, 부드럽게 화하고 선에 순종하여** 포악하지 아니하고, 마음에 놀라지 말 것이며"(강조는 인용자)

신을 희생해가면서 가족을 보살핀다. 순옥의 삶은 자칫 가부장 사회의 일부종사의 논리를 정당화한다는 오해를 불러일으킬 우려가 없는 것은 아니다. 하지만 소설에서의 '참고 베푸는 것'은 가부장 사회의 논리를 뛰어넘은 불교적 사랑 곧 자비에 근거하는 것이라는 점에 유의해야한다. 『법화경』의 「제바달다품」에서 "삼천 대천의 큰 세계를 볼 때 아무리 작은 겨자씨만한 땅이라도 이 보살이 신명을 버리지 아니하였으나, 이것은 중생을 위한 때문이라"[26] 한 것처럼, 순옥은 기꺼이 자신을 버리고 가족에게 자비를 베푼다. 이러한 순옥의 삶은 육바라밀 가운데 '인욕 바라밀', '보시 바라밀', '정진 바라밀'을 실천하는 보살행을 잘 보여준다.

『원효대사』는 역사적 인물 원효를 소재로 한 소설이다. 소설 속의 원효는 『화엄경』 「보살문명품」의 "一切無碍人 一道出生死(일체의 거리낌이 없는 사람이 한 길로 삶과 죽음을 넘어설 수 있다)"를 수행의 목표로 삼고 있다. 그는 『대승기신론소』, 『화엄경소』와 '오시사교(五時四敎)'[27]의 설로 신라, 백제, 고구려는 물론 멀리 당나라로부터도 존경을 받았다. 그런 그가 대안(大安)법사와의 조우를 통해 자신이 여전히 '거리낌[碍]'에서 벗어나지 못했음을 자각한다. 그는 대안법사의 무애(無碍)한 삶을 보면서 비로소 "아는 것과 되는 것"의 차별에 눈을 뜨고, 자신은 『화엄경』을 누구보다 잘 알지만 『화엄경』이 되어버리지는 못했다며 다음처럼 통감한다.

---

26 이운허, 「제바달품」, 위의 책, 247쪽.

27 원효가 '오시팔교(五時八敎)'(중국 천태종에서 붓다의 법을 다섯 시기와 8가지로 분류한 방법)와 달리 독자적으로 붓다의 가르침을 정리한 것을 말한다(운허 용하, 앞의 책, 163쪽).

그러나 나는 그것으로 누구를 건졌는가. 대관절 나 스스로를 건졌는가. 내가 쓴 글을 읽고 과연 어느 중생이 지금 내가 대안대사의 염불 소리에서 받은 환희를 받았는가. 내가 십년 동안에 쓴 글이 종이에 먹을 묻혀 놓은 것뿐이 아닌가.[28]

이런 계기로 "행(行)이다. 행이다. 오직 행만이 값이 있는 것이다"는 깨달음을 얻은 원효는 술을 마시고 또한 요석공주와의 결혼을 하는 파계를 감행한다. 이후, 중생에게 베푸는 두타행을 하던 원효는 방울 스님에게서 "내가 중생을 건질 텐데 하는 마음" 즉 "아만(我慢)"을 버려야 한다는 가르침을 받고 그것을 실천에 옮긴다. 그는 거지의 두목 뱀복의 어머니 장례를 치러줄 뿐만 아니라 뱀복이 죽자 거지와 함께 살면서 거지를 이끌어 간다. 이러한 원효의 삶은 오로지 자신만의 깨달음만을 추구하는 소승불교와 달리 위로는 깨달음을 추구[上求菩提]하고 아래로는 중생구제의 이타행[下化衆生]을 실천하는 대승불교의 보살행을 잘 보여준다. 특히, 육바라밀의 보시 바라밀 가운에서도 '무주상(無住相)보시'와 '정진 바라밀'이 분명하게 그려지고 있다. 아만을 버린 원효는 '베푸는 나', '베푸는 물건', '베풂을 받는 사람' 세 가지의 상(相)이 전혀 없는 상태에서 불퇴전의 노력으로 보살행을 하고 있다.

---

28 이광수, 『전집』 5, 370쪽.

3. 존재의 상의성(相依性)의 법칙, 연기법(緣起法)

—「무명」,「꿈」

대승불교에서는 연기법에 따라 모든 존재가 상호관계에 의해 생성되고 또 소멸된다고 본다. 연기법[29]은 붓다가 발견한 '법(法, Dharma)'으로 모든 존재가 시간적 선후관계의 인과관계가 아니라 동시적으로 서로 의지하고 관계를 맺는 상의성에 의해 생성, 소멸한다는 것이다. 연기법에 대해서『잡아함경』은 이렇게 말한다.[30]

此有故彼有	이것이 있으므로 저것이 있게 되고,
此起故彼起	이것이 일어나므로 저것이 일어난다.
此無故彼無	이것이 없으므로 저것이 없게 되고,
此滅故彼滅	이것이 소멸하므로 저것이 소멸한다.

이와 같이 이것과 저것은 상호의존하면서 나타나 있는 현상일 뿐, 이것이라는 존재가 저것이라는 존재의 원인이 아니다. 즉, 이것과 저것은 상호인과 관계(상의성)에 의해 함께 나타난 패턴이다. 결국, 연기

---

29 연기법을 바탕으로 만들어진 연기의 형식이 '십이연기(十二緣起)'인데, 구체적으로 보면 다음과 같다. 무명(無明) : 미혹의 근본인 무지. 행(行) : 무지로부터 다음의 의식 작용을 일으키는 동작. 식(識) : 의식작용. 명색(名色) : 이름만 있고 형태가 없는 마음과 형체가 있는 물질. 육처(六處) : 눈, 귀, 코, 혀, 피부, 의식. 촉(觸) : 접촉함. 수(受) : 감각, 애(愛) : 즐거움의 추구. 취(取) : 욕구에 따라 물건을 취함. 유(有) : 업. 생(生) : 태어남. 노사(老死) : 늙어서 죽음(마스타니 후미오, 이원섭 역,『불교개론』, 현암사, 2009, 80쪽).

30 성열 편역,『부처님 말씀』, 현암사, 1995, 161쪽.

법은 세상의 근본 실체나 제일 원인은 물론 나의 실체 또한 없다는 것으로 요약된다.[31]

「무명」은 병감(病監) 속에서 일어나는 죄수들의 이야기가 살아 꿈틀거리는 듯이 역동적으로 형상화되었다. 주인공 '나'와 윤, 민, 정, 강이 병감에서 겪는 온갖 고통과 갈등이 적나라하게 제시되고 있다. 나는 관망적인 자세로 뒤로 물러나 있는 대신, 나머지 네 사람은 자기 이익만을 추구하고 끊임없이 사소한 일로 서로 헐뜯고 언쟁을 벌이는 모습으로 그려진다. 어느 날, 네 사람과 달리 온화한 성격의 소유자로 그려진 나에게 고통이 찾아온다. 위 확장병으로 위 속에서 음식이 썩는 냄새를 풍기는 '정'이 자신과 마주보며 눕게 된 것이다. 나는 "아름다운 젊은 여자의 뱃속엔들 똥은 없으며 썩은 음식은 없으랴? 모두 평등이 아니냐?" 하고 "공부"를 하며 고통을 이겨내고자 하지만 쉽지 않다.[32] 이때, 근처 절에서 들려오는 목탁 소리와 함께 주인공 나는 다음과 같은 불교적 자각에 다다른다.

> 인생이 괴로움의 바다요, 불붙는 집이라면, 감옥은 그중에도 가장 괴로운 데다. 게다가 옥중에서 병까지 들어서 병감에 한정 없이 뒹구는 것은 이 괴로움의 세 겹 괴로움이다. 이 괴로운 중생들이 서로서로 괴로워함을 볼 때에 중생의 업보는 '헤여알기 어려워라'한 말씀을 다시금 생각하지 아니할 수 없었다.[33]

31 이중표, 『현대와 불교사상』, 전남대 출판부, 2010, 72쪽.
32 이광수, 『전집』 8, 27쪽.
33 위의 책, 28쪽. 인생을 "불타는 집"으로 표현한 것은 『법화경』 「비유품」의 "삼계화택(三界火宅)"에서 나온 것이다(이운허, 앞의책, 92~96쪽).

인용문 앞의 두 줄은 삼법인(三法印)에서 '모든 것은 고다(一切皆苦)'라 했듯이 살아가는 것이 곧 고(苦)임을 극명하게 보여준다. 병감은 인간 사회의 압축판이나 다름없다. 사실, 붓다는 고(苦)의 문제를 해결하고자 출가해 마침내 연기법을 깨달았다.[34] 붓다의 깨달음에 따르면, 고(苦)의 원인은 삼라만상의 실체가 없고 다만 서로 의존하여 생기고 소멸할 뿐이라는 지혜(연기법)를 모르기 때문이라는 것이다. 이러한 무지의 상태가 바로 연기법의 첫 번째 무명(無明)이다. 이렇듯, 이광수는 병감 속의 죄수들이 헤어 나오지 못하는 "세 겹 괴로움"의 원인을 연기법의 무명으로 파악해 소설 제목에 제시해놓았다.

「꿈」은 『삼국유사』의 조신설화를 차용해 '일장춘몽(一場春夢)'의 주제를 형상화한 소설이다. 스님 조신은 우연히 만난 양반의 딸 달례의 요청에 따라 석벽 위의 철쭉꽃을 꺾어 준다. 달례가 병에 걸린 어머니에게 꽃을 꺾어다 드리고 싶다는 뜻을 거절할 수 없었다. 이런 계기로 조신은 자나 깨나 달례에 대한 생각에서 벗어나지 못해 제대로 불도를 닦지 못할 지경에 이른다. 그런 그가 법당에서 염불을 올리다가 꿈에 빠지게 된다. 현실 같은 꿈속에서 그는 달례와 부부의 연을 맺고 아들, 딸을 낳고 살아가지지만, 나중에 자신을 쫓아온 평목을 죽이면서 비극을 맞이하게 된다. 결국, 그는 사형 집행장에 끌려가게 되는데 이때 살려달라고 처절하게 외치는 도중에 비로소 잠에서 깨어난다.

이렇듯 소설은 조신의 '꿈'을 통해 현실의 삶 또한 꿈과 매한가지라

34 붓다는 '사문유관(四門遊觀)'을 통해 생로병사의 고통과 중생의 비참한 삶의 문제를 해결하고자 출가한다(법륜, 『인간 붓다 그 위대한 삶과 사상』, 정토출판, 2010, 152~165쪽).

는 것을 보여주고 있다. 사실, 연기법에 의하면 '나'의 실체나 내가 몸 담고 있는 바로, 지금 여기의 현실 역시 '꿈'과 같다. 연기법에 따르면 나는 본래 없으며[無我], 이 세계 또한 공(空)이라는 것이다. 이처럼 「꿈」(1939)은 연기법에 근거해 제법무아(諸法無我)하며, 제행무상(諸行無常)하다는 것을 잘 보여주고 있다.

4. 차별과 분별지를 넘어서는 수행, 간경(看經)과 간화선(看話禪) – 「육장기」, 「난제오」

모든 종교가 그렇듯이 대승불교에서도 '수행(修行)'은 중요한 위치를 차지한다. 대한불교조계종의 승려 법에는 "승려는 불조의 혜명을 이어받고 견성성불 전법도생하기 위하여 참선, 염불, 간경, 주력 등의 수행에 매진하여야한다"고 밝히고 있다.[35] 이처럼 신앙심을 갖고 부단히 내면을 닦아가는 과정으로서의 수행이 전제되지 않는 대승불교는 생각할 수조차 없다. 실제로 대승불교에서는 다양한 수행법을 가지고 있으며, 이를 통해 출가자는 물론 재가자들이 진정한 깨달음에 나가고 있다.[36]이광수 역시 문학가 이면에 불도를 닦아가는 수

35 김방룡, 『불교 수행법』, 민족사, 2009, 84쪽.

36 간화선 수행, 간경 수행, 염불 수행, 절 수행, 참회 수행, 주력 수행, 사경 수행, 사불 수행 등이 있다(위의 책 참고).

행자의 측면이 있음을 주목해야한다.

「육장기(鬻庄記)」는 "마흔 세 살부터 마른 여덟 살 되는 여름까지" 이광수가 "일생의 상당히 중요한 시기를" 보낸 홍지동 산장에서 다른 곳으로 이사할 때의 감회를 편지체로 쓴 소설이다.[37] 이광수는 아들 봉근의 죽음을 계기로 "사람이 무엇인가? 어찌하여서 나는가? 죽음이란 무엇이며, 죽어서는 어찌되는가?" 하는 문제에 봉착하게 된다.[38] 이렇게 해서 그는 홍지동 산장에 살면서 경전을 읽는데, 특히 그는 "이집에 온 후로 육 년간 날마다 법화경을 읽은 자가 된 것이오"[39]라면서 자신이 법화행자가 되고자했음을 밝힌다. 사실, 『법화경』은 그가 홍지동 산장의 집터를 만들 때 그에게 불교 영향을 미친 8촌 동생 운허 법사(이학수)가 건넨 것이다. 따라서 이광수의 『법화경』 읽기는 일반적인 독서의 의미를 지나 독송하면서 그 뜻을 밝히는 '간경(看經) 수행'의 성격을 가진다고 볼 수 있다. 이러한 『법화경』 간경 수행을 통해 이광수가 다다른 결론은 다음과 같다.

> 지구라야 조그만한 티끌 하나 아니오? 이를 테면 이 무궁한 우주라는 큰 집의 조그마한 방 한 간 아니오? 우리 지구상에 사는 인류란 이 단간방에 모여 사는 한 식구야. 그러니 얼마나 정답겠소? 얼마나 서로 불쌍히 여기고 서로 도와야 하겠소.[40]

---

37 이광수, 『전집』 8, 41쪽. 육장기(鬻庄記)의 뜻은 '집을 판 이야기의 기록'이다.
38 위의 책, 42쪽.
39 위의 책, 43쪽.
40 위의 책, 56쪽.

그는 지구를 “티끌”이자 “방 한 간”으로 보면서 인간 사회의 차별되고 분별된 온갖 상(相)을 극복한다. 이러한 생각은 『법화경』, 「화성유품」에서 우주의 무한한 시 · 공간을 티끌로 비유하는 대목을 연상시킨다. 다음의 인용문은 무한한 시 · 공간이 결국 티끌로 볼 수 있으며, 또한 이 티끌이 설령 1겁(劫)이라 해도 그보다 우주는 더 광대함을 말하고 있다.

> “비유컨대 삼천대천 세계의 모든 땅을 갈아 먹물로 만들어서 그것을 어떤 사람이 동방으로 1천 국토를 지나 티끌만하게 한 점 떨어뜨리고, 또 1천 국토를 지나 한 점을 떨어뜨리며, 이와 같이 옮겨 가면서 땅으로 된 먹을 다한다면 너의 생각은 어떠하냐. 이 여러 나라를, 셈 잘하는 사람이나 그의 제자들이 능히 그 끝을 알 수 있겠느냐.”
>
> “못 하겠나이다, 세존이시여.”
>
> “여러 비구들아, 이 사람이 지나간 국토 가운데 점이 떨어진 국토나 아니 떨어진 국토를 다 합쳐 모아 티끌로 만들어서 그 한 티끌을 1겁이라 하더라도, 저 부처님께서 열반하신 지는 더 오래되어 한량없고 가없는 백천만억 아승지겁을 지났느니라.”[41]

소설에서는 이러한 관점을 “이것이 하나 속에 여럿이 있고, 여럿 속에 하나가 있다는 것이오.[42] 무차별 속에 차별이 있고, 차별 속에 무차별이 있단 말요. 색즉시공 공즉시색, 색불이공 공불이색[43]이라

41 이운허, 앞의책, 168 쪽.
42 『화엄경』의 ‘일즉다 다즉일(一卽多 多卽一)’ 사상을 말하는 것이다.
43 『반야심경』에는 “色不異空 空不異色 色卽是空 空卽是色”으로 나온다.

는 것이겠지요"[44]라고 강조하고 있다. 이렇게 해서, 이광수는 간경 수행을 통해 "인류란 이 단칸방에 모여 사는 한 식구"라는 깨달음을 얻을 수 있었다. 국가와 국가, 인종과 인종, 그리고 궁극적으로 나와 타인과의 차별을 지양해 둘이 아닌 하나로 보고 '인류 공동체이자 사랑의 공동체'가 현실화될 것을 확신하게 된다. 이처럼, 그의 유토피아에 대한 확신은 『법화경』 간경 수행을 통해 현실세계의 차별과 분별지를 극복했기에 가능했음을 알 수 있다.[45]

「난제오」는 가난한 소설가 "나"가 일상적인 하루 끝에 절에서 SS선사를 만나 선(禪)에 관한 대화를 나눈다는 이야기이다. 이광수에 다름 아닌 "나"가 절을 찾게 된 것은 자식과 아내의 건강을 위해 부처님에게 세배를 하기 위해서였다. "나"는 "부처님 화상 앞에서 고개만 한 번 끄덕해도 큰 공덕이 된다는 것을 믿는" 사람으로 절을 찾은 후 자연스럽게 "반야심경을 읽고 '시삼마'하는 화두"를 잡는다.[46] 여기서의 시심마(是甚麽)는 '시심마'라고도 하는데 '이뭣고(생각하는 이것이 무엇이냐)'라는 뜻으로 간화선의 대표적인 화두이다. 이와 같은 점을 보면 "나"는 간화선 수행에 경험이 있음을 알 수 있다. 이런 "나"에게 SS선사는 간화선(참선)에 대해 이렇게 말한다.

> 밖에서 들어오는 것을 막아버리고 제가 알던 것까지 내어던지는 것이요.

---

44 『전집』 8, 56쪽.

45 소설에서는 '인류 공동체이자 사랑의 공동체'가 일제가 기획하는 '대동아제국'으로 변질되어 내선일체의 논리를 정당화하고 만다. 때문에 그는 일제의 침략 전쟁을 "성전(聖戰)"으로 미화하고 이에 대한 참여를 독려하는 우를 범한다.

46 『전집』 8, 214~215쪽. 소설에서는 절을 찾은 후에 절을 했다는 서술이 없지만, 절 수행의 절차에 비추어보면 『반야심경』을 읽고 '시삼마' 화두를 잡은 후에 절 수행을 했음을 추정할 수 있다.

그리고 가만히 제 마음을 지켜보노라면 갑자기 환히 깨달아지는 것이지요. (…중략…) 다겁 이래로 끌고 오는 중생의 습기(習氣)를 벗어 놓기가 참 어렵단 말요. 난중나사요. 일체 분별을 다 방하(放下)하는 날이 깨닫는 날이요, 다른 길은 없으니까. 이러한 경계에 달하면 가위 대장부능사필의(大丈夫能事畢矣)지요.[47]

SS선사에 따르면 간화선은 "밖에서 들어오는 것을 막고 제가 알던 것을 내어던지는 것"이고 "가만히 제 마음을 지켜보노라면 갑자기 환히 깨달아지는 것"으로 요약된다. 여기서 "밖에서 들어오는 것"과 "알던 것"은 분별지(分別智)인데 철저히 떨쳐버려야 한다. 또한, 인용문 셋째 줄 "일체 분별을 다 방하(放下)하는 날이 깨닫는 날"에서처럼 분별지를 완전히 버리는 것이 간화선의 궁극 목표임을 알 수 있다. 결국, 궁극의 깨달음(아뇩다라삼먁삼보리, 阿耨多羅三藐三菩提)은 분별지를 뛰어넘는 '간화선 수행'을 통해 도달할 수 있음을 알 수 있다.

5. 업보(業報)를 밝히는 길로서의 참회–『세조대왕』

대승불교는 인간을 업에 의해 존재하는 '업보로서의 존재'로 바라본다.[48] 인간은 선업, 악업, 무기업(無記業)에서 벗어날 수 없는데, 이

47 위의 책, 216쪽.

가운데 선업과 악업은 다음 생에 반드시 결과는 낳는다. 인간이 살아서 선업을 지으면 좋은 과보를 내고, 악업을 지으면 나쁜 과보를 내게 된다. 예외적으로 선하지도 악학지고 않은 무기업은 과보가 없다. 또한, 과보는 현생에 지어서 현생에 그 과보가 나타나는 순현업(順現業), 그 과보가 다음 생에 나타난 순생업(順生業), 차후생 또는 여러 생에 걸쳐 나타나는 순후업(順後業)이 있다. 이처럼 원인이 있으면 결과가 있다는 '인과의 법칙'에 철저하게 기반하고 있는 것이 바로 '업 사상'이다.[49]

유식(唯識) 사상은 이러한 업 사상에 치밀한 인식론적 근거를 제공해 준다. 유식 사상은 삼라만상은 곧 마음의 인식에 의해 지어낸 것으로 보고 인식의 주체를 8개로 나누는데, 이 가운데 제일 마지막 제8 아뢰야식이 업과 연관을 맺는다는 것이다.[50] 이에 따르면 인간이 현생에 지은 경험에 의해 습기(習氣, 혹은 종자)가 모이는 잠재의식이 바로 제8 아뢰야식이나. 이것을 통해 현생에 지은 업의 습기가 다음 생에 영향을 미치게 된다고 한다.[51]

『세조대왕』은 세조대왕의 업보에 대한 자각과 미완의 참회가 그려진 작품이다. 역사에 따르면 세조대왕은 계유정난이라는 쿠데타

48 우주론의 차원에서 업을 이렇게 바라볼 수 있다. "우주를 매크로코스모스(대우주)라고 한다면, 힘이라는 점에서 인간은 대우주의 축소판이기 때문에 마이크로코스모스(소우주)라고 할 수 있다. 그 소우주 속에서 활동으로 나타나 있는 힘이 업이다."(사사끼 겐쥰 · 마스다니 후미오, 이태영 역, 『업사상』, 대원정사, 1990, 23쪽)

49 동국대 불교문화대학 불교교재편찬위원회, 앞의책, 111~123 쪽.

50 8식(識)은 다음과 같다. 안식(眼識), 이식(耳識), 비식(鼻識), 설식(舌識), 신식(身識), 의식(意識), 말나식(末那識), 아뢰야식(阿賴耶識)(다케무라 마키오, 정승석 역, 『유식의 구조』, 민족사, 2006, 77~86쪽).

51 위의책, 119~151 쪽.

를 일으켜 단종을 폐위하고 정권을 찬탈했는데, 이 과정에서 단종은 물론 사육신을 비롯해 수많은 인명을 앗아갔다. 소설은 그 피비린내 나는 과거를 뒤로 하고, 세조대왕이 태조대왕과 세종대왕의 뜻을 이어 불법을 중흥하는 데 정성과 정력을 기울이고 있는 모습을 그리고 있다. 대원각사를 준공해 법회를 여는 것을 비롯해 전국 각지의 사찰을 중창하고 또 『법화경』, 『금강경』, 『월인천강지곡』, 『원각경』 등의 불서를 번역 출판한다. 백성들은 이러한 세조대왕에 대해 다음과 같은 반응을 보인다.

> 상감님이 절을 많이 중창하시는 것이나, 불경을 번역하여서 간행하시는 것이나 신미(信眉), 수미(壽眉), 학열(學悅) 학조(學祖) 같은 중을 존숭하시는 것이나 모두 업보를 면하려는 것이라고 말하였다. 부처님의 힘을 빌어서 이 무서운 죄의 갚음을 벗어나려 함이라고 생각하는 것이었다.[52]

백성들은 세조대왕이 불법을 중흥하는 노력을 정권찬탈 과정에 저지른 살인의 업보에서 벗어나고자 하는 것으로 생각한다. 실제로 세자궁의 죽음을 계기로 불도에 깊이 빠져든 세조대왕은 세자궁의 죽음을 "계유정난 이래로 수 없이 사람을 죽이신 것이 혹시 업보로 돌아온 것이 아닌가 하는 두려움"에 괴로워한다.[53] 이처럼 업보에 대한 믿음을 갖고 있는 세조대왕은 승려 정심에게서 업의 때를 씻는 길은 '참회'이며, 악업의 피때와 기름때는 오직 참회의 눈물에만 녹는다

---

52 『전집』 4, 497 쪽.

53 위의 책, 504쪽.

는 말을 듣는다. 하지만 세조대왕은 자신이 바라던 진정한 참회에는 이르지 못하고 세상을 떠나고 만다. 그는 이런 말을 마지막으로 승려 신미에게 남기고 이튿날 세상을 떠난다.

> 내가 사대각리(四大各離, 죽는다는 뜻)할 날이 얼마 아니 남았으니, 마지막으로 내게 법을 들려주시오. 내 평생에 삼칠구애참회(三七求哀懺悔)만이라도 하려고 하였으나 그럴 기회를 못 얻었소.[54]

6. 소결
―전통 사상 소설의 맥을 잇는 교량으로서의 춘원의 불교소설

이 글은 춘원의 불교 사상적 기원이 유아기에 있으며, 그의 일생을 통해 불교 사상에 대한 관심이 지속되었음을 밝혔다. 자전적 기록인 「그의 자서전」, 「나의 고백」, 단편 소설 「방황」을 통해 볼 때, 유아기의 불교 체험이 긍정적으로 각인된 춘원은 소년기를 지나 성인이 될 때까지 지속적으로 불교 사상에 대한 관심을 견지했음이 분명하다.

---

54 위의 책, 603쪽. 삼칠구애참회(三七求哀懺悔)는 『원각경』 「원각보살장」에서 나온 말이다. "懸諸幡華하고 經三七日토록 稽首十方의 諸佛名字하여 求哀懺悔하면 遇善境界하여 得心輕安이라(모든 깃발과 꽃들을 내걸고 21일이 지날 때까지, 시방세계 모든 부처님의 명호에 머리 조아려 예배하고 간절한 참회를 구한다면, 좋은 경계를 만나 마음이 상쾌하고 편안할 것이다)."(함허 득통 해, 원순 역, 『한글 원각경』, 법공양, 2000, 341쪽)

이와 더불어 춘원은 『화엄경』, 『법화경』, 『금강경』, 『원각경』, 『반야심경』, 『능엄경』 등 폭넓은 불경을 독서한 것과 함께 불교 수행을 했다. 따라서 그의 불교 사상은 어느 한 사상에만 한정되지 않고 대승불교 사상 전체를 아우르고 있다.

첫 번째, 『이차돈의 사』, 『사랑』, 『원효대사』에서는 보살이 깨달음(뇩다라삼먁삼보리, 阿耨多羅三藐三菩提)을 위해서는 육바라밀을 실천해야 한다는 '보살행'의 중요성을 잘 형상화했다. 『이차돈의 사』에는 이차돈의 불법을 베풀고자 하는 '보시 바라밀'과 육체적, 정신적 고통을 참고 또 용서하는 '인욕 바라밀', 또 불퇴전의 노력인 '정진 바라밀'이 잘 드러났다. 『사랑』에는 순옥이 자신을 버린 가족에게 자비를 베풂으로써 '인욕 바라밀', '보시 바라밀', '정진 바라밀'을 실천하고 있다. 『원효대사』에는 원효대사가 중생을 건진다는 아만(我慢)을 버리고 중세 구제에 나서는 것을 통해, '무주상 보시'의 '보시 바라밀'과 '정진 바라밀'이 잘 드러냈다. 이를 통해 이 세 작품이 상구보리(上求菩提) 하화중생(下化衆生)의 보살행을 나타내고 있음을 알 수 있었다.

두 번째, 「무명」, 「꿈」에서는 세상의 근본 실체나 제일 원인은 물론 나의 실체 또한 없다는 연기법을 잘 구현했다. 「무명」에서는 병감 속의 죄수들이 겪는 극심한 고통의 원인을 연기법의 무명(無明)으로 파악하고 있고, 조신설화를 차용한 「꿈」에서는 현실의 삶 또한 일장춘몽임을 보여주고 있다. 이 두 작품을 통해 존재의 상의성(相依性)의 법칙인 연기법을 잘 보여주었다.

세 번째, 신변 소설인 「육장기」와 「난제오」에서는 이광수의 불교 수행이 드러났다. 「육장기」에서는 『법화경』 '간경(看經) 수행'을 통해

'인류 공동체이자 사랑의 공동체'를 지향하는 작중 화자를 살펴볼 수 있었다. 하지만 그의 유토피아가 일제의 대동아제국으로 치환됨으로써 그는 일제의 침략 전쟁을 '성전(聖戰)'으로 미화하고 이에 대한 참여를 독려하는 우를 범한다. 「난제오」에서는 '간화선(看話禪) 수행'을 통해 불도를 닦는 저자의 모습을 살펴볼 수 있었는데, 이를 통해 분별지를 완전히 버리는 것이 간화선의 궁극의 목표임을 알 수 있었다. 이렇게 해서 이 두 작품의 두 수행을 통해 차별과 분별을 넘어서 고자하는 작중화자의 의지를 확인할 수 있었다.

네 번째, 『세조대왕』에서는 업보로서의 인간 존재를 자각한 세조대왕이 결국 진정한 참회에 이르지 못했다는 것을 분석했다. 계유정난을 일으키면서 수많은 인명을 살상한 그는 세자궁의 죽음을 맞이하면서 업보에 대한 자각에 이른다. 이를 계기로 그는 불법을 중흥하는 노력을 기울이는 것과 함께 참회를 통해 업보를 맑히고자 하지만, 그 뜻을 이루지 못하고 세상을 하직한다. 이 작품은 업보를 맑히는 길로서의 참회의 중요성을 잘 보여주고 있다.

이처럼 춘원이 창작한 일련의 불교소설은 '전통 사상 소설사'의 관점에서 의미가 크다. 주지하는 대로 조선시대에서부터 타자화된 불교는 개화기와 일제강점기에는 용도 폐기된 사상으로 간주되었다. 때문에 이광수의 작품을 제외하고 개화기에서 일제강점기 동안의 대표적인 불교 장편 소설을 찾아보면, 한용운의 『박명』(1938), 현진건의 『무영탑』(1938)뿐이다. 불교 단편 소설의 경우도 이광수를 제외하고 다수의 작품을 창작한 작가를 살펴보면, 양건식과 김동리가 유일하다. 이런 점에서 이광수의 불교소설은 그 양과 질적인 면에서 전통 사상 소설의 맥을 잇는 튼튼한 교량 역할을 하고 있다. 무엇보다 그의 작품에 전반적으로 형상화된 대승불교 사상은 지금도 여전히 유효한 가치를 지닌 '전통 문학 사상'이다.

참고문헌

1. 기본자료

이광수, 『이광수 전집』 4~9, 우신사, 1979.

______, 『이광수 전집』 별권, 우신사, 1979.

2. 논문

김봉근, 「춘원문학에 나타난 종교의식」, 『논문집』 1, 성심여대, 1978.

이화행, 「춘원소설에 나타난 불교사상」, 『어문논집』 제10집, 안암어문학회, 1967.

최정석, 「춘원 이광수의 대승불교사상 연구」, 동국대 박사논문, 1974.

3. 단행본

김방룡, 『불교 수행법』, 민족사, 2009.

김용정, 『과학과 불교』, 석림출판사, 1996.

김윤식, 『이광수와 그의 시대』 2, 한길사, 1986.

도올 김용옥, 『금강경 강해』, 통나무, 1999.

동국대 불교문화대학 불교교재편찬위원회, 『불교사상의 이해』, 불교시대사, 2011.

법　륜, 『인간 붓다 그 위대한 삶과 사상』, 정토출판, 2010.

법　상, 『반야심경과 마음공부』, 무한, 2010.

성열 편역, 『부처님 말씀』, 현암사, 1995.

안성두 편, 『대승불교의 보살』, 씨 · 아이 · 알, 2008.

운허 용하, 『불교사전』, 동국대 역경원, 1998.

이운허, 『법화경』, 동국대 역경원, 1990.

이중표, 『현대와 불교사상』, 전남대 출판부, 2010.

일　지, 『중관 불교와 유식 불교』, 세계사, 1992.

조연현, 『한국 현대작가론』, 문명사, 1970.

평천장 외, 『대승불교개설』, 김영사, 2001.

한자경, 『명상의 철학적 기초』, 이화여대 출판부, 2008.

함허 득통 해, 원순 역, 『한글 원각경』, 법공양, 2000.

다케무라 마키오, 정승석 역, 『유식의 구조』, 민족사, 2006.

마스타니 후미오, 이원섭 역, 『불교개론』, 현암사, 2009.
사사끼 겐쥰 · 마스다니 후미오, 이태영 역, 『업사상』, 대원정사, 1990.